韓國禪詩研究

— 무의자 혜심의 시세계 —

朴在錦

국학자료원

序文

    필자가 선시를 연구 주제로 삼아온 지 10년도 넘는 세월이 흘렀다. 우리 고전문학에 대한 관심을 가지고 때늦게 대학원에 입학하여 지금에 이르기까지, 이 책에는 그간의 세월이 고스란히 담겨 있어 남모를 감회가 서려 있다. 본서는 필자의 박사학위논문으로서 대학원 진학 이후 공부의 총결산이다. 따라서 한 시기를 매듭지으며 남기는 삶의 흔적이다.

    선시 연구의 시초는 대학원 석사과정 중 이혜순 선생님의 수업에서였다. 고려시대 불교시를 수업의 주제로 삼은 관계로 이 때 처음 선시라는 것을 접하게 되었고, 그 새로운 문학은 신선한 충격으로 다가왔다. 선시는 참으로 매력적이었다. 인생의 근원적 문제를 직시하며 인간의 삶을 보다 큰 세계로 확대·승화시킨 선의 세계를 담은 선시는, 삶에 대한 의문과 갈증을 풀어주는 청량제와도 같이 느껴졌다. 범속한 인간의 한계성을 벗어나 있는 그 세계는 그러나 너무 멀리 있었고, 좁은 틀 속에 갇힌 사고로서는 이해하기 어려웠다. 그런 중에도 실체가 잡히지 않는 그 막연함과 불명확성 속에서 느껴지는 감동이 있었으며 들려오는 진실된 소리가 있었다. 알고 싶은 욕구는 불가능한 것에 대한 도전이었다.

    연구 과정에서 느껴야 했던 깊은 절망감은 또한 그것을 딛고 넘어서야 한다는 당위성을 띠게 되면서, 어느덧 선시 연구는 필자에게 있어서 풀어야만 할 인생의 문제가 되어 버렸다. 선시의 문학적 정립을 시도한 이 연구의 어려움은, 논리를 초월해 있는 선시를 분석하여 구체적으로 드러내고 논리화·체계화하는 일이었다. 선의 정신 경계에서 표출된 문학인 선시는 상식의 범주를 넘어선 차원이므로 이해 불가능과, 여기에서 오는 신비가 있었다. 모르기 때문에 신비로운 것이다. 그러나 그것은 인간의 정신이 이미 도달한 차원이므로 이해 가능한 세계이기도 했다. 선시에서 확인한 궁극적 진실은 지극히 평범한 사실인 인간의 존엄성이었다. 이는 인간 속에서, 인간으로 살아야 하는 인간에 대해 희망을 부여해 준 점이었다. 선시 연구는 절망과 희망을, 고통과 희열을 동시에 느끼게 해 주었다. 양면성의 공존, 이것이 바로 살아가는 일이요, 선시 연구가 준 의미가 아닌가 싶다.

이 공부를 하는 과정에서 특별히 두 분 스승님의 은혜를 잊을 수 없다. 선시 연구가 학문으로서의 객관성을 갖추도록 논리와 분석을 깨우쳐 주신 지도교수 이혜순 선생님은 학자로서 깊이 존경하는 분이다. 오직 학문적 진실에 시종일관하신 점은 제자가 자신있게 작업을 할 수 있는 원동력이 되었으며, 지속적이고 엄격한 점검으로 긴장감을 잃지 않도록 해 주셨다. 무엇보다도 늦된 제자의 우둔함을 참아주시고, 그 결과의 불투명성에도 불구하고 연구자의 개성을 최대한 존중하고 믿어 주신 학문적 태도는 필자가 연구에 종사하는 한 길이 기억될 것이다.

선시에 대한 이해는 지리산 칠불사 통광스님의 가르침에서 비롯되었다. 벅찬 과제를 포기할 수도 없어『무의자시집』을 붙들고 고민하던 중 길을 열어 줄 은인을 만난 것이다. 수행인의 직관으로 선시의 본질을 명료하게 지적해 주신 덕분에 눈이 조금 열리게 되었고 용기를 낼 수 있었다. 선가의 입장에서 선시 연구는 부정적으로 보기 쉽다. 선의 경지는 언어의 차원을 떠난 세계이므로 선시를 언어로써 풀어내는 일은 바람직하지 못하며, 더욱이 수행인이 아닌 일반인이 연구의 대상으로 삼는 데 있어서는 그리 탐탁치 않게 여길 수도 있다. 그러나 선과 선시도 학문적 분야에서의 연구가 이루어져야 하며, 그것은 실수행과는 다른 차원이라는 스승님의 긍정적 입장은 필자에게 연구의 의의를 확인시켜 주었다. 필자의 연구가 약간이나마 성과가 있었다면 위 두 분의 덕이다.

  그리고 학위논문을 쓸 수 있는 여건을 배려해 주신 김대숙 선배와 가족의 도움이 있었다. 한 가지 일에 몰두한다는 것은 그만큼 다른 일을 소홀히 한 것이다. 가족을 비롯한 주위 사람들에게 인간적인 도리와 정을 외면하면서 마음속으로 미안하기만 했다. 참아주고 기다려 준 그들에게 감사하며, 출판계 사정이 좋지 않은 요즈음 선뜻 책을 내어주신 국학자료원 정찬용 사장님의 후의도 고맙기 그지없다. 이 분들에게 언젠가 갚을 날이 있기를 기원해 본다.

                                            1998년 11월에
                                               박재금 씀

목 차

序文

I. 서 론 ··· 7
1. 연구의 목적 ·· 7
2. 기존 연구의 성과 및 본고의 연구 방향 ······················ 9

II. 한국 불교시의 발생과 혜심 이전의 불교시 ················ 14
1. 삼국과 통일신라의 불교시 ·· 15
   (1) 불교의 전래와 한문학의 발달 ······························ 15
   (2) 삼국과 통일신라의 불교시 ···································· 18
2. 고려 전기의 불교시 ·· 30
   (1) 均如의 <보현시원가>와 그 한역시 ····················· 31
   (2) 義天의 불교시 ··· 39
   (3) 그 외 詩僧들의 불교시 ·· 52
3. 무신집권기 혜심 당대의 불교시 ·································· 59

III. 혜심의 시세계 ··· 71
1. 禪法과 修行 ·· 73
   (1) 禪의 요체 ·· 73
   (2) 수행 정진과 선의 일상성 ······································ 89
2. 자연경계의 표상과 즐김 ·· 105
   (1) 자연의 의미 ·· 106

(2) 자연의 즐김 ··· 123
　3. 物에 대한 관심과 의미의 확대 ·· 137
　　(1) 物의 관찰과 正觀 ·· 137
　　(2) 物의 예찬과 추상화 ·· 148
　4. 인생과 현실의 수용 및 대응 ·· 166
　　(1) 삶의 문제와 觀照的 태도 ·· 167
　　(2) 시대 현실과 거리의식 ·· 187

Ⅳ. 역설의 시학 ··· 203
　1. 不立文字의 역설성과 혜심의 언어문자관 ······················ 204
　　(1) 언어의 한계성과 不立文字 ·· 205
　　(2) 언어의 방편성과 不外文字 ·· 212
　2. 진리의 역설성과 그 표현 양상 ·· 220
　　(1) 無의 역설 ··· 220
　　(2) 부정의 역설 ··· 231
　　(3) 극대와 극소의 역설 ·· 245
　　(4) 色과 空의 역설 ··· 255
　3. 反常合道와 해탈지향성 ·· 268

Ⅴ. 문학사적 의의 ··· 276
　1. 무신집권기 문학으로서의 의의 ·· 276
　2. 전대 불교시의 혁신과 후대의 계승 ································ 285

Ⅵ. 결　론 ·· 298

□ 참고문헌 ··· 302
□ 영문초록 ··· 311
□ 索　引 ·· 317

I. 서 론

1. 연구의 목적

본고는 고려 무신집권기의 禪僧 無衣子 慧諶(明宗8년. 1178-고종 21년. 1234)[1])의 詩에 대한 작품론적 연구이다. 혜심은 한국 선종의 확립에 지대한 업적을 이룬 불교사적 의의를 지닌 인물이다. 한국 선종은 고려 무신집권기의 普照國師 知訥(1158-1210)에 의하여 사상적 확립을 이루었으며, 지눌을 계승한 혜심에 의해 더욱 발전되고 확장되어 현재까지 그 맥이 흘러오고 있다. 한국 선종의 중흥조인 지눌의 독창적 선사상을 계승한 혜심은 看話禪을 중점적으로 추구하여 전개함으로써 한국 禪의 수행방식인 간화선의 확립에 큰 영향을 끼쳤다. 혜심의 간화선 사상은 법어집인 『曹溪眞覺國師語錄』[2])과

---

1) 혜심의 생애는 이규보가 찬한 <曹溪山第二世故斷俗寺住持修禪社主贈諡眞覺國師碑銘>에 기술되어 있다. 이 비명은 『동국이상국집』 제35권과 『동문선』 제118권에 수록되어 있다. 이 비문에 의하면 혜심의 속명은 寔, 字는 永乙이며 자호를 무의자라 하였고 시호는 眞覺國師이다. 羅州 和順縣에서 태어났으며, 父는 향공진사인 崔琬이다. 24세인 神宗 4년(1201)에 사마시를 치르고 태학에 들어갔으며, 1203년에 보조국사에게 나아가 得度하였다.
2) 동국대학교 출판부(1984). 『한국불교전서』, 6책. 이후의 『진각국사어록』과 같

그가 편찬한 방대한 공안집인 『禪門拈頌』3), 그리고 <狗子無佛性話揀病論>4) 등을 통해서 잘 드러나 있다.

 이러한 불교사상사적 위상에 부합하는 혜심의 국문학적 중요성은 한국 禪詩의 개창자라는 점에 있다. 혜심은 禪師로서 활동하면서 많은 시를 창작함으로써 이 시기 확립된 선사상에 근원을 둔 선시를 발흥시켰던 것이다. 선시는 선종의 사상적 배경에서 이루어진 시로서 선종적 깨달음과 사유 및 정서를 표출한 문학이다. 선시는 원래 禪家에서 선사들이 그들의 정신세계를 표출한 데서부터 시작되어 선종에 심취하거나 선종의 영향을 받은 시인 문사들에 의해 창작됨으로써 시문학의 한 부분을 이루게 되었다. 이와 같이 선시는 작자에 있어서 僧俗의 구별은 없으나 선종의 특징적 세계를 표현하고 있는 점에서 선사의 시가 핵심적이다. 선시는 선적 깨달음에 관한 내용을 중심으로 하여 다양하게 詩化되고 있다. 표현에 있어서도 직설적인 것에서부터 선가적 수사에 의한 것, 그리고 선사상이 표면화되지 않은 서정시적인 것까지 시세계는 단순하지 않다. 그러므로 작자의 개성과 문학성에 따라서 시세계의 넓이와 깊이가 달라지게 되는 것이다.

 혜심은 선사상에 투철한 선사로서, 그리고 출가전 司馬試(진사시. 국자감시)를 거친 사대부로서 시문을 익힌 儒者 출신이다. 이러한 면은 선사로서의 사상성과 시인으로서의 문학성을 겸비하여 그의 시세계를 심오하고 폭넓게 형성하고 있다. 혜심 이전에도 선사의 시는 있었으나 극히 단편적이며 특징적 시세계를 이루지 못했다. 선시는 혜심에 이르러 비로소 제모습을 드러내면서 선종의 맥락에

 은 책이다.
3) 동국대학교 출판부(1983). 『한국불교전서』, 5책.
4) 앞 글, 6책.

수반하여 지속적 흐름으로 계승되어 간 것이다.

　혜심의 시는 이후 고려·조선조를 거쳐 현대시에까지 이르는 불교시의 흐름에서 볼 때 중대한 전환점을 이루고 있으며, 선사상이 융성했던 시기에 개화하여 선시의 특성을 가장 잘 보여주는 하나의 원형이 되고 있다. 따라서 혜심의 시에 대한 총체적이며 심도있는 작품론적 연구는 고전과 현대를 통틀어 한국시사상 중요한 한 국면을 밝히는 일이 될 것이다.

2. 기존 연구의 성과 및 본고의 연구 방향

　혜심에 관한 연구는 불교학[5]과 불교사[6] 분야에서 선행된 바 있어 대체적인 윤곽은 드러나 있다. 그러나 혜심의 위상에 비해 소략하며 전모를 드러내 보이지 못하고 있어 앞으로 심도있는 연구가

---

[5] 고형곤(1970). 해동조계종의 연원 및 그 조류 -지눌과 혜심의 사상을 중심으로-. 『학술원논문집』 9-1. 학술원.
　　권기종(1981). 간화선과 무자공안고. 동국대학교 『논문집』 20.
　　＿＿＿(1982). 혜심의 선사상연구 -지눌의 선사상과 비교하면서-. 『불교학보』 19.
　　이동준(1992). 고려 혜심의 간화선 연구. 동국대학교 박사학위논문. 미간행.
　　한기두(1993). 『선문염송』의 편찬에 따르는 혜심禪의 意旨. 『보조사상』 7.
　　김호성(1993). 혜심 선사상에 있어서 교학이 차지하는 의미. 『보조사상』 7.
[6] 민현구(1973). 월남사지 진각국사비의 음기에 대한 일고찰 -고려 무신정권과 조계종-. 『진단학보』 36.
　　장동익(1981). 혜심의 대선사고신에 대한 검토 -고려 승정체계의 이해를 중심으로-. 『한국사연구』 34.
　　한기두(1982). 『한국불교사상연구』 (서울:일지사), pp.240-265.
　　진성규(1986). 고려후기 진각국사 혜심 연구. 중앙대학교 박사학위논문.
　　채상식(1991). 수선결사 성립의 사회적 기반, 『고려후기불교사연구』 (서울:일조각), pp.30-53.

진행되어야 할 것이다.

혜심에 대한 문학적 조명의 시초는 조동일의 『한국문학사상사시론』에서 이루어졌다. 문학에 관한 논의를 사상사적 관점에서 다룬 이 책은 신라시대부터 20세기까지 26명의 작가를 다루었는데, 불승으로서는 신라의 원효와 고려의 혜심, 근대의 한용운을 들어 혜심을 문학작가로서 처음 거론한 데 의의가 있다. 혜심은 지눌에 의해서 시작된 사상을 문학의 문제와 바로 연결해서 문학사상을 이룬 사람으로 평가되었으며, 혜심의 문학은 선정과 돈오를 위해서 필요한 방편이었으며 문학을 위한 것은 아니었다[7]고 하였다. 이러한 문제 제기 이후, 이종찬의 연구에서 지눌과 혜심의 위치가 논의되었으며, 혜심의 『禪門拈頌』의 편찬은 당시의 한시문학에 지대한 영향을 주었다[8]고 하여 선시와 혜심에 대한 국문학적 관심을 고조시켰다.

선시에 대한 본격적 고찰로서 인권한의 『고려시대 불교시의 연구』가 이 분야의 새 장을 열었다. 여기에서는 고려 선승 慧諶・一然・冲止・景閑・普愚・慧勤 6인을 다루었는데, 그 동안 방치되어 있던 고려시대 선승들의 문학을 국문학의 영역으로 수용하여 선승들을 시인으로 부각시켰으며 체계적이고 종합적인 고려 선시의 면모를 보여주었다. 혜심을 국문학사상 최초의 본격적인 선시 창시자로 자리매김을 하였으며, 『진각국사어록』의 게송류를 중심으로 하여 특징적 성격을 논하였다. 혜심은 존재의 파악 내지 자아의 탐구에 바탕을 두면서 오도적인 초월적 입장에서 선적인 깊이를 시적

---

7) 조동일(1978). 『한국문학사상사시론』 (서울:지식산업사), pp.92-93.
8) 이종찬(1980). 고려문학의 형성과정. 『조연현박사회갑기념논문집』, pp.462-477.
　　　(1981). 고려시대 禪의 문학적 위치. 『이병주선생회갑기념논총』, pp. 389-420.

정서로 조화시켰다고 평가했다.9)

 선시에 대한 심화된 연구는 이종찬의 『한국의 선시 -고려편』에서 이루어졌다. 이 연구는 폭넓은 자료의 섭렵과, 선과 시에 대한 깊은 이해를 통해서 연구를 진전시켰는데, 이 점은 특히 선시에 대한 이론적 정립을 기한 제Ⅱ장 선시론에서 잘 드러나 있다. 이 논문에서는 普照禪의 문학적 추이를 고찰하고, 일연을 제외한 혜심・충지・경한・보우・혜근 5인의 시를 고찰하였다. 혜심에 관하여는 처음으로 『無衣子詩集』을 소개하고 20여수의 시를 고찰하였는데, 지눌禪의 先悟後修를 문학적인 先想後述로 대체하여 禪定的 詩情과 智慧的 詩想으로 구분하여 보았으며, 『선문염송』의 문학성을 고찰하였다.

 위 2인의 종합적 연구 이후로 고려시대 선시에 대한 개별 작가적 연구가 주로 석사논문을 통해서 진행되었는데, 혜심의 경우 3편의 석사논문과, 소논문이 나온 바 있다.10) 이상과 같이 진행되어 온 혜심의 문학 연구는 고려 선시에 있어서의 혜심의 위치에 비해 연구가 미흡하고 소략하여 혜심 시세계의 전체적이며 체계적인 정리가 되지 못하고 있다. 『무의자시집』은 아직도 전반적 해독이 되고 있지 못하며, 따라서 깊이있는 해석이 이루어지지 않았다. 이러한 연구의 부진은 원전의 어려움에 기인한 점이 크다. 따라서 원전에 대한 치밀한 주석 작업과 함께 선사상에 대한 이해가 필수적으로 선

---

9) 인권환(1983). 『고려시대 불교시의 연구』(서울:고려대학교 민족문화연구소).
10) 박재금(1987). 진각국사 혜심 연구-사상과 시를 중심으로-. 이화여자대학교 석사학위논문.
　　소영애(1991). 무의자의 시세계 연구. 수원대학교 석사학위논문.
　　배규범(1994). 혜심 문학 연구. 경희대학교 석사학위논문.
　　최귀묵(1994). 혜심 선리시의 세 양상. 운정 이상익박사 화갑기념논문집 『고전문학 어떻게 가르칠 것인가』(서울:집문당)

행되어야만 이어서 해석의 차원과 표현 기법의 연구가 가능한 것이다. 국문학에서의 선시에 대한 관심은 한문학뿐만 아니라 현대문학적 관점에서도 진행된 바 있다.[11] 이 점은 선시에 관한 작품론적 연구의 필요성을 시사하고 있다.

이에 본고에서는 그 동안 진행된 연구를 바탕으로 하여 작품론적 관점에서 혜심의 시에 대한 전반적 고찰을 전개하고자 한다. 이를 위해서는 무엇보다도 작품 자체의 특수성에 입각하여 사상과 문학을 결합시켜 고찰할 것이다. 본고의 고찰 대상인 혜심의 시 중에서 『진각국사어록』의 게송류는 이미 여러번 거론되어 왔으나, 시세계를 종합적으로 갖추고 있는 『무의자시집』의 시들은 전체적인 모습을 드러내지 못하고 있다. 따라서 본고에서는 『무의자시집』의 시들을 주자료로 하며 『진각국사어록』의 게송을 수용하기로 한다.

본고의 전개 방향은 다음과 같다. II장에서는 혜심의 시세계를 규명하기 위한 前단계로서 삼국시대부터 혜심 당대까지의 불교시를 순차적으로 고찰하여, 한국 불교시의 발생과 혜심까지의 흐름을 정리해 보기로 한다. 이러한 고찰은 혜심의 선시 출현의 의미를 한국 불교시의 맥락 속에서 파악하고자 함이다. III장에서는 혜심의 시세계 고찰로서, 작품 자체에 중점을 둔 시의 정확한 해독과 분석, 그리고 해석을 통해서 시세계의 본질을 규명하고자 한다. 시세계의 고찰에 있어서는 기존의 선시 유형에 국한시키지 않고 폭넓은 혜심의 시세계를 드러내 보이고자 한다. IV장에서는 앞 III장을 토대로 하여 혜심 시의 詩學을 정립하고자 한다. 이는, 그의 시세계를 통괄하는 특징적 맥락을 정리함으로써 시세계의 체계화를 시도하기 위

---

11) 권기호(1991). 선시연구. 부산대학교 박사학위논문.
　이원섭・최순열 엮음(1992).『현대문학과 선시』(서울:불지사).
　김현자(1993). 한국 선시의 감각과 공간구조. 이어령선생님 화갑기념 논문집
　『구조와 분석 I. 詩』(도서출판 窓).

함이다. 이 시학은 혜심의 시를 통해서 선시 일반으로 확대되는, 선시의 기초적 시학이 되기를 기대한다. V장에서는 혜심의 시에 대한 문학사적 의의를 공시적 측면과 통시적 측면에서 논해 볼 것이다.

Ⅱ. 한국 불교시의 발생과 혜심 이전의 불교시

　본 장은 혜심의 시세계를 고찰하기 위한 예비적 단계로서 혜심의 출현이 있기까지의 佛敎詩史이다. 고려 무신집권기 혜심에 이르러 선종의 시문학이 개화된 저변에는 이전부터 흘러온 한국 불교시의 전통을 무시할 수 없다. 선종의 문학적 취향성과 혜심 개인의 창작 능력을 감안하더라도 삼국시대부터 지속되어온 불교시의 맥락은 혜심의 시문학 출현의 배경이 되고 있는 것이다. 불교문화의 토양에서 발생된 불교문학으로서의 불교시는 불교사의 전개와 깊은 관련을 가지며, 불교내 종파적 성격도 문학에 반영되고 있다. 여기에 다 또한 승려 개인의 취향과 문학성도 불교시 창작에 관계되는 요인이다. 본 장에서는 이러한 면을 고려하면서 삼국시대부터 혜심 당대까지 불교시의 흐름을 시대순으로 고찰해 나가겠다. 현전 자료의 한계성을 전제하고, 삼국과 통일신라의 불교시, 고려 전기의 불교시, 무신집권기 혜심 당대의 불교시로 나누어서 발생으로부터 문학성과 철학성의 면에서 점점 심화되고 확대되어 가는 불교시의 양상을 살펴보기로 한다.

1. 삼국과 통일신라의 불교시

 삼국과 통일신라는 한국 불교시가 발생하여 정착한 시기로서 초기 불교시의 모습을 보여준다. 불교시는 불교가 전래되어 발달하는 과정 속에서 나타난 문학이므로, 불교시의 발생 배경으로서 불교의 전래와 한문학의 발달을 간략히 논하고 다음으로 이 시기의 작품을 작가와 함께 거론하겠다.

(1) 불교의 전래와 한문학의 발달

 우리나라에 한자가 유입된 시기는 멀리는 B.C.12세기에서부터 B.C.10세기, B.C.2세기 이전까지 몇 가지의 학설이 있다.[1] 한문학이 수용된 시기는 대략 B.C.4세기 혹은 B.C.3세기 중엽으로 이때 선진유학이 전래된 것으로 추정한다.[2] 이러한 중국으로부터의 문물 수용은 이후 지속적으로 진행되었으며 이로 말미암아 우리나라의 문화수준은 전반적으로 향상되어 갔다. 이 과정에서 이루어진 불교의 전래 또한 한문학이 더욱 깊어지는 계기가 되었다. 삼국 중에서 가장 선구였던 고구려는 소수림왕 2년(372)에 태학을 설립하였고 불교를 수용하였으며 백제는 침류왕 원년(384), 그리고 신라는 삼국 중에서 가장 늦은 법흥왕 15년(528)에 불교를 공인하여 불교 국가가 되었다. 삼국이 4C경부터 육조와의 교류가 잦아지면서 한문학이 체계적으로 수용되었고 또한 이러한 경로를 통하여 불교가 전래되

---

[1] 신용호(1982, 9). 한자의 東來 연구. 『어문논집』 23 (서울:고려대학교) 참조.
[2] 양광석(1985). 한국 한문학의 형성과정 연구, p.26 참조. 고려대학교 박사학위 논문.

었으며 이로 말미암아 한문학의 수준이 향상된 것이다. 즉 육조로부터 받아들인 한역 경전과 논소들이 이입되면서 우리나라의 한문학은 새로운 국면에 들어설 수 있었던 것이다. 이와 같이 삼국에 있어서 한문학의 수용과 전개에는 불교문화의 수입이 가장 큰 사실이다.

따라서 후대와 연결이 되고 있는 신라의 경우에 있어서도 신라문화를 생성시킨 배경이 되고 있는 불교와의 관련성을 고찰하지 않을 수 없다. 신라는 법흥왕대(528)의 불교 공인 이후 중국으로부터 공식적으로 불교 문화를 수입하기 시작하였다. 진흥왕 원년(540)에 남조의 梁나라에 건너간 승려 覺德이 549년에 梁 무제가 보낸 사신과 함께 처음으로 불사리를 가지고 온 것3)을 시발로 해서 同 26년(565)에는 陳이 보낸 사신과 입학승 明觀을 통해 불교의 經論 1,700여권을 받았다. 이후로 신라는 정책적 차원에서 유학승을 선발하여 보냄으로써 이들 승려들로 하여금 불교학을 비롯한 불교문화를 배워오게 하였다. 이들은 불경과 불상·불사리 등을 가지고 돌아왔다.

신라의 유학승들은 귀국 후 불교의 전파뿐 아니라 주요한 정치적 실무까지도 담당하였는데 대표적인 경우는 圓光(?-630)을 들 수 있다. 원광은 대표적인 승려지식인이라 할 수 있는데 귀국(600) 후 진평왕 30년(608)에 왕명으로 <乞師表>를 지었다. 이러한 사실은 유학승 출신의 승려가 종교적 차원에만 머무르지 않고 당시의 지식인으로서 대우받은 사실을 말해 준다. 원광 이후로도 曇育(605)·慈藏(643)·惠通(665)·義湘(671) 등의 승려들이 유학 후 귀국하였으며 이어서 順璟·神昉·憬興·勝銓·知鳳·太賢 등의 고승대덕이 배출되었다. 이들은 대부분 다수의 논소를 남긴 바 있다. 유학승 중에는 귀국하지 않고 당나라에서 활동하며 업적을 이룬 승려들이 있

---

3) 김부식.『삼국사기』卷4, 신라본기, 진흥왕.

다. 유식학의 대가 圓測(612-696), 地藏, 慧超 등이다.

신라가 유학생을 당에 보내기 시작한 것은 통일 이전인 선덕여왕 9년(640)에 唐의 국자감에 귀족자제의 입학을 요청하여 수학하게 함으로써 시작되었는데 그 후 점차 일반 서민의 자제나 승려들도 자비로 입당 수학하게 하였다. 이로써 보면 불교 유학승의 파견은 일반 유학생의 파견보다 75년이나 앞서 시행된 것이다. 이러한 사실은 불교 문화가 신라 문화를 선도하였으며 유학승 출신의 승려들이 지식층으로서 위치하고 있었음을 의미하는 것이다.

유학승의 파견은 신라의 한문학이 전개되는 과정에서 중요한 부분을 차지하고 있다. 그들은 중국으로부터 가지고 온 문헌들과 그들이 수학한 한문학을 국내에 전파하여 정착시키는 역할을 담당하였던 것이다. 신라시대에 저술된 수많은 불교의 논소류를 비롯한 불교찬술들은 이들에 의해서 힘입은 면이 크다고 할 수 있다. 불교는 한문학을 성장시킨 요인이며 국제문화를 교류시키는 기능을 발휘하면서 중국의 한문학을 수입하였던 것이다.[4]

신라의 불교학은 대단히 높은 수준에 이르렀으며 상당한 양의 저술들이 이루어졌다.[5] 이러한 방대한 저술들은 신라의 한문학의 범주에서 큰 비중을 점유하고 있는데 불교학, 즉 교학의 분야로서 종교적인 차원의 저술이어서 순문학적인 관점에서는 대부분 배제되고 있다. 더욱이 불교 교학의 어려움은 연구자들의 접근을 가장 방해하는 요인이다. 그러나 이러한 불교 문헌에 대한 문학적 고찰의 필요성은 꾸준히 있어 왔다. 그 중 불경 주소의 문학 특히 원효를 중심으로 한 고승들의 문집을 거론한 최신호[6]의 논의는 산문의 영

---

4) 김철준(1990). 한문학.『한국사』3, 국사편찬위원회(서울:탐구당), p.248.
5) 동국대학교 출판부(1976).『한국불교찬술문헌총록』참조.
6) 최신호. 형성기 한문학의 양식에 대하여(1977).『성신어문논집』4 (서울:성신

역에서 의미가 있다. 한시의 영역에서는, 신라의 한문학을 논함에 있어 불경의 주소와 게송의 문학성을 제기한 이종찬의 견해가 주목할 만한 논의이다.7)

(2) 삼국과 통일신라의 불교시

삼국의 불교시는 현전하는 자료로써 볼 때 신라를 중심으로 할 수 밖에 없는 실정이다. 신라보다 문화적으로 앞섰던 고구려와 백제는 현재 불교 문학의 자료가 남아있지 않아 그 실상을 알 수 없다. 다만 고구려 定法師의 <詠孤石>이 『古詩紀』·『海東繹史』·『靑丘詩抄』·『大東詩選』에 수록되어 있을 뿐이다. 이 시는 5언8구의 고시로서 대략 6세기 후반에 지어졌을 것으로 추정되는데8) 을지문덕의 5언4구의 고시 <여수장우중문시>보다 앞선 작품으로 짐작된다.

廻石直半空　둥그런 바위 하늘에 치솟았고
平湖四望通　넓다란 호수 사방으로 툭 트였네
岩根恒灑浪　바위 뿌리 언제나 물결에 씻기우고
樹杪鎭搖風　나뭇가지 끝은 버틴 채 바람에 나부끼네
偃流還漬影　잔잔한 물 위에 그림자 잠기더니

여대). 한문학의 도입과 정착(1991). 『한국사상대계』(서울:정신문화연구원).
7) 이종찬(1991). 신라불경제소와 게송의 문학성, 『신라문학의 신연구』(서울:서경문화사)에서, 신라 고승의 經疏는 일단 게송적 특질을 일반적으로 가지고 있으며 이러한 게송의 문학성은 후대의 문학적 발전의 모태가 되었다고 하였다.
8) 『대동시선』 제1권 고구려편에, "孤石 定法師 高句麗僧 甞入後周 與標法師從遊"의 기록에 의거하여 後周가 557-580년 사이의 왕조였으므로 6세기 후반으로 추정되고 있다. 이러한 추정은 의문의 소지도 있으나 다른 자료가 없으므로 수용하기로 한다.

侵霞更上紅	젖어드는 노을에 다시 붉게 솟았네
獨拔群峰外	홀로 뭇 봉우리 밖으로 빼어나
孤秀白雲中	외로이 흰 구름 속에 우뚝 서 있음이여.

위의 시는 빼어난 바위에다 작자의 심경을 탁의한 것이다. 이 시는 하나의 커다란 바위의 자태를 읊고 있다. 수련은 사방이 툭 트인 넓은 호수 가운데서 하늘을 향해 우뚝 솟은 바위의 모습이며 함련은 물 속에 잠긴 바위 뿌리와 바람을 맞으며 버티고 서 있는 바위 위의 나무가지로써 바위의 상하 극단을 묘사하였다. 경련은 물에 드리운 그림자와 저녁 노을에 붉게 물들어 솟아 있는 바위의 모습으로 호수의 수면과 저녁 노을을 배경으로 한 미적 자태를 나타내었다. 미련은 주위의 뭇 봉우리보다 높이 솟아 흰 구름 속에서 빼어난 자태를 보여주는 바위의 묘사이다. 이 시는 바위의 묘사를 통해서 높고 넓고 강인한 이미지를 보여주고 있다. 이러한 이미지는 수도자의 고고한 정신세계를 우의한 것으로 바로 작자 자신인 것이다.

위의 시는 소재적으로는 영물시로서 사물에 자아를 투영시켰으며 표현면에서는 묘사와 서정이 돋보인다. 이 시의 고고함과 강인함의 이미지는 고구려적이다. 승려의 시로서 자아의 형상화를 고구려적 기상으로 시화한 秀作이며 이 작품은 삼국 중 가장 앞선 고구려 한문학의 수준을 보여주고 있다.

신라의 한시가 발전되어가는 과정에서 불가 승려들의 게송류와 한시는 빈공급제자들이 귀국하여 본격적인 시인으로서의 시작활동을 펼치기 이전의 한시에 있어서 주요한 맥락을 잇고 있다. 통일신라 전기는 우리 불교사상 경론에 대한 주소가 가장 활발했으며 교학 연구가 수준높게 이루어진 시기였다.

『삼국유사』 권4 '蛇福不言'조에 수록되어 전하는 蛇福과 元曉 (617-686)의 게송과 漸開의 <施布詞>는 불가에서 승려들이 게송을 읊는 사실을 보여주고 있다. 사복은 설화적으로 전해지고 있으나[9] 실존 인물이다. 그는 원효의 제자였을 것으로 추정되기도 하는데 신라의 대표적인 고승 중의 한 사람이었으며 경주 흥륜사 법당에 모셔졌던 열 명의 성인 중에 그의 소상이 모셔지기도 했고[10] 부안의 소래사에도 그의 영정이 봉안되어 고려 때까지도 전해지고 있었다 한다. 사복의 <葬母偈>는 사복이 그 어머니를 장례하면서 부른 偈로서 문헌에 전하는 최초의 게송이다.

往昔釋迦牟尼佛　　옛날 석가모니부처는
裟羅樹間入涅槃　　사라수 사이에서 열반하셨네
于今亦有如彼者　　지금 또한 그와 같은 이 있어
欲入蓮化藏界寬　　연화장 세계로 들어가려 하네.

7언고시의 이 게는 사복이 그의 모친의 죽음을 석가모니의 열반과 같은 차원으로 승화시킴으로써 성인과 범인의 이원적 세계관을 벗어난 일원적 세계관을 드러내고 있다. 연화장세계는 부처가 출현하고 중생이 충만한 광대무변의 세계로서 곧 극락세계이다. 『삼국유사』에서 사복이 이 게송을 마친 후 모친의 시체를 업고 지하의 장엄한 세계로 들어갔다는 것도 생사를 해탈한 그의 정신세계가 신화적으로 나타난 것으로 볼 수 있다.

위 게송은 불교 용어를 시어로 사용하였으며 단순하고 무미건조한 형태이다. 사복의 게송에서의 이러한 단순성과 무미성은 그의

---

9) 이규보의 <남행월일기>에도 부안의 元曉房에서 원효와 사복에 관한 설화가 기록되어 있다. 『동국이상국집』 권23.
10) 일연. 『삼국유사』 권3, 동경흥륜사금당십성조.

언어관에 의한 표현 방식으로 『삼국유사』의 설화 속에서 두 사람의 대화에 잘 나타나 있다. 원효가 사복모의 시체 앞에서 "나지 말지어다 죽음이 괴로우니, 죽지 말지어다 태어남이 괴롭느니라(莫生兮 其死也苦 莫死兮其生也苦)"라고 한 데 대해, 사복은 이 말이 번거롭다고 하며 "죽고 남이 괴롭다(死生苦兮)"고 고쳐 말하였다. 여기에서 두 사람의 언어관과 문학성에 대한 태도를 알 수 있다. 이 게가 설화 속의 삽입시로서 그 실재성에 대해 의심을 할 수도 있으나[11] 작자가 실존 인물이므로 실재작으로 보고자 한다.

방대한 불교학을 정리하고 토착화시킨 한국 최고의 고승으로 평가되는 원효는 저술 속에 많은 게송을 남기고 있는데 다음 게송은 비유법을 사용하여 경건한 헌정의 마음을 나타내고 있다.

西谷沙彌稽首禮　　서쪽 골짜기 사미가 머리숙여 절하옵나니
東岳上德高巖前　　동쪽 봉우리 높은 스님 계신 곳에
吹以細塵補鷲岳　　미세한 티끌 불어 영축산에 보태고
飛以微滴投龍淵　　잔 물방울 날려서 용연에 보냅니다.

위의 게도 7언고시로서 원효가 젊은 시절, 한때 배운 적이 있었던 당시의 고승 朗智스님에게 보낸 것이다. 원효는 낭지에게 배워 『初章觀文』과 『安身事心論』을 저술했으며 이것을 낭지에게 보내면서 그 책의 끝에 위의 게송을 붙여 보냈다.[12] 자신을 '서곡사미'로, 낭지스님을 '동악상덕'으로 표현하여 낭지스님에 대한 존경심을 나타내었으며 서곡과 동악, 사미와 상덕, 세진과 취악, 미적과 용연의 대비되는 표현으로써 자신과 낭지, 자신의 저술과 위대한 불법의

---

11) 심호택(1982). 한국한시사의 출발기에 대한 문제. 고려대 국어국문학연구회. 『어문논집』 6.
12) 『삼국유사』 권5, 朗智乘雲普賢樹.

관계를 나타내었다. 영축산은 낭지가 머물렀던 울주의 산이며 또한 석존이 머물렀던 인도의 산이기도 한 이중의 의미를 내포하고 있다. 용연은 태화강을 가리킨 것이며 또한 불법을 수호하는 용신의 의미를 함축하고 있다. 전·결구는 기·승구에 대응하는 은유적 표현으로서 자신의 저술을 마치 영축산에 '작은 티끌'을 보탠 것과 태화강에 '잔 물방울'을 날려 보낸 것과 같다고 겸손하게 표현한 것이다. 또한 산과 강을 들어서 천지에 가득한 불법과 그 위대성을 암시하고 있다.

원효가 저술의 말미에 붙인 게송으로는 이외에도 다수 남아 있다. 『보살계본지법요기』 끝의 7언8구, 『금강삼매경론』·『판비량론』·『대승기신론소』 끝의 7언4구 등 이러한 게송들은 자기의 공덕을 모든 중생들에게 돌리는 廻向의 게로서 경건한 信心을 나타내고 있으며 불법과 그 저술의 유통에 대한 기원의 의미를 띠고 있다. 이러한 저술 말미의 게송은 圓測·太賢 등 이 시기 다른 승려들의 저술에도 두루 나타나 있다. 원효의 저술인 위 『初章觀文』과 『安身事心論』은 현재 전하지 않으나 고려 전기까지도 유통되고 있었다고 한다.13) 원효의 위 게송은 앞의 사복의 게보다 표현면에서 세련된 것이며 다듬어진 흔적이 보이는데 이는 논·소 등 불교의 문체에 뛰어났던 그의 문장력에 기인한다. 원효의 문장은 제가들의 높은 평가를 받고 있으며 또한 수준 높은 문학으로서 문학성을 인정받고 있다. 이러한 점은 참회문인 <大乘六情識>의 표현형식이 시적으로 구성되어 있는 데서도 드러나고 있다.14)

---

13) 이 책들은 1090년에 씌어진 의천의 『신편제종교장총록』에 수록되어 있으며, 일본의 『불전소초목록』에도 수록되어 있다. 김상현(1994). 『역사로 읽는 원효』(서울:고려원), p.61.
14) 이종찬(1991). 앞 글, pp.208-210 참조.

위의 사복과 원효의 게송은 한시의 형식을 이용하고 있으나 아직 창작 한시로서의 시적인 정서가 표출되지는 않고 있다. 시를 짓는다는 의식이 없이 의미 전달을 위주로 한 차원에 머물고 있다. 이러한 점에 있어서는 원효가 포교를 위해 시중에서 박을 두드리며 부른 게송인 <無㝵歌>나 漸開의 <施布詞>도 같은 성격이다. 『삼국유사』에 전하는 승려 점개가 福安에게 시주를 받으면서 지었다는 <시포사>는 포교상 부른 것으로 보시를 하면 천신이 항상 지켜 보호하며 안락 장수할 것이라는 내용이다. 점개는 홍륜사에서 <점찰선악업보경>에 의거하여 잘못을 참회하고 그것을 없애고자 하는 의식인 六輪會를 베풀기 위해 시주를 권하며 다녔다고 한다.

義湘(625-702)의 <法性偈>(華嚴一乘法界圖)는 화엄경의 교리를 설한 것으로서 화엄의 이치를 무운의 7言30句의 형식에 담아 표현한 게송이다. 의상은 당나라에서 유학한 학승으로서 해동 화엄종의 초조이다. 이 게송은 화엄의 요체를 도형화하여 시각적으로 나타냄으로써 양식적 측면에서 사적 의의가 있다. 읽어 나가는 순서와 이에 따라 이루어지는 도형이 화엄의 교리를 담고 있으며 이것은 그림으로 그린 만다라가 아니라 문자 만다라[15]라고 할 만큼 구성의 의미를 지니고 있는 것이다. 이러한 구성은 수미쌍관의 빈틈 없는 형식미를 구사한 것으로서 그 뒤 明皛의 <海印三昧圖>에 직접적 영향을 주었다고 한다.[16]

게송은 원래 불경 속에 들어있는 頌詞를 가리키는 말로서 偈·偈陀라고도 하는데, 3언에서부터 7언 이상에 이르기까지 1句를 삼으며 4句를 1偈로 한다. 인도의 범어로 된 불경이 중국으로 들어와

---

15) 신현숙(1989). 법계도기를 통해 본 의상의 공관. 『불교학보』 26 (동국대학교 불교문화연구원).
16) 이종찬(1991). 앞 글, pp.211-213.

한역될 때 운문인 게타는 한시의 틀에 얹어서 번역된 것이다. 인도의 게타는 주로 5언이나 7언의 무운의 한시 형식으로 번역되었는데 이 과정에서 한시의 까다로운 규칙은 무시되었으며 자유로운 고시 형태로 나타나게 된 것이다. 게송은 이후 불승들의 창작시까지 포함하게 되어 불법을 드러낸 불가의 시뿐만 아니라, 선가의 詩偈·頌古·歌頌 등을 통칭하는 용어가 되었다. 원래 경전에 들어있는 이 게송의 영향으로 승려들은 한시창작을 보다 용이하게 할 수 있게 되었으며, 이러한 한역 게송의 영향으로 불가의 승려들은 게송을 지음에 있어서 까다로운 한시의 형식인 평측과 운을 무시하거나 句數나 字數도 지키지 않는 수가 있다. 이러한 경우는 시인으로서의 의식에서가 아니라 승려로서의 의식에서 불법을 표현하는 내용 전달을 위주로 한 점과, 한역 불경에 들어있는 주로 글자수만 맞춘 무운의 게송의 전통이 아닐까 한다.

불승들이 지은 게송의 형식과 내용은 다양하다. 한시의 틀을 벗어난 것도 있지만 고시와, 근체시의 율격을 지킨 정형시의 게송도 많이 창작되었다. 문장력을 갖춘 시승들은 게송을 한시의 형식에 맞추어 지었던 것이다. 내용과 표면면에서도 불법을 표현한 것에서부터 서정시적인 표현까지 다양성을 지니고 있다. 따라서 게송과 한시는 동일선상에서 분류할 수가 없는 것이다. 게송은 한시의 한 분야로서 하위 장르로 간주함이 옳을 것 같다.

신라인의 불교시로서 신라에서의 위와 같은 게송류에서 벗어난 작품들이 있다. 당나라에 머문 신라승들의 한시로서 薛瑤(?-693)의 <返俗謠>와 慧超(704-787)의 기행시 5수, 無相(680-756)의 <五更轉> 5수, 地藏(?-803)의 <送童子下山>이 전해오고 있다. 이들의 불교시는 개인의 심회를 서정적으로 표출하고 있으며 선적 깨달음에 관한 내용을 시화함으로써 불교의 시세계를 넓히고 있다.

설요의 <반속요>17)는 초사풍의 시로서 여승 생활을 청산하고 속세로 돌아가는 심정을 나타내었다.

化雲心兮思淑貞	구름같은 마음이 되고파 맑고 곧음만 생각했네
洞寂滅兮不見人	골짜기 고요하도다 사람은 보이지 않네
瑤草芳兮思芬蒕	요초의 향기로움이여 생각은 향처럼 피어 오르는데
將奈何兮靑春	장차 어이하리 이내 청춘을!

이 시에서는 작자의 심회가 잘 드러나 있다. 불법을 닦기 위해서 여승이 되어 6년간 산속에서 승려생활을 했으나 이루지 못하고 환속함에 있어서 느끼는 처연한 젊은 여승의 정서가 표현되었다. 이 시의 기구는 그간의 수도생활에 대한 회고이다. 구름같은 마음이 되고 싶어서 맑고 곧음만 생각하며 수도에 몰두해 온 생활을 되돌아봄에 있어서 청정한 수도자의 마음을 구름의 비유로써 말하였다. 승구에서는 수도생활의 적막함을 토로하였는데 사람이 없는 고요한 골짜기는 이 시의 문맥에서는 고독감을 나타내고 있다. 전구에서는 마음의 변화를 드러내었는데 요초의 향기로움에 이끌려 온갖 사념이 일어나는 것을 피어오르는 향으로써 나타내고 있다. 이러한 전환은 결구에서 청춘의 정열을 안타까와 하는 것으로 귀결되고 있다. 이 시의 불교시로서의 특징은 수도자의 갈등을 드러낸 점에 있다. 청춘에 대한 미련과 세속생활에 대한 집착을 끊지 못한 여승의 번민을 탄식조의 초사풍으로 진술하게 표현한 것이다.

이후 8C에 들어서 지어진 혜초의 기행시18)는 5언고시로서 인도

---

17) 『전당시』, 『대동시선』.
18) 慧超, 『往五天竺國傳』, 한국불교전서, 3책. 1980.

를 여행하면서 이국의 땅에서 느끼는 여행자의 감회를 시화한 것이다.

君恨西蕃遠	그대는 서번이 멀다 한탄하지만
余嗟東路長	나는 동방의 길 멀어짐을 슬퍼하네
道荒宏雪嶺	길은 거칠고 눈은 산마루를 덮었는데
險澗賊途倡	험한 골짜기엔 도적들이 날뛰네
鳥飛驚峭嶷	새는 날다 깎아지른 산세에 놀라고
人去難偏樑	사람은 외나무다리 건너기 어렵네
平生不捫淚	평생 눈물 흘린 적 없었건만
今日灑千行	오늘은 천줄기 눈물을 쏟네.

<吐火羅國 逢漢使入蕃 畧題四韻 取辭>

혜초의 기행시 5수 중의 한 수이다. 토번은 지금의 아프가니스탄에서 우즈벡 공화국에 이르는 지역으로 험악한 산길이다. 여기서 중국 사신을 만나 회포를 토한 시이다. 이 시 자체만을 보면 작자가 승려라는 사실을 알 수 없을 만큼 여행자의 시름을 표현하고 있다. 이러한 시에 이르면 시에 있어서 불교적 색채가 표면에 드러나지 않으며 승려로서의 입장도 개입되어 있지 않다. 다만 여행자로서 멀고 험한 길을 가는 고독감과 수심을 드러내었다. 위의 시 외에 나머지 4수도 행로의 험난함과 이국 땅에서의 향수를 읊은 것으로 위 시와 대동소이한 내용과 정서를 나타내었다. 이들 시가 수록되어 있는 『往五天竺國傳』은 全3권 중 앞뒤가 떨어진 2권만이 전해지고 있어 삽입시도 5수 밖에 전해지지 않는다. 당나라로 갔던 신라승의 일부는 인도로 구법여행을 떠나 이들은 대부분 돌아오지 못했으나, 혜초는 당나라로 돌아와 중국 불교계에 공헌한 바가 컸다.

無相의 <五更轉>[19]은 7언의 잡체시로서 1경에서 5경까지의 밤이 깊어감에 따라서 깨달음으로 깊이 들어가는 단계를 읊었다. 무상은 신라 성덕왕의 제3왕자이며 唐 현종의 지극한 예우를 받았던 선종계의 승려이다. 그의 시는 선종승다운 표현으로 禪理를 나타내고 있다. <오경전>은 악부 상화가사 청조곡의 이름으로서 一更부터 五更까지 차례대로 읊어나가는 속요이다. 5수 중 제4,5수를 들어본다.

   四更遷   四更은 새벽으로 옮아가는도다
   定慧雙行出蓋纒 定慧를 함께 닦으면 속박을 벗어나리라
   了見色空圓淨體 공계도 색계도 원융청정한 줄 알게 되면
   澄如戒月瑩晴天 밝은 달이 갠 하늘에 영롱함과 같으리라.

   五更催   五更은 아침을 재촉하는도다
   佛日凝然妙境開 부처의 햇빛 서려 묘한 경계 열리니라
   照透四禪空寂處 四禪天의 공적함을 뚫어 비추면
   相應一念見如來 바로 일념에 여래를 보리라.

위 시는 내용과 형식면에서 선시의 특성을 보여주고 있다. 깨달음의 과정을 단계적으로 나타낸 점과 사용한 시어나 비유적 표현, 시 형식 등의 측면에서 선종의 시풍을 잘 보여주고 있다. 시의 형식은 7언절구의 제1구를 3자로 변용한 연작시 형태로서 선구적이다. 이러한 변체는 신라인에 의해 읊어진 변용된 시체의 작품으로 현재에 남은 최초의 것이며 유일한 것[20]이라는 점에서 문학사적 의의를 지닌다. 이러한 첫 구 3자의 연작시 양식은 이후의 선시에서

---

19) 이 시는 런던의 대영박물관 돈황문서에서 발견된 것이다. 지준모(1986). 신라 한시의 발전과정.『신라문학의 신연구』(서울:서경문화사), p.239에서 재인용.
20) 지준모, 앞 글, p.240.

애용하는 형식이다. 중국 선시로서는 대표적으로 趙州從諗(778-897)의 <十二時歌> 1편 12수, 洞山良价(807-869)의 <五位正偏> 1편 5수 등이 있으며 우리 나라에는 혜심의 <山中四威儀> 1편 4수 등이 있다. 무상은 속요의 틀을 빌려 선적 깨달음의 내용을 담은 것이다.

지장의 7언율시 <送童子下山>[21]은 신라승려의 시로서는 처음 나타난 완전한 근체시이다. 지장은 신라의 왕족 출신으로 당나라에서 선풍을 크게 떨친 승려이다. 이 시는 지장이 당나라 靑陽 구화산에 있을 때 데리고 있던 동자가 집으로 돌아감에 쓴 송별시로서 조탁을 별로 가하지 않은 가운데 간결하고 곡진한 송별의 정을 표현하였다.

空門寂寞汝思家	절간이 적막하니 너는 집생각이 나겠지
禮別雲房下九華	방에 들어와 절하고 산을 내려가려 하는구나
愛向竹欄騎竹馬	난간에서 죽마타기 좋아했고
懶於金地聚金沙	금밭에서 금모래 모으기 게을리했지
添瓶澗底休招月	냇가에서 물 기르며 하던 달놀이도 하지 않고
烹茗甌中罷弄花	차 달일 때 하던 꽃장난도 그만 두겠지
好去不須頻下淚	잘 가거라, 부디 눈물일랑 흘리지 말고
老僧相半有烟霞	늙은 내야 안개 노을을 벗삼을테니.

위의 시는 7언율시의 형식을 갖춘 것으로 어린 동자승에 대한 노승의 자상한 인간미가 드러나 있다. 수련은 작별 인사를 하러 온 동자승을 대하여 '절간의 적막함(空門寂寞)'과 '집생각(思家)'을 일으킴으로써 동자승의 하산을 받아들이고 있다. 함련 제2구의 金地는 金田이라고도 하는 절의 이명이며, '金地에서 금모래 모으기(金

---

21) 『전당시』, 『대동시선』 소재.

地聚金沙)'는 修道를 의미한다. 함련과 경련은 수도보다 죽마타기, 달놀이와 꽃장난 등 놀이에 정신을 파는 동자승의 묘사에서 天眞佛로서의 이미지를 형상화하고 있다. 특히 경련에서는 섬세한 마음의 결로써 동자승을 그리고 있다. 동자승이 달밤에 시냇가에서 병에 물을 담으며 시냇물에 비친 달그림자를 희롱하는 모습과, 차 달일 때 茶器 속의 차꽃을 장난질하던 모습을 섬세하고 따뜻한 시선으로 그려낸 것이다. 달과 꽃은 여기서 천진불의 보조 이미지로서 천진불을 화사하게 수식해주고 있다. 이 시에는 자연 속에 어울어진 산중 생활이 서정적으로 묘사되어 있으면서 수련에서 말한 적막감이 이면에 깔려있음을 감지할 수 있다. 작별에 즈음하여 지난 날을 돌이켜 보는 정감이 어려 있으며 동자승을 제자인 승으로서가 아니라 다만 어린 아이로 받아들여 떠나버내고 있는 것이다. 결구에서는 자신의 삶을 안개와 노을로써 운치있게 드러내고 있다. 이 시는 산중 생활의 적막감과 서정성이 동자승의 下山을 통해서 나타나 있다. 송별시에다 이렇듯 다정한 마음으로 송별의 정을 담아 표현한 것으로 보아 이국에 머물고 있는 자신의 심정이 반영되어 있는 듯하다. 지장은 구화산에서 펼친 교화 활동으로 그 곳에서 大悲보살인 지장보살로 높이 받들어진 명승이다. 이러한 그의 大悲의 성품이 위의 시에서 잘 드러나 있다.

　위에서 살펴 본 설요·혜초·무상·지장은 모두 당나라에 머문 승려들이다. 설요는 어려서 부친을 따라 입당하여 그 곳에서 살았으며 혜초와 무상, 지장은 입당하여 돌아오지 않고 그 곳에서 입적하였다. 이들의 시는 신라내에서 지어진 것이 아니며 그들 또한 귀국하여 국내에서 활동하지 않았기 때문에 이들의 시를 가지고 신라 한시의 발달과정을 논한다는 사실은 다소 무리가 있다. 그러나 이들은 신라인으로서 설요를 제외한 3인은 입당하기 전 신라에서 한

문수업을 받았을 가능성도 있으며 어느 정도는 신라 한시의 면모를 지니고 있다고 볼 수가 있겠다. 이들의 시는 자료가 거의 전하지 않고 있는 8세기에 있어서의 신라인의 한시 수준을 보여주는 중요한 자료들이다. 즉 9세기에 들어서야 빈공급제자들의 출현으로 비로소 문단이 형성되고 전문적 문인이 배출된 시대가 된 것이다. 따라서 이들의 시는 앞 시대의 승려들의 게송류에서 진일보하여 시를 창작한 흔적을 보여주고 있다. 7세기의 사복과 원효, 의상 등 승려들의 게송은 불교적 法의 범주 속에서 별 문학적 창작의식 없이 지어진 데 비해서 8세기 경 이들의 시는 개인의 정서를 서정적으로 표출함으로써 문학적으로 성숙해진 불교시의 새로운 면모를 보여주었다. 또한 무상의 시는 선종적 특징을 보여주는 선시의 선구를 이루고 있다. 이들의 창작적 한시는 이후 세련된 근체시를 본격적으로 창작해 낸 빈공급제자들의 시에 이르는 흐름을 지속시켜 주었다.

2. 고려 전기의 불교시

고려 전기의 불교시의 자료로는 『균여전』에 수록된 **均如大師**의 향가 <**普賢十種願往歌**>22) 11수와 이를 崔行歸가 번역한 한역시, 그리고 **大覺國師** 의천의 시문집인 『대각국사문집』 23권, 『대각국사외집』 13권이 전해오고 있으며 『파한집』과 『보한집』에 승려인 **戒膺, 坦然, 龜山**의 시 몇 수가 남아 있다. 이 시기 승려가 아니면서 禪에 심취하여 거사불교로서의 불교사적 의의를 갖는 **李資賢**의 경우는 『追和百樂道詩』1권과 『南遊詩』1권, 『布袋頌』1권이 이름만 전해오고

---

22) 이하는 <보현시원가>로 약칭한다.

있다.23)

『균여전』의 <第八譯歌現德分者>에는, 최행귀가 균여의 노래를 한시로 번역하면서 쓴 서문에서 우리나라의 시승들로서 摩詞·文則·體元·元曉·薄凡·靈爽·定猷·神亮·純義·大居 등의 승려들을 거론하고 있다.24) 이들 중 원효를 제외하고는 이름과 작품을 알 수 없는 승려들이다. 남아있는 자료가 없는 탓으로 이들의 작품세계를 살펴볼 수는 없으나 최행귀가 생존했던 시기(균여와 동시대)까지 승려들의 노래와 한시가 상당히 널리 지어져 왔던 사실을 알 수 있다. 이들의 노래와 시는 게송이나 불교적 내용이 주류를 이루었을 것으로 짐작할 수 있다. 이와 같은 자료적 상황에 의해서 고려 전기의 불교시를 고찰하는 데는 균여와 의천의 작품이 주된 대상이 되고 있다. 균여와 의천의 문학은 그들의 불교적인 배경과 관련된 것으로 이러한 관계 속에서 살펴보고자 한다.

(1) 均如의 〈보현시원가〉와 그 한역시

균여대사(신라 경명왕 7년. 923-고려 광종 24년. 973)에 대한 기록은 赫連挺이 찬술한 대사의 전기『大華嚴首座圓通兩重大師均如傳』25)이 있어 그 행적과 사상 및 저술 등을 알 수 있다. 균여는 광종대 화엄종의 대가로서 당시 북악과 남악으로 양분되어 있던 화엄종을 통합하여 주도하였으며 화엄학에 관한 방대한 저술을 남겼다. 그의 화엄학 저술은 한국의 화엄사상에 대해 최초로 방대한 저술을

---

23) 동국대학교 불교문화연구소(1976).『한국불교찬술문헌총록』참조.
24) "我仁邦則 有摩詞兼文則體元 鑿空雅曲 元曉與薄凡靈爽 張本玄音 或定猷神亮之賢 閑飄玉韻 純義大居之俊 雅著瓊篇 莫不綴以碧雲 淸篇可玩 傳其白雪妙響堪聽".
25) 찬술 시기는 고려 문종 29년(1075)이며,『고려대장경』보유판 治函에 수록되어 있다. 한국불교전서, 4책. 1982.

남긴 것으로 평가된다. 균여의 불교사적 위치는 의상을 계승한 화엄교학의 대가로서 의상 다음의 대화엄사상가로 간주되고 있다. 그의 사상은 의상 화엄사상의 융회적 성격을 계승한 性相融會로 집약된다. 그가 활동한 고려 제4대 光宗代는 고려가 호족연합정권으로부터 중앙집권적 정권으로 넘어가는 과도기적 시기로서 광종은 중앙집권화와 왕권강화를 목적으로 한 개혁을 실시하였다. 쌍기의 건의에 따라 과거제를 채택하였으며 이에 준하여 승과를 실시하였고 국사·왕사제도를 두었다. 시대적 상황에서 균여의 활동은 정치와 관련되어진다. 즉, 균여의 사상이 전제개혁 정치가 한창이던 때에 그 이데올로기 역할을 하였으며, 그의 <보현시원가>는 性俗無碍 사상으로 이어지는 이른바 전제정치의 이데올로기와 관계가 있다는 것이다.[26]

균여는 그의 저술을 방언 즉, 향찰로 기록하였으며 <보현시원가>도 향가로 지어서 대중에 널리 유포되도록 하였다. 이러한 그의 문자의식이 국문학사에서 중요한 의미를 지니고 있는 것이다. 현존하는 해인사 고려대장경 보판에 들어있는 그의 저술은 뒷사람이 한문으로 고쳐 새긴 것이다.

균여의 <보현십종원왕가>는 40권 『화엄경』의 <普賢行願品>[27]의 내용인 보현보살의 10가지 소원을 노래로 만든 것이다.[28] <보현행원품>은 선재동자가 문수보살에 의하여 보리심을 발하고 53선지식을 역방했는데 최후에 만난 보현보살에게서 부처님의 공덕을 들으며 열 가지의 行願을 듣게 되는 것이다. 이 10대원은 화엄사상의

---

26) 김두진(1986). 균여 화엄사상의 역사적 의의. 『고려초기불교사론』(서울:민족사).
27) 화엄경의 한역본은 40권, 60권, 80권이 있다. <보현행원품>은 이 중 40권 화엄경에 들어있다.
28) 1.禮敬諸佛. 2.稱讚如來. 3.廣修供養. 4.懺悔業障. 5.隨喜功德. 6.請轉法輪. 7.請佛住世. 8.常隨佛學. 9.恒順衆生. 10.普皆廻向.

요체로서 同體大悲인 화엄사상의 최고 목표이며 모든 수행자의 행원이다. 균여는 이러한 경전의 취지를 살려 11수의 노래로써 시화한 것이다. 이 노래를 향가로 지은 것은 균여의 대중 포교의 방편이다. 균여는 대중을 대상으로 한 포교활동에 역점을 두었기 때문에 이 노래도 대중적 차원에서 지어진 것이다. 이러한 면은 균여가 직접 쓴 서문에서 잘 드러난다. 세상 사람들이 놀고 즐기는 도구인 사뇌로써 보살 수행의 요추를 담은 것은 얕은 데를 지나서 깊은 곳으로, 가까운 데에서 먼곳으로 다다르기 위해서이며, 세속의 이치에 기대어 저열한 바탕을 인도하고 비속한 언사에 의지하여 큰 인연을 드러내기 위한 것으로 비근한 일을 바탕으로 심원한 종지를 깨우치게 하고자 노래를 지었다고 하였다.29) 이러한 그의 문학의식은 주술적 효능을 강조하는 신라의 문학관을 탈피하여 문학의 교화적 효능을 강조한 문학효용론을 전개함으로써 한국문학사의 전통 속에서 하나의 중요한 흐름을 이루게 하였다고 평가받기도 한다.30)

<普賢十願歌>는 경전과 관련해서 문학성을 고찰할 수 있으며 그 한역시도 불교시로서 균여의 향가와 비교 고찰되어야 한다. <보현시원가> 중에서 가장 문학성이 높다는 제가들의 평을 받고 있는 여섯번째 노래 <請轉法輪歌>를 들어본다. 먼저 이 노래의 제재가 된 『보현행원품』의 <請轉法輪願>은 다음과 같다.

    선남자여! 법륜을 굴리기를 청한다는 것은 온 법계·허공계·

---

29) 『均如傳』, 第七歌行化世分者. "其序云 夫詞腦者 世人戲樂之具 願王者 修行之樞 故得涉淺歸深 從近至遠 不憑世道 無引劣根之由 非寄陋言 莫現普因之路 今托易知之近事 還會難思之遠宗 依二五大願之文 課十一荒歌之句 慙極於衆人之眼 冀符於諸佛之心 雖意失言乖 不合聖賢之妙趣 而傳文作句 願生凡俗之善根 欲笑誦者 則結誦願之因 欲毀念者 則獲念願之益 伏請後來君子 若誹若讚也是閑".
30) 정하영(1985). 균여의 문학효용론.「국어문학」25 (전북대학교 국어국문학회).

시방 삼세 모든 부처님 세계의 아주 작은 티끌 하나하나마다 이루 다 말할 수 없이 많은 부처님 세계의 아주 작은 티끌같이 많은 수의 넓고 큰 부처님 세계가 있고, 그 낱낱의 세계 안에서 잠깐잠깐 동안에 이루 다 말할 수 없이 많은 부처님 세계의 아주 작은 티끌만큼 많은 수의 부처님들이 정각을 이루는지라. 모든 보살 대중이 둘러 앉아 있나니 내가 몸과 말과 뜻으로 하는 가지가지 방편으로써 법륜 설하여 주기를 은근히 권청하는 것이니라. 이와 같이 하여 허공계가 끝나고 중생계가 끝나고 중생의 업이 끝나고 중생의 번뇌가 끝나더라도, 내가 모든 부처님께 항상 정법륜 설하여 주시기를 청함은 끝남이 없을 것이니, 염염히 계속하여 잠깐도 쉬지 않건만 몸과 말과 뜻으로 하는 일들은 지치거나 싫어함이 없느니라.31)

위 경전의 내용은 광대무변한 법계의 부처들에게 끝없이 설법을 청한다는 請轉法輪의 願을 말한 것이다. 이 내용을 노래한 균여의 향가는 다음과 같다.

(원 문)	(번 역)	(해 석)
彼仍反隱	더 지즐눈	(저 잇따르는)
法界惡之叱佛會阿希	法界아깃 佛會아히	(法界의 佛會에)
吾焉頓叱進良只	나는 ᄇᄅᆺ 나ᅀᅡᆨ	(나는 바로 나아가)
法雨乙乞白乎叱等耶	法雨를 비솔봇ᄃ야	(法雨를 빌었느니라)
無明土深以埋多	無明土 기피 무더	(無明土 깊이 묻어)
煩惱熱留煎將來出米	煩惱熱로 다려내매	(煩惱熱로 대려 내매)

---

31) 『한글대장경』 45, 화엄부(동국역경원, 1966). "復次善男子 言請轉法輪者 所有盡法界虛空界十方三世一切佛刹極微塵中 一一各有不可說不可說佛刹極微塵數廣大佛刹 一一刹中 念念有不可說不可說佛刹極微塵數一切諸佛 成等正覺 一切菩薩 海會圍遶 而我悉以身口意業 種種方便 慇懃勸請 轉妙法輪 如是虛空界盡 衆生界盡 衆生業盡 衆生煩惱盡 我常勸請一切諸佛 轉正法輪 無有窮盡 念念相續 無有間斷 身語意業 無有疲厭".

善芽毛冬長乙隱	善芽 모둘 기른 (善芽 못 기른)
衆生叱田乙潤只沙音也	중생ㅅ 바툴 적셔미여. (중생 밭을 적심이여.)
後言 菩提叱菓音烏乙反隱	아야, 菩提ㅅ 여름 오울ᄂᆞᆫ (아아. 菩提 열매 온전해지는)
覺月明斤秋察羅波處也	覺月 ᄇᆞᆯᄀᆞᆫ ᄀᆞ술 라볕디여. (覺月 밝은 가을 즐겁도다.)[32]

위 향가는 경전의 내용을 취지로 하여 우리말 가사로 노래한 것이다. 그러나 경전과 대조해 볼 때 표현면에서 전혀 다르다. '잇따르는'은 '중첩되는'의 뜻이다. 이는 원문에서의 중중무진한 법계 즉, 한 티끌 속에 끝없는 법계가 펼쳐지는 이러한 중첩되는 법계를 말한 것이다. 法雨는 불타의 교법이 초목에게 비와 같다는 뜻으로 말한 것이다. '무명토 깊이 무더 번뇌열로 대려내매'에 대한 기존 연구자들의 해석은 대체로 '(법우가)무명토를 깊이 묻고 번뇌열로 다려내매'로 하여 법우가 내려 이렇게 된다는 것이다. 그러나 필자의 견해는 '무명토로 깊이 묻어 번뇌열로 다려내므로'로 해석하여 그 뒷 귀절인 '선아를 못 기른'을 수식하는 원인으로 파악한다. 즉, 무명의 흙으로 깊이 묻고 번뇌의 열기로 뜨거워져 善根의 쌈이 자라지 못한 것이다. 선근은 있으나 무명과 번뇌로 인해 쌈을 키우지 못하는 이러한 중생의 心田에 法雨가 내려 적셔줌으로써 보리(깨달음)의 열매가 온전히 맺힌다는 것이다. 마지막 구절은 법우를 맞아 보리를 증득한 중생계를 찬탄한 것으로 달 밝은 가을 밤의 정경으로 형상화시켰다. 보리의 열매와 각월은 깨달음의 비유로서 깨달음을 이루어 원만한 불성이 현현한 이상적 경지를 가을의 풍요로움과 달밤의 서정성으로 시화한 것이다.

위 향가에서는 경전에 없는 법우, 무명토, 번뇌열, 선아, 중생밭,

---

32) 김완진(1993), 『향가해독법연구』(서울대학교, 한국문화연구소), pp.183-187.

보리열매, 각월 등으로 비유적 표현이 구사되어 있다. 위 노래는 이 비유체계로서 유기적인 통사적 문맥을 형성하고 있다. 이러한 시어는 추상어와 구상어, 감각어를 동격으로 결합시킴으로써 추상적 개념을 구체화시키고 있다. 이러한 비유의 구사는 '마음의 붓(예경제불가)', '無盡聖海(끝없는 말씀의 바다)' '공덕바다(칭찬여래가)', '마음의 물, 大悲의 물(항순중생가)', '중생의 바다, 부처의 바다, 법성의 보물(보개회향가)', '願海(총결무진가)' 등으로 나타나고 있다. <보현시원가>에서 특히 가장 많은 비유는 물(水), 바다(海), 비(雨)이다. 물과 비는 생명과 정화의 의미로서 사용되고 있으며, 바다는 넓고 크고 한량없는 자비와 행원을 나타냄으로해서 광대하고 장엄한 화엄경의 세계를 시화하고 있다. 위 향가는 경전의 인용 없이 경전의 취지를 비유로서 나타내었다. 이러한 비유적 표현이 <보현시원가> 중 가장 독창성있는 서정적 표현으로서 그 문학성을 인정받고 있는 것이다.

위 향가에 대한 최행귀33)의 한역시인 <청전법륜송>은 다음과 같다.

佛陁成道數難陳	불타의 도이룸 그 수는 말할 수 없어
我願皆趣正覺因	저는 오직 正覺의 因을 따르기 원하옵니다
甘露洒消煩惱熱	달콤한 이슬은 번뇌의 열기를 시원하게 식히고
戒香熏滅罪愆塵	계의 향은 죄악의 먼지를 샅샅이 멸해줍니다
陪隨善友瞻慈室	좋은 벗 뫼시고 따라 자비심 우러르고
勸請能人轉法輪	능인에게 권하고 청하여 법륜을 굴리게 합니다
雨寶遍沾沙界後	법보의 비가 사바세계를 두루 적신 뒤
更於何處有迷人	어느 곳에 또 미혹한 사람이 있겠습니까?

---

33) 崔彦撝의 子로서 중국에 유학하였고 귀국후 광종의 倖臣이 되었다. 『고려사』 92, 최언위전 附 최행귀전.

위 최행귀의 한역시는 7언율시로서 향가의 가사를 그대로 번역만 한 것이 아니라 대의에 입각한 번안이다. 따라서 시어와 표현면에서 향가와 다르며 시적 분위기도 다르다. 수련은 법계의 무수한 부처를 들어서 그들이 깨달음을 얻은 정각의 원인을 따르기를 기원한 말이다. 정각의 因은 바로 부처의 말씀을 좇아 행하는 것이다. 함련은 부처의 말씀인 敎法과 戒가 중생의 번뇌와 죄악을 없애 준다는 찬사이다. 甘露는 부처의 교법을 하늘에서 내리는 단비에 비유한 것이며 戒香은 戒를 잘 지키면 그 공덕이 향기처럼 널리 퍼진다는 의미에서 비유한 것이다. 경련은 선지식을 따르며 부처의 법륜을 청한다는 것으로 제목인 청전법륜을 말하였다. 善友는 善知識으로 부처의 정법을 가르쳐 좋은 결과를 얻게 하는 스승이나 친구를 말하며 慈室은 慈悲室로서 자비를 여래의 室에 비유한 것이다. 能人은 능히 일체중생을 이롭게 하는 부처를 말한다. 미련은 부처의 공덕을 찬탄한 수사적 의문문이다. 雨寶는 불타의 묘법의 공덕을 보물에 비유한 말이다. 위 한시의 비유적 표현은 甘露, 煩惱熱, 戒香, 罪愆塵, 轉法輪, 雨寶이다. 이 시어들 중 번뇌열만이 향가와 동일하게 사용되었으며 유사한 표현은 향가의 법우를 우보로 한 것이다.

위의 한역시는 향가의 소박한 기원의 언술에 비해 경건한 찬송의 분위기로 이루어져 있다. 향가의 구어체가 한시의 문어체로 바뀌면서 친근한 일상적 어법이 정중하고 경건한 송시로 된 것이다. 이러한 성격은 제목이 '歌'에서 '頌'으로 바뀐 점에서도 드러나 있다. '歌'에서 '頌'으로 바뀐 점은 곧 부르는 노래인 '唱'을 읊는 한시인 '詠'으로 대치시킨 것이다.[34]

---

34) 이우성(1964). 고려말・이조초의 어부가. 『성대논문집』 9, p.9.

균여의 향가는 그간의 고전시가 연구에서 이미 문학적 평가를 받고 있다. 최행귀의 번역시에 대하여는 名譯35)이라는 긍정적 평가에서부터 향가에서의 시어의 다의성을 국한시켰으며36) 대중적 호소력을 관념적이고 사변적인 차원으로 바꾸어 놓았다는37) 부정적 평가가 있다. 이러한 평가는 향가와 한시의 표현방식의 차이로서 익숙한 우리말의 구어체와 한시의 문어체의 차이이다. 균여의 노래는 대중을 상대로 포교적 수단으로 지은 것이므로 한층 더 우리말의 진솔함과 감성이 나타나 있으나, 이에 비해 한시는 지식층을 대상으로 하고 있으며 더욱이 한문학의 본토인 중국으로의 전파를 위한 것으로 지성적이다. <보현시원가>에 있어서 이러한 향가와 한시의 공존에 대한 문학사적 고찰로서, 이는 신라시대부터 있어온 두 유파인 노래로 이어지는 可歌的 문학와 시로 이어지는 可詠的 문학이 상호보완적으로 존재해 왔던 우리 문학의 二元的 현상으로 파악된 바 있다.38)

경전의 내용을 게송화한 것은 신라 의상의 <法性偈>가 있다. 이 게송은『화엄경』의 요체를 간추린 것으로 서정성이 배제된 전문적 차원의 교리를 내용으로 담고 있다. 이에 비해 균여의 <보현시원가>는 불교 경전의 내용을 소재로 하여 이를 서정성이 깃든 대중적인 노래로 쉽게 풀이하여 보급하였다는 점에 의미가 있다. 노래 형식은 불교의 대중화에 기여한 점에 있어서 의미가 있으며, 이러한 대중 포교를 위한 불교가요는 신라 원효의 <무애가>의 전통을 이은 것이다. 균여의 <보현시원가>과 최행귀의 한역시는 불법을 내용으로 한 노래와 시로서 게송이다. 이 두 편의 게송은 가요와 한시

---

35) 서수생(1971).『고려조한문학연구』(서울:형설출판사), p.346.
36) 황패강(1977). 균여론.『한국문학작가론』(서울:형설출판사), p.72.
37) 이종문(1991). 고려전기 한문학 연구 (고려대학교 박사학위논문), p.208.
38) 이종찬(1985). 고려문학의 형성과정 – 의천의 절충적 사상을 중심으로.『한국의 선시』부록, pp.231-233.

라는 불교시의 두 가지 양식을 보여주고 있다.

(2) 義天의 불교시

大覺國師 義天(1055-1101)은 천태종의 중흥조로서 고려 제11대 文宗의 四子이다. 의천의 생애에 관한 자료는 『대각국사문집』39)과 이 문집의 外集에도 수록된 金富軾과 林存이 각각 찬한 두 종의 비명이다. 국사는 11세에 출가하여 15세에 祐世僧統의 법호를 받았으며 1085년 宋나라에 가서 14개월 동안에 50여인의 고승 대덕들을 만나 담론하고 1086년 경서 1천권을 가지고 환국하여 천태종을 일으켰다. 또한 遼·宋·日本등에서 경서를 구입하고 고서를 수집하여 간행하였는데 그의 업적 중 『續藏經』의 간행은 가장 높이 평가된다. 속장경은 正藏과는 다른 것으로 산실되어 있는 고금의 章疏를 수집하여 간행한 것이다.40) 의천의 사상은 통불교적 사상으로서 會三歸一과 一心三觀의 敎觀幷修로써 모든 불교사상을 통합시킨 것으로서 선교통합의 첫 시도이다. 명실상부한 하나의 종파로서 공인된 그의 천태종 개립은 신라의 원효와 의상 등의 원융사상과 여초 체관법사의 천태사상을 계승 발전시켜서 그 위에 중흥 복고된 것이며, 국가의 총화와 민족적 이념에 부응해서 그 사상의 전개가 이루어진 호국불교적 발상으로 평가된다.41) 의천의 불교사적 의의는, 신라 불교를 계승한 고려 불교가 의천에 의하여 비로소 획기적 신불교를 창설하게 되고 면목을 일신하게 되었다는 점이다.42)

---

39) 동국대학교 출판부(1982). 『한국불교전서』 4책. 번역본으로는 한글대장경 『대각국사문집』(서울:동국역경원)이 있다.
40) 조명기(1964). 『고려 대각국사와 천태사상』(서울:동국문화사), pp.52-103 참조.
41) 이재창(1983). 대각국사 의천의 천태종 개립. 『한국천태사상연구』(서울:동국대학교 출판부), pp.191-197.

이와 같이 불교사에서 중요한 인물인 의천은 고려 전기 귀족적 불교의 대표적인 승려로 볼 수 있다. 따라서 그가 남긴 시문학은 고려 전기 불교시의 귀중한 자료가 된다. 그의 찬술 중에서『圓宗文類』권22 <찬송잡문류>는 화엄경을 중심으로 한 전문적 교리의 게송집으로서 중국과 우리나라의 승려, 문사들의 게송을 싣고 있다. 여기에는 최치원과 박인량의 게송이 포함되어 있다.[43]

의천의 시문집인『대각국사문집』은 승려의 시문집으로는 최초의 것이며 고려 전기 승려의 시문집으로도 유일하게 남아있는 것이다. 현재 남아 있는 목차만으로는 제17권에서 20권까지의 131제 148수이나, 이 중 결락된 것이 상당수 있고 부분적으로 마멸된 것이 있어 판독 가능한 것은 107수 가량으로 볼 수 있다. 의천의 시는『동문선』과『보한집』에 실려 있어 이를 합하면 모두 109수가 된다. 이는 고려 후기 선종계 승려의 시문집 이전의 불가의 한시를 체계적으로 고찰할 수 있는 유일한 자료이다. 이 시들을 시체별로 보면 5언절구 16수, 7언절구 76수, 5언율시 5수, 7언율시 11수, 6언시 1수로 분포되어 있다.[44] 이로 보아 절구를 주로 쓴 것을 알 수 있다. 그러나 송나라 주객 원외랑 楊傑이 5언 40구의 고시를 주면서 "삼가 고시 이백언에 화답하여 고려 우세승통께 올리오니 보아 주시기 바랍니다(謹和古調詩二百言酬贈高麗祐世僧統伏惟采覽)"라는 제목으로 보아 장편시를 썼음을 알 수 있다..

문집에 수록된 시들을 그 내용과 성격으로 보아 대별하면 불법에 관련된 시와, 자연과 서정의 시로 볼 수 있다. 그의 시세계는 자서전적이라고 할 만큼 삶의 과정과 자취가 그대로 반영되어 있으며,

---

42) 조명기(1964). 앞 글, p.5.
43) 이 중의 게송 <화쟁편>은 찬자가 밝혀져 있지 않아 의천의 소작으로 보는 견해도 있으나 신빙성이 없다.
44) 최한술(1985). 대각국사 의천의 시세계 (계명대학교 석사학위논문), p.12 참조.

여기에는 승려로서의 불법 중흥과 인간적 정서의 세계를 보여주고 있다.

의천의 생애에 있어 핵심적 요소는 불법 중흥이라는 과제로서 다음의 시는 이러한 의지를 표명하고 있다.

千里歸來問舍人　천리길 돌아와 舍人에게 묻노니
靑山獨立幾經春　청산에 홀로 서서 몇 봄을 지냈는고?
若逢末世難行法　만일 불법 행하기 어려운 말세를 만나면
我亦如君不惜身　나 또한 그대같이 이 몸 아끼지 않으리!
　　　　　　　　　　<過厭觸舍人廟>45)

염촉사인은 신라 법흥왕 14년(527)에 불법을 위해 순교한 이차돈(506-527)이다. 이차돈의 순교는 신라에서 불교가 국교로 공인되는 계기가 되었다. 의천은 개성에서 머나먼 경주에 있는 이차돈의 사당에 들러 불법을 중흥하려는 그의 의지를 다짐하면서 자신을 순교자 이차돈과 동일시하고 있다. 오백 수십년 이전의 이차돈을 마치 살아있는 사람인듯이 대화 형식으로 자신의 각오를 드러내었다. 승구의 의문형은 장구한 세월 흐름을 의미하면서 고독한 순교자의 넋을 위로한 것이다. '靑山獨立'은 고독감과 고결함, 불멸의 정신을 함축하고 있으며 이는 바로 자신의 삶을 암시한 것이다. 전·결구는 자신에 대한 진술로서 그의 삶의 방향과 생애의 지향성을 보인 것이며 죽음을 불사한 비장한 각오를 드러내었다. 이러한 의지는 평생을 통하여 일관되어 있다.

구법을 위해 송나라에 가기를 청한 表文에서, '半偈를 듣기 위해 몸을 버린 能寂'과 '百城을 다니며 법을 물은 선재'를 들어 入宋求

---

45) 이 시는 『대각국사문집』에는 결락되었으며 『동문선』권19와 『대동시선』에 수록되어 있다.

法을 곡진하게 청하였다. 능적은 석가모니를 뜻하는데 석존이 과거세에 보살도를 닦을 때 남은 절반의 게송을 듣기 위하여 나찰에게 몸을 던졌다는『열반경』의 雪山童子를 가리킨 것이며, 선재는『화엄경』에 나오는 구도자이다. 송에서의 구법행은 송나라 사문 宗本의 시에서 "그 누가 만리 길 큰 파도 위에 / 법을 위해 몸을 잊고 선재를 본받으랴 / 생각컨대 염부제에선 이런 일 드물거늘 / 우담바라꽃이 불 속에서 피어났네(誰人萬里洪波上 爲法忘軀效善財 想得閻浮應罕有 優曇花向火中開)"등으로 칭송되었으며 기타 다수 송인들의 시에서 의천은 주로 구도의 상징인 선재, 설산동자에 비유되어 있다.46)

이러한 불법에의 의지는 고승들의 유적과 진영을 탐방하며 그 역사적 사실과 덕을 기린 시들에서 고인에 대한 존경심 속에 나타나 있다. 普德聖師의 飛來方丈 옛 터를 참배하여 "원효·의상 일찍이 성사님께 도를 물었지요 / 감개하는 마음으로 길이 그리며 돌아갈 줄 모릅니다(浮石芬皇曾問道 慨然長想未知還)"라고 하였으며, 화엄사 緣起조사의 진영에 참배하여 "기신론과 화엄경을 통달하고 / 일생의 호법 공이 깊어라 / 삼천 학도에게 등불 나누어준 후에 / 원교의 종풍 해동에 찼네(偉論雄經罔不通 一生護法有深功 三千義學分燈後 圓敎宗風滿海東)"라 하였다.

또한 이러한 불법홍호를 시를 통해 후학들에게 당부하고 있다. 새로 뽑힌 大選·大德들에게 "그대들 전등의 뜻 잊지 마시오 / 도를 넓히는 것 사람에게 달려 있네(諸生莫忘傳燈志 弘道由來寄在人)"라고 하였으며 문인 낙진대사를 송별한 시에서는 "우리 도를 빛나게 함은 그대에게 있으니 / 불법을 지키려는 마음 잊지 마시오(光揚吾道知君在 莫忘扶顚護法心)" 등으로서 이들 시에는 傳燈, 弘

---

46)『대각국사외집』참조.

道, 護法 등의 어휘가 주로 사용되어 있다.
 불법에의 의지는 불교내의 모든 종파를 포용하려는 통불교적 사상으로서 구체화된다.

海印森羅處	해인삼매에 비치는 삼라만상
塵塵大道場	티끌마다 대도량이다
我方傳教急	나는 바야흐로 전교에 급하고
君且坐禪忙	그대 또한 참선에 바쁘네
得意應雙美	뜻을 얻으면 둘다 아름답지만
隨情卽兩傷	정을 따르면 모두들 잃게 되네
圓融何取捨	원융한 경지에서 무엇을 취하고 버릴건가?
法界是吾鄉	법계가 바로 내 고향인데!

<寄玄居士>

 현거사는 춘천 청평산에 은거하며 禪에 심취했던 李資玄(1061-1125)인 듯하다. 위의 시는 선과 교의 융합을 추구한 내용이다. 수련은 우주에 벌여 있는 일체 현상이 다 진리임을 말한 것이다. 海印은 佛이 증득한 삼매를 말하며 이 삼매의 바다에 비치는 삼라만상은 그 모두가 成道의 장소이며 수행처인 것이다. 함련은 禪과 敎라는 불교의 두 방향을 자신과 현거사의 개별성으로써 말하고 경련은 양자의 공통된 입각지를 들었다. 意는 眞意이며 情은 迷情이다. 미련은 일체가 융합되어 있는 무차별, 절대의 법계에서 선과 교의 취사가 무의미함을 말함으로써 원융무애의 사상을 표현하였다. 법계는 일체제법이며 여기서 事事無礙의 원융법계이다. 고향은 근본을 의미한 것으로 너와 나의 상대적 대립이 사라진 진리의 세계이다. 이 시는 불교 통합을 추구한 사상적 면모를 논리적 문맥 속에 담았으며 기승전결의 짜임새로 시화하였다.

이러한 불교 통합의 의지는 <寄大宋慧淸華嚴>에서 "法眼을 도모하여 흠 없고자 한다면 / 교 밖에 별전 있다 가벼이 말하지 말라(欲圖法眼長無缺 愼勿輕言敎外傳)"라고 하여 교학을 부정하는 선종의 敎外別傳의 극단성을 배척하고 있다. 또한 원융을 지향한 통불교적 사상은 <偶吟一絶寄湛大師>에서는 교종내의 융합을 의도하고 있다. "마명과 용수가 앞시대를 빛내고 / 무착과 천친이 뒤를 이었네 / 지말을 따르는 이들은 비록 종이 서로 다르다 하나 / 근본에 돌아가서 보면 어찌 도가 같지 않으랴?(馬鳴龍樹光前世 無着天親繼後塵 逐末雖云宗有異 歸元無奈道還均)"는 인도의 고승들을 들어서 각기 다른 학파의 동일한 근원을 강조하였다. 마명과 용수는 性宗의 대가이며, 무착과 천친은 相宗의 대가들이다. 이 두 종파는 당시 고려에서 화엄종과 법상종으로서 교종내의 대립적 종파로 자리잡고 있었던 것이다.

의천의 이러한 통합불교의 사상은 원효를 계승한 것이다. 원효에 대한 존숭은 여러편의 문과 시에 나타나 있는데 원효의 『금강경해동소』를 강의하고 법열을 느껴 읊은 시에서 "다생의 외로운 삶 밤처럼 어두운데 / 오늘 겨자씨가 바늘을 만난 것 같네(多生孤露冥如夜 此日遭逢芥遇針)"라고 하였다. 원효의 소를 읽어 볼 수 있었던 기쁨을 겨자씨와 바늘의 만남으로 비유하여 지극히 희귀한 인연임을 표한 것이다.

위에서의 이러한 의지가 현실적 상황에서 좌절을 겪게 되자 시대에 대한 비관주의와 자신에 대한 비애감을 표출하고 있다.

屈辱多年寄帝京	욕되게도 여러 해를 서울에 살았건만
敎門功業恥無成	교문에 공업 못 이루어 부끄럽네
此時行道徒勞爾	이 시대 도를 행함 헛수고일 뿐
爭似林泉樂性情	어찌 자연에서 성정을 즐김만 하랴?

事去幾廻興嘆息	일이 그르쳐 몇번이나 탄식했던가
年來無計報君親	해가 와도 군왕과 부모 은혜 보답할 계책 없어
可憐少壯心如昨	가련하다! 젊은 날 품은 마음 어제 같은데
不覺銷磨四十春	어느새 사십년이 흘렀구나!

<해인사퇴거> 4수 중 2,3수

위의 시는 교문의 공업을 세움에 대한 포부가 좌절된 데 대한 절망감을 드러내고 있고 현실에서의 희망이 좌절됨으로 인한 자연으로의 은퇴가 나타나 있다. 윗수는 서울인 개경에서의 활동이 천태교 창립이라는 교문의 공업을 이루지 못한 것에 대한 실의를 드러내고 있으며 전구에서는 正道가 행해지지 않는 시대에 대한 비관을, 결구에서는 이러한 시대에 대해 차라리 자연에서 성정을 즐기고자 하는 도피적 선택을 나타내었다. 아랫수는 뜻을 이루지 못하고 마흔이 넘어버린 시점에서 지난 날 젊은 시절의 포부를 되새겨보며 탄식한 시이다.

위 시는 천태종 개립이 기존의 불교세력(특히 세도 문벌이었던 인주 이씨가 중심이 된 법상종)의 반대에 부딪쳐 실현되지 못하자 해인사로 퇴거한 직후의 심경을 드러낸 것이다. 이 심정은 부끄럽다, 탄식하다, 가련하다 등의 비탄조로 표현되어 있다. 이러한 탄식과 비탄의 정조는 末法, 末世의 시대인식과 함께 곳곳에 드러나 있다.

<因事偶言>에서의 "말법시대 정법이 무너진 것 누가 알랴? / 모두들 구구하게 명리에 저촉되네(末法誰知敎網頹 區區皆被利名催)", <感懷示道>에서의 "슬프다, 이 세상에 경을 배우는 무리여! / 법 배움에 법 공양함이 전혀 없도다(堪嗟此世橫經輩 學法都無敬法心)",

"아득한 傳燈의 뜻 그 누가 알랴? / 이 시대에 태어남이 슬프기 짝이 없네(悠悠誰識傳燈志 生値斯時族可悲)" 등으로 절망감과 비관성이 표출되고 있다. 또한 자신에 대한 비애감과 연민이 <感懷示道>에서 "부끄럽게도 佛恩을 저버리고 법을 훔친 사람이여(恥見幸恩竊法人)", <自誡>에서 "비록 경론을 탐구한다 하지만 / 오히려 무식함을 면치 못했네(雖曰攻經論 寧知目面墻)", <和曺郎中韻述自意>에서 "어쩌다 머리털이 이다지 희어졌는고? / 법 전할 지위에 오르지 못함이지 / 강설하는 여가에 물에 비추어보니 / 부끄럽다 머리 위에 흰서리 가득하네(鬢髮如何白 傳燈位未當 講餘閑炤水 耻見滿頭霜)" 등으로 표출되고 있다.

위에서의 불법에 대한 의지와 그로 인한 실의의 시와는 다른 성격의 시로서 자연의 서정성이 표출된 시를 살펴본다.

> 行行鞭拂水雲鄕　　채찍 떨치며 가고 가는 물안개마을
> 煙雨溕濛路更長　　안개비 몽롱하니 길은 더욱 먼데
> 多謝武陵佳景在　　고마와라, 무릉의 경치가 여기 있나니
> 落花紅泛一溪香　　낙화 붉게 뜬 시냇물의 향기로움이여!
> 　　　　　　<雨中行次馬上口占>

빗속에 길을 가며 말 위에서 읊조린 이 시는 순수한 자연의 서정을 읊은 시이다. 기구의 '수운향'은 물이 흐르고 구름이 떠도는 곳으로 속기를 떠난 깨끗하고 맑은 곳을 의미한다. 승구는 공간을 가득 메우며 흘러내리는 안개비가 시야를 몽롱하게 하여 길을 더욱 멀게 느껴지게 한다. 水雲鄕, 煙雨, 一溪에서의 물의 청신한 이미지는 붉은 낙화를 매개로 하여 무릉도원으로 승화되고 있다. 안개비 속의 몽롱함과 무릉도원의 이상향이 결합되어 공간은 환상적으로

미화되어 있으며 안개비의 촉감과 붉은 낙화의 시각, 시냇물 향기의 후각 등이 감각적으로 구사되었다. 이 시에서의 물은 이상향의 이미지다. 이 시적 상황과 같이 의천 자신은 채찍을 휘두르며 길을 가야 하는 나그네이며 이상향에는 머무를 수 없는 존재이다.

  이러한 서정적 자연시는 다음의 귀절들과 같이 대구가 잘 짜여진 표현을 낳고 있다. <題大慈院>에서 "우뚝 선 바위 봉우리 산수화를 펼쳤고 / 얼음처럼 맑은 달빛 푸른 허공에 섞여 있네 / 띠집의 밤은 찬데 잔나비의 화답소리 들리고 / 솔창에 인적이 고요하니 학이 책을 엿보네(岩巒壁立開鮮畵 煙月氷淸混碧虛 茆屋夜寒猿答聲 松窓人靜鶴窺書)"에서는 원숭이와 학으로써 세상을 벗어난 物外의 정적감을 형상화시키고 있다. <留題玄化寺>에서의 "푸르름 분별 없는 산은 천점이요 / 그윽함 알려주는 몇 마리의 새소리 / 전각 멀리 고승은 달 향해 입정하고 / 길 잃은 나그네 구름을 밟고 가네(碧無分別山千點 巧報幽閑鳥數聲 閣迥高僧臨月定 路迷遊客躡雲行)"는 수사적으로 잘 다듬어진 佳句로서 靜과 動이 교차되어 있으면서 動은 靜을 부각시키고 있다. 고승과 달, 나그네와 구름을 대비시켜 자연 속의 서정을 회화적으로 그려 내었다.

  자연의 아름다움에 대한 도취는 <遊山寺>에서 "강을 마치고 틈을 타 푸른 봉우리에 올라 / 꽃 찾다 길 잃어 몇번이나 헤매었던가 / 구름 사이로 홀연 솔난간에 이르러 / 기대어 읊조리다 저물도록 돌아가기 잊었네(講罷倫閑上翠巒 探花迷路幾盤桓 雲間忽到松軒靜 吟倚都忘返炤殘)"에서 꽃에 정신이 팔려 구름 속을 헤매고, 시를 읊다 해저문 줄도 모르는 시객의 모습을 보여주고 있다. 이러한 시들은 불교적 내용이 개입되지 않은 서정시로서 시인의 면모를 보여주고 있다.

  다음의 시는 시객으로서 자칭하며 자연 감상의 시흥을 드러내고 있다.

```
..................
庾閣更饒吟月興    유량의 누각엔 달을 노래하는 흥이 풍요롭고
謝窓添得看山情    사조의 창문은 산을 보는 정취를 얻었네
澄淸萬景資閑賞    청정한 온갖 경치 한가하게 감상하노라니
詩客難禁擊鉢成    시객은 발우를 치지 않을 수 없네!
                        <暑雨新晴>
```

위 시는 비가 개인 청정한 풍경을 감상하며 흥을 일으킨 시이다. 庾閣은 庾亮의 누각이며 謝窓은 謝朓의 창으로서 자신이 머물고 있는 공간을 우의한 것이다. 庾亮은 東晋의 정치가이며 장군으로서 강직한 성품으로 난을 진압하였으며 중원 회복의 뜻을 이루지 못하고 죽었다. 사조는 5언시에 능한 南齊의 시인으로서 일에 관련되어 옥사하였다. 자신을 이 두 사람에 비유한 것은 스스로 뜻을 이루지 못한 회한의 흔적으로 볼 수 있으며 자연 풍경을 감상하는 중에도 내면의 심경이 은연중에 내비치고 있는 것이다.

이상에서 살펴본 바 의천의 시세계는 불승으로서의 정법을 구현하고자 하는 시와 서정적 시정의 시들로서 내용상 크게 구별해 볼 수 있다. 의천의 시에서 중요한 시적 정서를 이루고 있는 국면은 이 양자가 결합된 것으로서 갈등과 번민의 표출이다.

```
卜居幽靜寺    깊고 고요한 절에 살곳을 정하여
掩戶避諠譁    문 닫고 시끄러운 세상을 피하였네
有意憐頹景    퇴락하는 경치를 어여삐 여기나니
何心惜落花    지는 꽃 애석해 함은 무슨 마음인가?
塵緣那足顧    진세의 인연을 어찌 족히 돌아보리오
```

吾道可興嗟	우리 도가 가히 한탄스럽도다!
寂寂無人識	고요하여 아는 이 없고
松窓日又斜	솔창엔 또 해가 기운다.

<學院書事>

위 시는 현실에 대한 좌절감이 자연의 정경 속에서 드러나 있다. 내용상 퇴거 후의 작품으로 보이는데 자연 속에서 비애감을 드러내고 있다. 수련은 세상사를 피하여 깊고 고요한 자연 속으로 물러났음을 말하고 있다. 함련은 퇴락하는 경치 즉 소멸해가는 자연의 정경도 아름다운 것인데 지는 꽃을 아까와하는 마음에 대해 자문하고 있다. 낙화에 자신의 마음이 투사된 것이다. 경련은 함련의 애석한 마음이 구체화된 것으로 티끌같은 세상에 대한 미련은 없건만 정열을 쏟았던 도의 일으킴에 대한 미련이 탄식을 자아내고 있는 것이다. 미련은 이러한 고독감과 세상에 대한 근심을 드러내고 있다. 함련과 경련은 심적 갈등의 양상을 드러내고 있다. 낙화에 자아가 투사되어 있으며 지는 해가 비애감과 조화를 이루고 있다. 이 시는 자연 속에 은거해 있으면서도 불법홍호에 대한 마음은 여전히 단절되지 않고 있음을 나타내고 있다. 문을 닫고 세상사를 피하였으나 마음의 문은 닫혀지지 않은 것이다.

위의 시에서 드러나 있듯이 자연에 몰입되지 못하는 심적 갈등은 <留題智異山花嚴寺>의 "온종일 방황하며 지난 일 생각하는데 / 저물녘 슬픈 바람이 효대에 이네(彷徨盡日思前事 薄暮悲風起孝臺)"에서도 지난 날의 일로 인한 번민으로 방황하고 있으며 심경이 투사되어 '슬픈 바람'으로 나타나고 있다. 그러나 세속에 있을 때는 <留題寶月山龍巖院>에서 "다른 해 만약 옛날 뜻을 갚는다면 / 연하에 높이 누워 세상을 멀리하리(他年若也酬前志 高臥煙霞與世違)"라고 하여 자연을 번뇌의 속세를 떠난 이상적 공간으로 동경하였으며 <留題三角山鷲嶺寺>에서 "취봉의 샘과 돌 한가한 정에 맞아 / 찾아드니 바야흐로 성명을 숨기고 싶네 / 다만 우리 교문 홍호할 일 급해서 / 깃들어 평생을 즐길 겨를이 없네(鷲峯泉石稱閑情 尋到方思隱姓名 只爲敎門弘護急 未遑栖止樂平生)"라고 한 데서는 머물고 싶으나 머물지 못하는 마음을 표현하였다. 그러나 좌절로 인한 자연으로의 퇴거는 번민과 갈등을 내포하고 있는 것이다.

이와 같은 세속과 자연에서의 갈등과 맞물려 자연은 다수의 시에서 자연은 세속과 단절된 공간으로 나타나 있다. 앞에서 살펴본 <雨中行次馬上口占>에서도 안개비의 몽롱함으로 시야가 차단된 공간을 무릉도원으로 미화하였다. 이와 같은 단절성은 <和國原公題福興寺>에서 "골문을 잠근 구름 고금에 비껴 있어 / 티끌 세상으로 이름이 새어나오지 않음을 알겠어라 …… 시끄러운 인간사를 보지 않으니 / 고요히 세상 밖의 마음만 더하누나(洞門雲鑰古今橫 知向紅塵不漏名 …… 喧譁不見人間事 圓寂唯添物外情)"에서는 골짜기 문을 구름이 잠구어 있고, <留題大天山齋>에서 "구름은 외진 길을 막아 사람 자취 없고 / 달은 고요한 창을 봉해 세속 꿈이 멀어지네(雲封僻路人蹤少 月鎖幽窓世夢疎)에서는 구름이 궁벽한 산길을 막고 달빛이 창문에 가득 찬 모습을 자물쇠를 채우듯 봉해 있다고 표현하고 있다.

이와 같이 의천의 시에서 나타나는 자연과 세속의 단절은 승려로서의 두 가치인 功業과 樂道의 단절성이다. 불법홍호의 의지를 실현하기 위한 세속에서의 고달픈 생활에서는 자연에서의 낙도를 동경하였으며 퇴거 후는 공업에의 미련을 버리지 못한 것이다. 시세계를 전체적으로 살펴볼 때, <과염촉사인묘>에서 보인 불법 홍호의 의지가 생애를 일관하고 있으며 공업과 낙도의 두 가치 중 의천에게 있어서는 공업을 일차적으로 하고 있음을 알 수 있다. 시에 나타난 이러한 가치는 의천의 통화불교사상이 '선국가 후종교관'으로서 국가적 총화와 민족적 이념에 부응한 호국불교47)의 배경을 지니고 있는 것에 기인하는 것으로 볼 수 있다.

이상으로 의천의 시세계를 고찰해본 바, 의천의 시는 출세간적인 승려로서보다는 인간으로서의 감정을 많이 드러내고 있다. 승려시로서의 특징적인 면은 갈등과 번민의 표출이며 이러한 시적 성격은 이후에 전개되는 선종계 승려들의 시와 구별되는 변별성을 보여준다.

『대각국사문집』에 수록된 의천의 시는 질과 양의 면에서 불교시의 새로운 전기를 이루고 있다. 작품이 단편적으로 남아 전해 오던 불교시의 맥락이 의천에 이르러 비로소 다양성과 문학성을 겸비한 본격적인 불교시의 성립을 보게 된 것이다. <과염촉사인묘>는 승려의 불교시로는 『동문선』에 최초로 수록된 것이다. 의천이 송나라에 있을 때 스승인 송나라 항주의 정원법사는 그의 시에 대해 "文辭의 뜻이 高遠하여 재삼 우러러 찬탄하였다."48)고 하였으며 『보한집』 하권에서는 김부식이 그의 시를 '平淡 有味'하다고 평한 사실에 최자가 동의하고 있다.49) 의천에게서 비롯된 해동천태종의 시맥은 그의 제자인 무애지국사 戒膺과 惠素, 그리고 100년 후에 성립된 만덕산 백련사로 이어져 天頙·無寄 등 시승을 낳았다.

고려 전기의 승려시인으로서 뚜렷한 작품을 남긴 균여와 의천 이외에도 『파한집』과 『보한집』에는 단편적으로 고려 전기의 시승들이 거론되어 있다. 그러나 단편적으로 남아 있어서 체계적인 고찰

---

47) 이재창(1983), 앞 글, p.193 참조.
48) 「대각국사외집」卷二, 大宋沙門淨源書. "示及新詩辭旨高遠 欽歎再三".
49) "文辭平淡而有味 今得數詩嘗味之 文烈公平淡之言 信哉".

이 어렵다. 수록된 시승들은 다음과 같다. 의천의 嫡嗣인 戒膺과 문인 慧素에 관한 일화와 시가 전하며, 시와 서에 능했던 선종계 승려 대감국사 坦然(1070-1159)도 지나는 곳마다 읊은 시가 많다고 하며 <삼각산 문수사>가 수록되어 있다. 예종대의 귀산 曇秀선사도 곽여·김부철·홍관 등과 더불어 문회의 사귐을 가졌다고 하며 시가 전한다. 명종의 숙부인 승통 요일의 <걸퇴시>도 남아 있다. 이러한 사실로써 본다면 대각국사 이후의 시기를 즈음해서부터 승려들의 시작행위가 일반 문사들과 어울려 이루어지고 있었으며, 시승들이 출현하여 문단에 이름이 알려지고 있음을 알 수 있다. 이러한 점에서 대각국사의 불교시사적 위치는 고려의 시승들의 출현을 이루게 한 점에서 의미가 있다고 볼 수 있다.

(3) 그 외 詩僧들의 불교시

균여와 의천 이외에 무신난(1170) 이전의 고려 전기 시승으로서 『파한집』과 『보한집』에 기록이 남아 있는 시승들을 들어 본다. 이들은 대각국사의 제자인 無碍智國師 戒膺과 慧素, 大鑑國師 坦然, 龜山 曇秀禪師로서 의천 이후의 세대이며 숙종대에서부터 예종·인종·의종대에 활동하였다.

戒膺은 호를 太白山人이라 하였으며 대각국사의 嫡嗣로서 오래도록 개경에 있다 太白山으로 들어가 覺華寺를 창건하고 크게 法施를 열어 이를 法海龍門이라 하였다고 한다. 홍왕사의 승 智勝이 문하에 있다 산으로 돌아가려 하여 쓴 송별시가 있다.[50]

   好學今應少 好學하는 이가 지금은 별로 없고

---

50) 李仁老,『破閑集』卷中.

忘形古亦稀   忘形이란 옛날에도 드물다
顧余何所有   돌아보건대 내게 그 무엇이 있다고
而子乃來依   그대가 와서 의지했던가?
窮谷三冬共   궁곡에서 삼동을 같이 하고
春風一日歸   춘풍 하루에 돌아가네그려
去留俱世外   가고 머묾이 모두 세상 밖의 일이거니
不用淚霑衣   눈물이 옷깃을 적신들 무엇하리.
<送智勝>

위 시는 송별의 정을 담은 것으로 불교적 삶과 사고방식을 드러내고 있다. 수련에서 지승을 好學이라 하여 佛道를 탐구하는 학승으로서 칭하였고 두 사람의 관계를 忘形이라 하여 나이와 신분을 잊은 출세간적 道友로서 존중한 것이다. 함련은 자신에 대한 겸허한 태도 속에 지승에 대한 고마움의 마음을 담았다. 경련은 함께 지낸 날과 떠나는 지금의 시간을 궁곡의 삼동과 춘풍의 하루로 대비시킴으로써 인생의 변화와 함께 한 곳에 머물지 않는 승려의 삶을 말하였다. 미련은 경련의 사실을 이어서 집착을 배제하는 불교적 사유로써 이별의 초연함을 말하고 있다. 이 시는 곡진한 정을 이면에 함축하고 있으면서 담백한 표현으로 일관되어 있다. 특히 결련의 초연한 언술은 그와 반대되는 심정을 담고 있는 것이다.

이 시에 대해 이인로는 "이것은 得道한 사람의 말이니 우유하고 한담하며 이치가 심원하여, 비록 禪月[51])의 高逸함과 參蓼의 淸婉함도 어찌 이에 지날 것인가? 이는 고인의 이른 바 바람이 물 위에 부니 자연히 무늬가 이루어지는 것"[52])이라 하여 높이 평가하였다.

---

51) 중국 五代 前蜀의 시승 貫休의 호이다. 저서에 『西嶽集』과 『禪月集』이 있다.
52) 이인로, 앞 글. "夫得道者之辭 優遊閑淡 而理致深遠 雖禪月之高逸 參蓼之淸婉 豈是過哉 此古人所謂 如風吹水自然成文".

이러한 평은 위 시의 수식적이지 않은 자연스러운 시적 언술에 내포된 이치와 감정을 절제한 담백한 표현에 기인한 것으로 생각된다.

이러한 시적 성격은 <寒松亭>[53])에서도 동일하다. 2수 중 天趣의 자연스러움이라 평해진 시는 "옛날 뉘집 자제들 있어 / 삼천 명이 이 푸른 솔을 심었나? / 그이들 뼈는 이미 썩었지만 / 솔잎은 오히려 무성하네(在昔誰家子 三千種碧松 其人骨已朽 松葉尙茸容)"이다. 옛날 신라 때의 四仙이 노닐던 한송정에 무리 삼천명이 각각 소나무 한 그루씩 심어 지금도 울창한 모습을 보고 장구한 세월의 흐름 속에서 푸르게 살아 있는 소나무를 읊은 것이다. 진·결구는 소나무를 심은 자는 이미 죽어 없어졌는데 솔잎은 오히려 무성하게 우거졌다고 하여 인간과 자연의 대비를 보여주면서 세월의 흐름을 무상감이 아니라 지금의 싱싱한 푸른 잎으로 나타내고 있다. 인생의 무상감보다는 기나긴 세월을 지내온 소나무의 생명력을 읊음으로써 지금은 죽고 없는 四仙의 자취를 함축하고 있는 것이다.

계응의 시 중에서 위의 시와는 다른 성격의 게송 聯句가 남아 있다. 원효대성이 일찌기 시정에서 무애가를 부르며 목이 구부러진 조롱박을 두드리며 춤을 추었는데 이것을 이어서 그 뒤의 호사자들이 금방울을 달고 채색 비단을 장식하여 춤을 추고 게송을 부르는 것을 보고 "이 물건은 오랫동안 無用한 것으로써 썼고 / 옛적 사람들은 도리어 이름 없는 것으로써 이름하였네(此物久將無用用 昔人還以不名名)"[54])라고 하였다. 앞 귀절의 '이 물건(此物)'은 조롱박을 가리킨 것이다. 쓸모없는 조롱박을 가지고 원효가 대중교화의 도구로 사용하기 시작하여 이후 놀이의 도구로써 쓰이고 있는 것을 말

---

53) 앞 글, 卷中.
54) 앞 글, 卷下.

한 것으로 『장자』 소요유편에 전거한 것이다.55) 뒷 구절은 앞 구절의 대를 맞춘 것으로서 『노자』의 "名可名 非常名 無名天地之始 有名萬物之母"에 전거한 역설적 표현이다. 계응의 게송은 無碍舞를 진리로써 표현하였는데 '無用用'과 '不名名'의 역설적 표현은 <食堂銘>56)에서는 '無物之物'로써 진리를 나타내고 있다.

이 밖에 『보한집』에는 예종이 大內에 머물기를 간청했을 때 이를 사퇴하는 시57)에서 산중으로의 회귀를 꿈꾸는 심정을 말하고 있다. 궁중에서의 생활을 '물고기가 미끼를 삼킴(魚吞餌)'나 '조롱 속의 새(鳥在籠)'로 비유하였으며 산수에 대한 그리움을 '궁궐 속의 달(宮裡月)'과 '골짜기의 바람(洞中風)'에 의탁하여 표현하였다. 계응은 이 시를 지어 보인 후 바로 태백산으로 들어갔다고 한다.

스승인 대각국사의 行錄을 지었다는 시승 慧素에 대한 언급은 여러번이나 수록된 시는 없다. 『파한집』에는 詩僧이라고 칭하고 있는데, 李子淵(1003-1061)이 건축한 감로사에 대해 시승 혜소가 처음 시를 짓고 김부식이 끝마쳤으며 사람들이 화답하여 수천 편의 거집을 이루었다고 하였다. 이자현이 죽자 그의 제문을 지었다고도 하였다. 그는 특히 김부식과 친밀한 관계를 가졌으며 김부식이 시중

---

55) 『장자』 소요유편에서 惠子와 장자의 대화에서, 혜자가 큰 박을 '無用'이라고 한 데 대해 장자가 "그대는 참으로 큰 것을 쓸 줄 모르는 사람이다."라고 하였다.
56) 『동문선』 제49권, 銘.
57) 聖勅嚴明辭未得 성칙이 엄명하니 사퇴할 수 없어
    嚴猿松鶴別江東 바위 위 원숭이와 소나무의 학을 강동에서 작별했네
    多年幸免魚吞餌 여러 해를 다행히 미끼 삼킴을 면했더니
    一旦飜爲鳥在籠 하루 아침에 뒤집혀 조롱 속 새가 되었네
    無限旅愁宮裡月 한없는 나그네 시름은 궁궐 속에서 달을 보고
    有時歸夢洞中風 때때로 돌아가는 꿈을 골짜기 바람에 부쳤네
    不知何日君恩報 아지 못괘라, 어느 날 임금의 은혜를 갚고서
    瓶錫重回對碧峯 바리때와 석장으로 다시 푸른 산 마주할지.

에서 물러난 뒤 나귀를 타고 자주 찾아가 道를 이야기했다고 한다. 『보한집』卷中에는, 혜소가 金蘭의 <총석정기>를 지었다고 하였으며 김부식이 그의 시 <猫兒>에 화답한 다음의 시가 전한다. "땅강아지와 개미에게도 道가 있고 이리와 호랑이도 어지니 / 망녕됨을 보내야만 비로소 참을 구하는 것은 아니네 / 우리 스님 밝으신 눈엔 분별이 없어 / 온갖 사물 모두 다 청정한 몸이네(螻蟻道存狼虎仁 不須遺妄始求眞 吾師慧眼無分別 物物皆呈淸淨身)"라는 김부식의 화답시에서 혜소의 시 내용을 짐작할 수 있다. 즉 혜소의 시는 고양이를 소재로 한 영물시로서 온갖 사물을 청정신으로 보는 무분별의 불교적 이치를 말한 것이다. 이 시로 미루어 볼 때 시승들과 문사들간의 唱和에서 불교적 사유가 詩化되고 있으며 시승들은 문사들의 시에 불교적 영향을 끼치고 있음을 알 수 있다.

龜山 曇秀선사는 郭輿(1059-1130)·金富轍(?-1136)·洪瓘(?-1126)과 더불어 문회의 사귐을 가졌는데 예종이 서도로 幸御할 때 함께 가지 못하여 다음의 시를 부쳤다고 한다.

靑雲二學士	청운의 두 학사요
白日一仙翁	백일같은 한 선옹이어라
並筆巡遊下	붓을 나란히 하고 순유하면서
連袂扈從中	소매를 연해서 호종하고 있으리
大同楊柳雨	대동강 버들에는 비가 내리고
長樂牧丹風	장락궁 모란은 바람에 나부끼겠네
應製多佳句	응제에는 아름다운 시구가 많을 것이니
聯篇寄驛筒[58]	연이은 시편을 역통에 부쳐주시소.

위 시는 불교적 색채가 전혀 없는 교유적 성격의 시이다. 수련은

---

58) 최자.『보한집』卷下.

예종을 호종한 詩友들을 가리킨 것으로 青雲의 두 학사는 김부철과 홍관이며 白日의 仙翁은 곽여를 가리킨다. 시문에 능했던 김부철과 명필로 이름난 홍관, 그리고 도가에 심취한 처사 곽여, 이들은 예종대 문단의 주요 인물들이다. 청운과 백일은 학사와 선옹을 수식한 비유로서 맑고 밝은 이미지의 시어이다. 함련은 이들 시우들이 군왕을 호종하고 있을 모습을 연상한 것이며, '並筆'에서 이러한 왕의 거둥에는 시문창작이 따르는 사실을 알 수 있다. 경련은 이들이 도착한 서도의 봄 풍경을 상상한 것으로 시적 정취를 수사적으로 표현하고 있다. 미련은 이러한 서도의 풍정 속에서 당연히 있을 시회에서의 응제시 좋은 구절을 부쳐 달라는 부탁이다. 青과 白, 버들과 모란의 색채가 화사하게 대비되어 있으며 구름(雲)과 해(日), 비(雨)와 바람(風)의 조화로운 배치, 그리고 대구의 맞춤 등에서 형식미를 갖추고 있다. 이 시는 문학을 애호하여 문사들을 가까이했던 예종대의 풍류를 보여주는 것으로 이러한 풍류적 시회에 시승도 동참하고 있음을 의미하고 있다.

大鑑國師 坦然(1069-1158)은 인종대 왕사를 지낸 선사로서 詩書에 능하였으며 필적이 정묘하고 시격이 高淡하여 지나는 곳마다 시를 읊었다고 한다. 다음의 시는 선사적인 시풍을 드러내고 있다.

一室何寥廓	한 집이 어찌도 텅 비었는지
萬緣俱寂寞	온갖 인연이 함께 고요하네
路穿石罅通	길은 암석 틈을 뚫어 통하고
泉透雲根落	샘물은 바위를 뚫고 떨어지네
皓月掛簷楹	하얀 달은 처마에 걸렸고
涼風動林壑	서늘한 바람은 숲과 골짜기에서 움직이네
誰從彼上人	누가 저 스님을 좇아서

淸坐學眞樂   고요히 앉아 眞樂을 배울까?
           <三角山文殊寺>

　삼각산 문수사를 소재로 한 위 시는 자연의 서정과 동일성을 추구한 선사의 정신경계가 표현되어 있다. 수련은 一室의 '텅빈 고요함(寥廓)'이 내면경계로 전이되어 온갖 인연이 따라서 함께 고요해지는 사원의 靜寂을 말하고 있다. 寥廓은 하늘, 허공의 텅 비고 넓은 것을 의미하는 말로서 사원의 정적과 함께 정신적 경계를 나타낸 것이다. 불교시에서 고요하고 텅 빈 '방(室)'은 마음을 상징한다. 함련은 사원이 위치한 궁벽한 경계를 임석들의 틈새로 통하는 길로써 묘사하였으며 '구름뿌리(바위)'를 뚫고 떨어지는 샘물로써 청정한 지경을 묘사하였다. '穿', '透', '通', '落'의 동적인 어휘를 사용함으로써 정적의 경계를 동적으로 묘사하고 있다. 경련은 처마에 걸린 달과 숲과 골짜기에서 부는 바람으로써 靜과 動의 자연적 정취를 말하였다. 길과 샘, 달과 바람, 정과 동의 대비적 장치를 통해서 문수사의 궁벽함과 고요함을 부각시키고 있는 함련과 경련은 수련의 '요확'과 '적막'을 보조적으로 부연한 것이다. 미련은 이러한 자연경계 속에서 좌선하고 있는 上人과 선정의 眞樂을 의문문으로서 강조하고 있다. 淸坐의 淸은 마음을 맑게 한다는 뜻으로서 경계와 일치된 上人의 修禪을 가리키고 있다. 이 시는 문수사의 텅빈 고요함의 자연 경계를 내면적 마음의 경계와 동일화시켰으며 첫 시어인 '一室'은 마지막 시어인 '眞樂'으로 귀결되고 있다. 텅 빈 一室의 공간은 그대로 내면공간화되어 선정의 진락으로 동질성을 이루고 있는 것이다. 위 시는 자연과 합일된 정신 경계를 보여줌으로써 훌륭한 선시의 경지를 보여주고 있으며, 만년에 진주 단속사에 가머물며 선풍을 떨친 선사로서의 풍격이 나타나 있다.[59]

이상으로 살펴본 고려 전기의 불교시는 10세기 후반의 균여, 11세기 후반의 의천, 의천의 뒤를 이은 계응과 혜소, 12세기 전반의 담수, 탄연의 시를 통해서 고찰하였다. 현전하는 자료상 몇 명 되지 않으나 이 시기 시승들의 면모와 시적 성격을 대략 파악할 수 있다. 고려 전기 불교시사에서 가장 의미있는 승려는 대각국사 의천이다. 왕자로서의 수준 높은 교육과 宋에서의 넓은 견문을 쌓은 의천에 이르러 비로소 질과 양적인 면을 갖춘 불교시의 출현을 보게 된 것이다. 이후 의천의 제자들인 계응과 혜소, 그리고 선종계의 담수와 탄연의 시를 통해서 성숙해지고 다양해진 불교시의 면모를 살펴볼 수 있었으며 문사들과의 교유를 통한 시창작의 경향과 시승들이 문단에서 자리잡기 시작한 것을 볼 수 있다. 이러한 문학적 기반 위에서 이후의 무신집권기에 있어서는 더욱 활발해진 시승들의 문학적 참여가 이루어지게 된다.

3. 무신집권기 혜심 당대의 불교시

무신난(1170) 이후 무신집권기의 문단의 모습은 『파한집』과 『보한집』에 잘 드러나 있다. 이 중 특히 1254년 간행된 최자의 『보한집』에는 이 시기 문학적 경향을 보여주면서 시승들의 시를 다수 거론함으로써 문단의 한 분야를 이루고 있는 불교시의 면모를 파악할 수 있게 한다. 이들은 대부분 생몰연대나 행적이 정확하지 않은 승려들이나 교유한 사람들로서 미루어 추정할 수 있겠다. 이들 중 혜심(1178-1234)의 생존 시기와 대략 비슷한 동시대적 승으로서 볼 수

---

59) 진주 단속사에는 탄연의 탑비가 있으며 비문인 <단속사대감국사탑비>는 『조선금석총람』上에 수록되어 있다.

있는 시승의 시를 고찰해 본다. 이들 시승들은 寥一·正思·足庵·惠文·無己·貫休·時義·空空·覺訓이다.

　화엄종의 승통 寥一은 明宗(재위기간, 1170-1197)의 숙부로서 어려서 부모 잃은 이인로를 양육하였는데[60] 궁궐에 출입한지 이십여 년이나 되어 물러나기를 청한 乞退詩가 전한다.[61]

五更殘夢寄松關	오경의 쇠잔한 꿈 송관에 부쳐둔 채
十載低徊紫禁間	십년을 궁궐에서 하릴없이 지냈네
早茗細含鸞鳳影	아침의 차는 가늘게 난봉의 그림자를 머금었고
異香新屑鷓鴣斑	기이한 향기는 자고반을 새로 갈았네
自憐瘦鶴翔丹漢	여윈 학 붉은 하늘에 나는 것이 가엾고
久使寒猿怨碧山	오랫동안 쓸쓸한 잔나비를 벽산에서 원망하게 하였네
願把殘陽還舊隱	원컨대 남은 생은 옛 은거지로 돌아가
不教巖畔白雲閒	바윗가 백운이 한가롭지 않게 하고프네.

　위 시는 화려한 궁중과 청정한 산수가 대비되어 있으면서 산수에의 귀의를 희망하는 소박한 심정을 드러내고 있다. 수련은 산중을 꿈꾸며 지냈던 십년 간의 궁중생활을 말한 것으로 새벽의 희미한 꿈을 소나무 우거진 산중에 의탁하여 그리움을 달래면서 궁중에서 별 할 일 없이 지낸 생활이다. '殘夢'은 꿈인지 생시인지 어렴풋한 새벽의 희미한 꿈으로서 몸과 마음의 공간적 불일치를 표현하고 있다. '低徊'는 몸 굽혀 배회한다는 뜻으로서 궁중에서의 어렵고 부자유한 생활을 표현한 말이다. 함련은 그간의 궁중생활을 차와 향의 화려한 감각을 통해서 나타내었다. 鸞鳳은 용봉의 무늬를 찍은 團

---

60) 『파한집』 跋 참조.
61) 『파한집』 卷中.

茶를 말한 것이며 鷦鵁斑은 연꽃과 같이 향기가 매우 맑고 고운 향이다. '鸞鳳影'과 '鷦鵁斑'은 우아하고 화려한 이미지로서 궁중의 품격을 드러내고 있다. 경련은 화려한 궁중에 머물고 있는 자신의 신세를 가여워하며 산중에 가 있는 마음을 푸른 산에서 잔나비가 쓸쓸해 하는 모습으로써 형상화하였다. '여윈 학(瘦鶴)'은 여기서 청정성의 상징으로서 자아를 표상하고 있으며 '붉은 하늘(丹漢)'은 여기서 궁중을 가리킨 것이다. 원숭이는 불경이나 조사어록 등에 자주 나오는 산중의 벗으로서 산중생활의 도반이다. 경련은 瘦鶴, 寒猿과 碧山의 조화를 통해서 시적 자아의 맑은 내적 경계를 드러내고 있다. 미련은 산수귀의의 뜻을 백운과 더불은 삶으로서 표현하였으며 殘陽의 쇠잔함으로써 노년에 이른 자아의 남은 꿈을 말하고 있다. 수련에서의 잔몽에 의탁한 꿈을 실현하고자 하는 뜻을 말함으로써 승려의 궁극적 지향이 산수와 벗삼은 생활임을 나타내고 있다. 이 시에서는 궁중과 산중의 대조적인 두 세계를 紫禁, 鸞鳳影, 鷦鵁斑의 화려함과 松關, 寒猿, 碧山의 자연을 들어 대비적으로 드러내었다. 이 시는 교종의 최고 승계인 승통이 일개 산승으로 회귀하고 싶은 의지를 정중하면서도 간곡한 어조로 시화한 것이다. 위 시와 같이 산중생활의 소망은 담아 왕에게 올린 시로는 앞에서의 계응의 사퇴시62)가 있으며 이들 작품은 같은 성격과 내용이다.

이 시에 대해 왕이 크게 稱賞하고 화답시를 내렸다 한다. 명종의 화답시는 결귀에서 "저녁 경쇠소리와 새벽 향으로 부지런히 예불하여 / 어리석은 속세로 하여금 편안히 지내게 하소서(夕磬晨香勤禮念 願令愚俗得安閒)"라고 하여 요일의 퇴거를 응락하였다.

正思는 전북 남원 원천동 송림사의 중으로서 神宗代의 참정 鄭國儉(?-1203)이 산수의 벗을 맺어 시승 중의 용이라고 칭한 승려이

---

62) 본고, p.53, 주 참조.

다.63) 그의 시는 아래와 같이 산수자연의 삶을 본분으로 여기는 산승의 정서를 드러내고 있다.

  古佛巖前水 고불암 앞에 흐르는 물은
  哀鳴復嗚咽 슬피 울며 다시 목매어 흐느끼네
  應恨到人間 응당 한탄하리라, 인간에 이르러
  永與雲山別 길이 구름 낀 산 이별하는 것을!

 위 시에서는 시냇물을 의인화하여 흐르는 시냇물 소리를 산수자연을 떠나 인간세상에 이르는 것을 한탄하는 울음소리로 재해석하였다. 승구의 표현은 울음을 거듭해서 강조하고 있으며 전·결구는 울음의 이유로서 구름 낀 산(雲山)과의 이별에 대한 한탄을 말하였다. 이러한 자연의 자아화에는 시적 자아의 사고가 투사되어 있다. 이 시는 자연과 세속을 이분화시킨 사고를 드러내고 있으며 산수자연의 생활을 최상의 것으로서 추구하는 승려적 삶의 방식을 나타내고 있다. 불교적 요소가 개입되어 있지 않은 서정적 자연시이다.
 다음의 시승들은 주로 이인로·진화·이규보·최자 등의 당대 문인들과 교유한 승으로서 혜심의 승려 활동 시기와 비슷한 시기에 활동한 것으로 볼 수 있다.
 足庵 宗聆은 이인로의 空門友이며 이규보의 詩友로서 다음과 같은 희작적 시를 남기고 있다.64)

  貝葉飜爲竹葉盃 패엽이 변하여 죽엽배 되고
  天花落盡眼花開 천화가 다 떨어지니 안화가 피었네
  醉鄕廣大人間窄 취향은 광대하고 인간은 좁으니

---

63) 『보한집』 卷下.
64) 『파한집』 卷中.

II. 한국 불교시의 발생과 혜심 이전의 불교시 63

誰識伴狂老萬回　　누가 거짓 미친 만회를 알아볼까?

위 시는 성품이 광달한 법성종의 光闡師가 내도량에 들어가 대취한 것을 유사가 규탄하여 내친 것에 대한 足庵의 게송이다. 패엽은 패다라수의 잎으로 고대 인도에서 寫經하는데 사용한 것이며 죽엽은 술의 이칭으로 죽엽배는 죽엽주를 따르는 술잔이다. 天花는 천상에서 내리는 妙花로서 불법의 지극한 경지를 찬탄하는 상징이다. 眼花開는 눈에 술기가 벌겋게 오른 것을 형용한 말이다. 기・승구는 승려가 술을 마시고 벌겋게 취한 모습을 희화적으로 미화시켜 표현하였다. 죽엽주를 마신 잔은 패엽이 변한 것이요, 안화가 핀 것은 천화가 다 떨어지고 난 뒤라고 하여 술을 경전으로, 술기운은 천상의 묘화로 재치있게 연결시킨 것이다. 醉鄕은 별천지 같은 술취한 세계를 가리키며 萬回는 『전등록』에 전하는 당나라 무후 때의 고승으로서 하루에 만리를 갔다 왔다고 하는 선사이다. 전・결구는 酒僧 광천사를 神僧 만회에 비유하여 취향에서 만리를 갔다 온 것으로 미화함으로써 유사의 규탄을 반전시키고 있다. 위 시는 족암이 "부도인들은 유희를 제멋대로 하는 것이니 진실로 궁극한 데까지 이르지 못할 것이냐?(況浮圖人 遊戲自在 固不可以得窮耶)"고 하며 술취한 광천사를 두둔한 게송이다. 이러한 불승들의 희작시는 불교적 소재를 가지고 해학적으로 시화한 것으로서 출세간적 호연함과 규범을 벗어난 방외인의 활달한 기풍이 나타나 있다.

惠文선사(?-1235)는 당대의 시승이며 이규보의 주요한 시우로서 『동국이상국집』의 시제에 26번이나 등장하며 『보한집』에서도 여러 번 거론되어 있다. 혜문의 시는 이규보가 『백운소설』에서 山僧의 체를 얻었다고 하였으며 다음의 시 <題普賢寺>는 그윽한 운치가 절로 있다고 평하였다.[65]

爐火煙中演梵音	향불 연기 속으로 독경소리 퍼지고
寂寥生白室沈沈	아무도 없는 빈 방은 고요하기만 해라
路長門外人南北	문 밖 먼 길에 사람들 남북으로 오가고
松老巖邊月古今	바윗가 늙은 솔엔 고금에 달 비치네
空院曉風饒鐸舌	빈 절 새벽바람에 목탁소리 풍요롭고
小庭秋露敗蕉心	뜨락 가을 이슬에 파초 순이 상하네
我來寄傲高僧榻	나 여기 고승탑에 와서 마음을 풀고
一夜淸談直萬金	하룻밤의 맑은 이야기 만금 값어치되네.

위 시는 불교 사원의 정경에 동화된 정서를 표출하고 있다. 수련은 타오르는 향연기 속으로 독경소리가 퍼지는 지극히 고요한 산사의 법당을 묘사하였다. 향연기의 퍼짐과 독경소리의 울림이 일치감을 이루면서 경건하고 신비스러운 종교적 분위기를 자아내고 있으며 향연과 독경소리에 의해 고요함은 더욱 부각되고 있다. 2구의 고요하기만 한 '방(室)'은 곧 화자 자신의 텅 비고 고요한 마음을 비유하고 있다. 함련은 먼 길을 오가는 사람들과 고금에 변함없이 비치는 달로써 정교한 대구를 맞추었으며 경련은 빈 절의 새벽 바람에 울리는 목탁소리와 파초 심지에 맺히는 가을 이슬로써 소리의 확산과 이슬의 응축을 대비시켜 사원의 공적감을 묘사하였다. 미련은 이러한 보현사에 와서 고승탑에 기대 앉아 마음을 풀고 하룻밤 청아한 이야기를 나누는 값진 기쁨을 말한 것이다. 보현사의 정경을 불교적 분위기의 묘사를 통해서 잘 드러내었는데 사원의 정취가 향연과 범음, 새벽 바람과 목탁 소리의 공간적 확산을 통해서 공적감이 더욱 살아나고 있다. 위 시의 함련은 사람들이 전하여 외웠으

---

65) 이규보,『백운소설』, "喜作詩得山人體 嘗題普賢寺云 …… 幽致自在".

며 이로 인해 松月和尙이라고 불렀다 한다.

혜문의 시는 앞에서의 대감 탄연의 시66)와 비교해 볼 때 문학적 형상화와 서정성이 농후하다. 탄연의 시가 一室의 텅빔으로부터 시작하여 眞樂으로 귀결된 데 비해서 혜문의 시는 향연과 독경소리에서 시작되어 淸談으로 귀결시킴으로써 종교적 색채를 보편적 정서로 완화시키고 있는 것이다. 이러한 면은 선사로서 이름난 탄연과 시승으로서 명성을 얻은 두 사람의 입각점의 차이이다.

위 시 외에도 『보한집』에는 그의 聯句들이 남아 있어 그의 문학적 위치를 말해주고 있다. <題天龍寺>에서의 "땅이 풀리니 꽃은 새 뜻을 품고 / 얼음이 녹으니 물은 옛 소리를 내네(地泮花新意 氷消水舊聲)", <繩鞋>에서의 "가운데 푸른 것은 쪽빛 이랑이 엇갈렸고 / 가의 흰 것은 눈 성을 둘렀네(中靑藍畎錯 邊白雪城環)"는 수사적으로 능한 대구의 구사를 보여주고 있으며 "파초를 베어 내니 창은 비를 감하고 / 대를 심으니 섬돌에 가을을 보태네(剪蕉窓減雨 裁竹砌添秋)"는 진화가 어린 아이들의 말이라고 폄하하였다.

無己는 자호를 大昏子라 하였는데 자세한 생애와 행적을 알 수 없다. 지리산에 숨어 살며 삼십년이 넘도록 한 벌의 납의를 벗지 않았다고 하는 奇僧으로서 산을 돌아다니며 암자에 머물 때 마다 게송 하나씩을 남겼다고 한다. 아래의 無住庵시가 전한다.67)

此境本無住	이 경계는 본래 머뭄이 없는데
何人起此堂	어떤 사람이 여기에 집을 지었나?
唯餘無己者	오직 無己란 사람이 남아
去住兩無妨	가고 머뭄에 거리낌 없네.

---

66) 본고, p.55 참조.
67) 『보한집』 卷下.

위 게송은 암자명 無住로써 시상을 일으켜 無住의 정신경계를 표현하였다. 기구의 '이 경계(此境)'은 心境(수행하여 도달한 마음의 상태)으로서 無住의 마음경계를 의미한다. 머뭄이 없다는 뜻인 無住는 집착하지 않는 마음의 경지를 나타낸 말이다. 승구는 외적 경계인 무주암을 가리킨 것이다. 기구는 心境을, 승구는 對境을 각각 말한 것으로 연결이 비약적이다. 그러나 內外의 서로 다른 경계는 '무주'로서 연결되고 있는 것이다. 전구는 자신의 지칭으로서 자기가 없다는 뜻의 無己라는 이름에서 자신에 대한 집착을 떠난 상태를 드러내고 있다. 무주는 선종에서 중요시하는 『금강경』의 구절 "應無所住而生其心(응당 머뭄이 없이 하여 그 마음을 내어라)"에서와 같이 어떤 것에도 사로잡히지 않는 마음의 자유로운 경지이다.

위 게송은 고정성을 부정하는 無의 심경을 표현함에 있어서 無住, 無己, 無妨에서 無자가 3번 사용되었으며 표현의 단순성 속에 내면의 깊은 경지를 담고 있다. 시적 성취보다 내면경계를 함축적으로 드러낸 이 게송의 성격으로 보아 행각하는 선종계의 수행승으로 생각된다. 이 게송에 대한 최자의 평에서도 "말은 소략하고 평이한 것 같으나 뜻을 부친 것이 높고 깊어 거의 寒山 拾得의 무리가 아니던가!(語若疎易 而寄意高深 殆寒拾之流歟)"라고 하여 한산 습득과 같은 선적 경지의 승으로서 본 것이다. 무기의 게송은 앞에서 보아 온 다른 시승들의 시와는 구별되는 성격을 보여주고 있다.

위에서 살펴 본 시승들 외에도 몇 명의 승들이 거론되고 있어 간략히 소개하기로 한다. 산인 貫休의 무애무에 대한 게송 두 구절이 전하는데 "두 소매를 휘둘러 二障을 막으려 하였고 / 세번 발을 들어 三界를 넘으려 하였네(揮雙袖所以斷二障 三擧足所以越三界)"[68]

---

68) 『파한집』 卷下.

라고 하여 무애무를 진리로써 묘사하였다. 西伯寺의 승통 時義는 사관 李允甫[69]의 아우로서 시에 능하다고 하였는데 기와 술통과 항아리를 소재로 한 24구의 장단구를 남기고 있다. "두 가지 물건은 몸이 기와인데 / 흙이 아비이고 불이 어미네 … 아! 너는 다행히도 천하가 무사한 때 나서 / 가끔 어진 태수와 더불어 / 취하지 않는 술 마시고 태평에 취하여 길이 여가를 즐기리(之二物身是瓦 父於土 母於火 … 噫汝幸生天下無事時 往與賢太守 飮無 何醉太平樂長暇)"[70]의 이 시는 기와 술통과 항아리를 그 만들어진 내력과 속성, 모습, 쓰임새 등을 의인화하여 이인칭으로 호칭하고 있다. 이러한 사물의 의인화 시는 이 시기에 나타난 새로운 문학 장르인 가전의 영향을 받은 것으로 볼 수 있다.

　三重大師 空空은 서울에 줄곧 머물며 시와 술을 좋아하고 방종하였다 한다. 돌미륵을 예찬한 시 "금빛나는 높고 높은 장육신은 / 푸른 산에 홀로 서서 몇 해를 지났는가 / 내가 와 머리 조아려도 어찌 말이 없는가? / 지난 겁 같이 도 닦던 옛 친구인데(金色巍巍丈六身 靑山獨立幾經春 我來稽首何無語 曩劫同修是故人)"[71]를 남겼다. 이 시의 승구는 대각국사의 <과염촉사인묘>의 승구를 답습한 것으로서 원시의 순교자의 고독감을 무화시켜 다소 희작적으로 변모시켰다. 이 시에 대해 장원 유석이 시로써 희롱하고 또한 공공이 시로써 변명한 사실은, 이 시기 개경에 머무르며 시주를 즐겼던 풍류승의 모습을 보여주고 있다.

　『해동고승전』을 저술한 화엄종의 覺訓은 시 짓는데 賈島의 풍골

---

69) 이인로, 이규보와 동시대 인물로서 게를 의인화한 <無腸公子傳>의 작자이다.
70) 『보한집』 卷下.
71) 앞 글.

이 있다고 이인로가 평하였는데 이인로의 세 아들이 연이어 과거에 급제하자 축하하는 시를 지어 남기고 있다.72) 또한 무명의 시승으로서 陳澕가 치악산에서 만나 시를 주고 받았다는 노승이 있다.

혜심에 관하여는 『보한집』 하권에 두번 수록되어 있어 산승으로서 이 시기의 문학에 동참하고 있음을 말해주고 있다. 승이 되기 전 태학 시절의 시 <野行>의 구절인 "팔에 광주리 낀 뽕 따는 여인은 봄빛을 담고 / 삿갓 쓰고 도롱이 입은 노인은 빗소리를 이었네 (臂筐桑女盛春色 頂笠簑翁戴雨聲)"가 전하는데 이에 대한 최자의 평은 "팔에 광주리 낀이라는 구절은 기운과 말이 함께 살아 있어서 시속에서 숭상하는 바(臂筐之句 氣與語俱生 爲時俗所尙)"라고 하였다. 또한 시 <諫臣去國圖>와 그에 관한 일화가 수록되어 있다. 이 두 시는 혜심이 세속에 있을 때 쓴 것이거나 세속과 관련된 내용의 것이다.

이 밖에 『보한집』에는 송광사의 승으로서 沖瀡・天英・만덕산 백련사의 天因의 시와 일화가 수록되어 있다. 이들이 출가하여 승으로서 활동한 시기나 남긴 시의 창작 시기가 1230년대 이후로 추정되므로 혜심의 후세대로 정리됨이 옳을 듯하다.

위에서 살펴본 무신집권기 혜심대의 시승들과 그들의 시는 현전하는 자료상 수도인 개경에 머물거나 당대의 주요 문인들과 교유관계를 가진 시승들이 중심이 되고 있으나 이들 외에도 소수의 숨은 승들의 시도 포함되어 있으므로 이를 통해 당시 승려들의 불교시를 대략 파악할 수 있다. 승려들은 승통・수좌・선사・수행승 등 교종과 선종의 시승들이 골고루 나타나 있으며 이들의 시는 내용과 성격면에서 다양하다. 승통 寥一 시의 품격, 시승 惠文의 불교적 서정성의 형상화, 足庵의 불교적 희작시, 無己 시의 심오한 정신경계,

---

72) 『파한집』 卷中.

時義의 사물의 의인화, 空空의 풍류성, 覺訓의 교유시 등 시 창작의 경향이 넓이와 깊이를 더하고 있으며 당대의 문학에 있어서 비중도 더욱 높아지고 있음을 알 수 있다. 이 중 무기의 게송은 불교시의 새로운 차원을 보여주고 있다. 이와 같이 불교와 문학이 융합된 수준 높은 불교시가 창작되고 있으며 그 시대 문학의 중요한 부분으로서 자리잡고 있다. 이러한 불교시의 경지는 혜심에 이르러 새로운 국면으로 전개된다.

이상으로 삼국시대부터 무신집권기 혜심대까지 불교시의 흐름을 고찰해 보았다. 6세기 후반경 영물에 자아를 우의한 고구려 정법사의 <詠孤石>에서부터 승려의 불교시가 시작되고 있으며 이후 신라의 원효·사복·의상의 단순한 게송이 창작되어 불교시로서의 초기적 면모를 보여주었다. 이어서 재당 신라승인 설요·혜초·무상·지장의 시들은 개인의 정서를 표현함으로써 게송의 범주를 넘어선 서정적 불교시를 등장시켜 문학적 성숙을 가져왔는데 이들의 시는 빈공급제자 출현 이전의 신라 한시의 맥을 이은 문학사적 의의를 지니고 있다.

고려전기는 균여와 의천, 그리고 의천의 제자들인 계응과 혜소, 그리고 탄연, 담수에 의해서 불교시 창작이 이루어졌는데 균여는 게송을 서정적 향가로 창작하여 널리 보급하였고 의천은 질과 양을 갖춘 수준 높은 불교시를 창작함으로써 새로운 전기를 열었다. 의천 이후 시승들이 출현하기 시작하였으며 문단에 자리잡기 시작하면서 성숙해지고 다양해진 불교시가 창작되었다. 이어서 무신집권기는 시승들의 활동이 더욱 활발해졌다. 이러한 현상은 이인로의 『파한집』에는 6명의 시승이 거론되었는데 비해 이후 이를 보충한 최자의 『보한집』에는 18명의 시승을 거론한 점에서 알 수 있다. 혜문·족암·각훈·공공 등 시승들은 당대의 주요 문사들과 교유관계를 가지면서 문단의 한 분야를 점유하였다. 이러한 개경 중심의 시승들과 달리 산림에 거하며 산승으로서 시창작을 즐긴 승려들이 있다. 진화와 창수한 치악산승이나 또는 무기와 같은 수행승이다. 이와 같은 승려들은 문단에 이름이 알려지지 않았고 남아 있는 시들도 대부분 없지만 그들의 시세계를 가진 시승으로 볼 수 있다. 이들 산승들의 시적 성향은 전문적 시인들의 것과는 다른 면모를 가졌을 것으로 짐작할 수 있으며, 이후 지방의 산림에 거하면서 수행에 힘쓴 선종계 승려들의 시와 동질성이 있을 수도 있다. 이 점은 혜심의 시세계를 통해서 그 일단을 규견할 수 있겠다. 이와 같이 승려시인들의 축적된 역량과 불교시의 성숙은 이후 혜심의 출현에 있어서 충분한 토양을 이루어 놓은 것이다.

Ⅲ. 혜심의 시세계

Ⅱ장에서 고찰한 바, 삼국시대로부터 시작된 불교시의 흐름은 무신집권기 無衣子 慧諶(1178-1234)에 이르러 새로운 轉期를 맞이하게 된다. 혜심은 보조국사 지눌을 계승한 修禪社 第2世法主로서 한국 선종의 기반을 확고히 닦아 놓아 한국 선종사에 깊은 발자취를 남긴 고승이다. 혜심은 진사과를 치르고 출가하여 당대 선종의 지도자로 활동하면서 또한 시승으로서 선종의 시문학을 창작 유포함으로써 불교사적 측면에서 뿐만 아니라 문학사적으로도 의미 깊은 인물이 되고 있다.

혜심의 문학을 고찰할 수 있는 자료로는 법어집인 『曹溪眞覺國師語錄』[1]과 시집인 『無衣子詩集』[2]이 남아 있다. 특히 『무의자시집』은 대각국사 의천의 『대각국사문집』 이후, 불승의 시를 총체적

---

[1] 동국대학교 출판부(1984). 『한국불교전서』, 6책. 이후 『한국불교전서』는 『한불전』으로, 『조계진각국사어록』은 『어록』으로 약칭한다.
[2] 앞 책에 수록. 이 『무의자시집』의 저본은 일본 駒澤대학에 소장되어 있는 필사본이다. 이 필사본은 駒澤대학의 학장을 지낸 忽滑谷快天이 『朝鮮禪敎史』(1930년 간)를 쓸 때 수집된 자료 중의 하나로, 그가 우리나라의 어느 절에 소장되어 있는 판본에서 필사료를 지불하고 누구를 시켜 베껴간 것으로 보인다고 한다. (김영태(1994). 『한국불교 고전명저의 세계』. p.218. 민족사.)

으로 살펴볼 수 있는 귀중한 자료이며, 더구나 우리 나라 禪家의 시집으로는 가장 오래된 것으로서 선종의 문학세계를 명료하게 보여주고 있다. 어록은 게송의 寶庫로서 혜심은 공식적으로 법어를 설할 때나 여러 형태의 법을 보이는 방식에서, 그리고 서장 등에서 偈頌을 많이 읊음으로써 문학적 취향을 드러내고 있다.

『무의자시집』에는 총 205제 259수의 시가 수록되어 있는데, 여기에는 타인의 시가 3수[3] 들어 있어 혜심의 시작품은 256수로 볼 수 있다. 이 시들은 5언과 7언의 근체시 및 고시를 비롯해서 6언시 7수, 장단구 14편, 회문시 2편 6수, 詞 1편, 충시 1편으로서 다양한 시체를 구사한 혜심의 창작적 역량을 나타내고 있다. 전체의 70퍼센트 가까운 시가 근체시로 볼 수 있으며 이 중 7언절구가 100수 가량으로 가장 많아 주된 시형이 되고 있다. 다음으로는 7언고시가 35수 가량 되며 그리고 5언절구, 7언율시, 5언율시, 5언고시의 순이다. 전체적으로 보아 5언보다 7언이 배 이상 되며, 율시보다 절구가 압도적으로 많다. 장편으로는 7언고시의 16구, 30구와 장단구 35구(증서생시)가 있는 정도로서, 이로 보아 혜심은 주로 단형을 썼음을 알 수 있다.

본고에서 혜심의 시세계를 고찰하는 데 있어서 주된 자료는 『무의자시집』으로 하고, 『진각국사어록』도 수용하기로 한다. 시세계는 '선법과 수행', '자연경계의 표상과 즐김', '物에 대한 관심과 의미의 확대', '인생과 현실의 수용 및 대응'의 네 범주로 나누었다. 이러한 분류는 다양한 그의 시세계를 내용상 구분한 것으로서 크게는 법과 자연과 인간의 일이다. 혜심의 시는 거의 모든 시에서 불교적 법이 말해지고 있거나 내재해 있으므로 주제적 분류는 어려우며,

---
3) 쌍봉대사의 <雙峰大老見贈曰>. 宋人 이참정의 <出山相讚>. 逈선사의 <楓岳逈禪師 見予開堂錄 以詩賀之曰>.

상징과 비유 등 수사적 표현으로 인해서 소재적 분류도 어렵다. 그러므로 시에서 말하고 있는 내용을 가지고 편의상 구분해 본 것이다. 고찰 방법은 일차적으로 어휘의 주석을 통한 정확한 해독을 선행하여 이에 대한 해석의 차원으로 나아갈 것이다.[4]

1. 禪法과 修行

선법과 수행은 혜심의 시세계에 있어서 사상적 근간을 이루는 부분이다. 선사상을 드러낸 이러한 시는 사상을 직접적으로 말하고 있는 것과 비유나 상징을 통해서 보이는 시들이 있다. 이는 선시로서 중심을 이루는 부분이라 할 수 있다.

선법은 선사상의 근본이 되는 法을 말한 것으로 法은 불변의 도리인 진리를 의미한다. 수행은 깨달음을 얻기 위한 공부를 말한 것으로 發心하여 수행을 통해서 궁극적 깨달음에 이르는 것이다. 그러므로 선법과 수행은 이론과 실천을 의미하며 선법의 가장 중요한 핵심을 말한 '禪의 요체'와 이에 따른 수행에 관한 내용인 '수행정진과 선의 일상성'으로 편의상 구분해 보았다.

(1) 禪의 요체

불교가 추구하는 핵심은 인간의 마음이다. 모든 것의 중심은 이 마음이며 따라서 마음의 본체성에 관한 것이야말로 출발점이 되는 동시에 궁극점이다. 특히 선불교는 이 마음을 깨쳐 성불하는 것을

---

[4] 현존하는 필사본 『무의자시집』의 원문은 오자가 다수 있다. 본고에서 인용한 시의 오자 수정은 이종찬 교수, 송준호 교수 두 분의 지도에 따랐다.

집중적으로 추구한다. 혜심은, "무릇 부처님이나 조사나 선지식의 자세하거나 간략한 말이 모두 중생들의 마음을 가리킨 것이니, 만일 진실로 마음만 깨치면 불법이 다 이루어지는 것입니다."5)고 하며 佛祖의 가르침의 요체를 마음에다 두었다.

인간의 본성, 본래적 마음은 형체가 없으므로 대상적으로 찾을 수 없다. 이 추상적 진리에 대해 선가에서는 여러가지 방편적 명칭을 사용하여 구체화하고 있는데 다음의 시에서는 '本來人'으로 표현하여 이 마음의 체성과 깨달음에 관한 견해를 드러내었다.

廓落無依無相身　　텅 비어 의지할 곳도 모양도 없는 몸이여!
禪家喚作本來人　　선가에선 본래인이라 부르네
但能自照虛明地　　다만 능히 스스로 虛明地를 비추면 될 것을
何更從他苦問津　　어찌 다시 타인에게 괴로이 나루를 묻는고?
　　　　　　　　　　　　<次膺律師求法韻>

응율사가 법을 구하는 시에 차운하여 답한 것이다. 律師는 계율에 정통한 승려로서 선수행을 하는 승이 아니다. 따라서 이 시는 선사가 禪家의 깨달음의 방식에 대해 율사에게 말한 것이다.

'확락(廓落)'은 구름 한점 없는 허공과 같이 텅 비어 넓은 모양이다.6) 따라서 '無依無相'하다. '身'은 사람의 몸이 아니라 '廓落無依無相'한 진여자성의 體를 가리킨 말이며 승구의 '본래인'과 호응하기 위한 표현이다. '本來人'은 본래면목, 本地風光이라고도 하는 마음의 근본자리로서 천연 그대로 있고 조금도 인위적 조작을 더하지

---

5) 『한불전』, 6-37. <示白嵒備長老>. "凡佛祖善知識 廣略言句 無不指歸衆生心地 若實悟心地 佛法皆現成".
6) '廓落'은 '大貌, 空寂也.'이며 '廓'의 표현은 선가에서 진리의 체성이나 깨달음의 상태를 나타낼 때 주로 사용한다. 선종의 공안인 '廓然無聖'(경덕전등록 제3, 보리달마), 開悟의 상태를 '廓爾', '廓徹大悟'로 표현한다.

않은 자태라는 뜻을 의인화한 말이다. 이러한 마음의 의인화된 용어로서 혜심은 또한 '주인공'이라는 말을 즐겨 사용하였는데 <答金先覺>7)에서는 미혹의 고통 속에서 '주인공'을 부르며 진정한 자기 자신을 찾을 것을 말하고 있다. 이는 사람마다 본래부터 갖추고 있는 본성을 말한 것이다. '본래'는 物의 시초가 없는 것을 의미하며 無始以來와 같다. 이 근본자리는 마음의 본체로서 텅 비고 밝은 것으로 표현되어 있다. 텅 비었다는 것은 모든 것을 수용할 수 있는 무한히 넓은 것을 의미하며 또한 청정함을 뜻한다. '의지함이 없음(無依)'은 그 자체 독립적이어서 어떠한 조건에도 좌우되지 않음을 뜻한다. 기구는 이러한 마음의 體性을 말하고, 승구는 선가의 수행의 목적이 본래인을 찾는 것임을 말하고 있다. 본래인을 찾게 되면 곧 깨달음에 이르게 된다. 전·결구에서는 이러한 본래인을 찾는 길을 제시하고 있다.

'나루가 있는 곳을 묻다'는 뜻인 '問津'은 『논어』8)에 典故를 둔 용어로서 학문을 닦는 길을 묻는 것을 의미한다. 이후 '길을 묻다'의 뜻으로 쓰이는데, 여기서의 나루는 生死의 강을 건너는 나루로서 피안에 이르기 위한 길이며 나루를 묻는 것은 생사해탈의 길 즉 깨달음에 대한 질문이다. 유가적인 학문에 관한 용어를 불가적인 깨달음에 관한 용어로 轉用한 것이다. '스스로 비춤(自照)'은 독립적이며 自力的인 선종의 특질이며 '비추어봄(照)'은 『반야심경』에서의 '照見五蘊皆空 度一切苦厄'에서와 같이 지혜의 빛으로 비추어보아 깨닫는다는 의미가 내포되어 있다. '텅 비고 밝은 땅(虛明地)'은

---

7) 我人山下逢三毒　　我人의 산 밑에서 三毒을 만나고
　 逆順途中遇八風　　逆順의 길에서 八風을 만나네
　 惑苦紛然難制止　　미혹의 고통이 끝없이 일어나 제지하기 어려우니
　 也宜頻喚主人公　　마땅히 주인공을 자주 불러야 하네.
8) 『論語』, 微子. "使子路問津焉".

마음의 근본자리를 가리킨다. 본래면목을 '本分의 田地'라고도 하는 데서 '땅(地)'으로도 표현된다. 이 마음의 근본은 '텅 빔(虛)'과 '밝음(明)'으로 표현됨으로써 '自性淸淨', '自性空寂'인 마음의 體性을 나타내었다. 이러한 자성의 체성에 대해 "맑고 고요하며 적나라하다"9), "마음은 본래 비고 고요하며, 고요하면서 항상 비추고 비추면서 항상 고요하다."10)고 하였다. 이러한 마음의 텅빔과 밝음, 고요함과 비춤은 본체와 작용을 드러낸 것으로서, 비었으므로 영묘한 지혜가 솟아난다는 空寂靈知의 역설을 내포하고 있다.11)

다만 스스로 지닌 마음의 근본자리를 비추어서 아는 것만이 이러한 깨달음의 길로 나아가는 것이며 타인에게 의지할 바가 아님을 "밖에서 구하지 말고 오직 안을 살펴라"12)고 설하였으며 깨달음을 밖에서 구하는 것을 "소를 타고서 소를 찾고 불을 잡고서 불을 찾는 것"13), 또는 "연야달다가 머리를 가지고 머리를 찾는 것"14) 등으로 비유하고 있다. 자기 자신의 마음, 그것이 바로 부처이므로 마음 밖에서 구할 수가 없음을 <示栖白上座>15)에서는 '부처가 따로이 있다(有佛)'는 생각을 버릴 것을 가르치고 있다.

그러나 이러한 마음의 본체성에 있어서의 평등성과 보편성은 망

---

9) 『한불전』, 6-9. 상당. "淸寥寥赤條條 水不能漂 火不能燒".
10) 앞 글, 6-17. 示衆. "心本空寂 寂而常照 照而常寂".
11) 이에 관하여는 제Ⅳ장 역설의 시학에서 상론하기로 한다.
12) 앞 글, 6-12. "不借外求 唯須內省".
13) 앞 글, 6-10. 상당. "所以騎牛覓牛 把火覓火".
14) 앞 글, 6-33. <示大休上人>. "若言更別有者 汝卽是演若達多 將頭覓頭 亦復如是". 연야달다는 어느날 거울을 보고 자기 머리가 없어진 줄 알고 머리를 찾으러 돌아다녔다고 한다.
15) 眞源一了便心休   참근원을 한번 요달하면 문득 마음이 쉬어지나니
    不得還依有佛求   有佛에 돌아가 의지해서 구하지 말라
    純一始爲無學道   순일함이 비로소 배움없는 道되니
    亂心麤過莫悠悠   어지러운 마음으로 추하게 세월을 보내지 말라.

상에 의해서 그 지혜가 가려져 있어서 나타나지 않는 것임을 말하였다.

> "구름과 연기가 사라지고 흩어지면 외로운 달이 저절로 밝아지고 모래와 자갈을 일어내어 버리면 진금이 저절로 나타난다. 이 일도 그와 같아서, 어지러운 마음의 쉬는 곳이 바로 보리니 성품의 깨끗하고 묘한 밝음은 남에게서 얻는 것이 아니다. 그러므로 크게 깨달으신 부처님도 처음에 이 일을 깨치시고, 이에 널리 보는 눈으로 시방세계를 두루 관찰하고 감탄하면서 '신기하고 신기하다. 내가 보건대, 일체 중생들은 여래의 지혜와 덕상을 갖추고 있지만 다만 망상과 집착으로 그것을 증득하지 못한다. 그러므로 망상을 버리면 스승이 없는 지혜, 자연의 지혜, 걸림이 없는 지혜 등이 모두 나타날 것이다.' 하셨다."16)

위의 상당법어에서 설한 내용은, 일체 중생의 마음의 본체성과 이 본체성을 가로막고 있는 망상과 집착에 대한 것이다. 마음의 본체를 달과 진금에 비유했으며 망상과 집착을 구름과 연기, 모래와 자갈에 비유하여 본래 성품의 깨끗함과 밝음을 드러내었다. 이러한 본래적 지혜를 '無師智', '自然智', '無碍智'라 하여 스스로 가진 성품을 강조한 것이다.

모든 인간이 평등하다는 불교사상은 평등성의 근거를 인간의 마음에 두며 마음의 본체성은 부처와 중생이 동등하게 갖추고 있는 것임을 다음의 시에서 밝히고 있다.

---

16) 『한불전』, 6-4. 상당. "雲煙消散 孤月自明 沙礫汰除 眞金自現 此事亦爾 狂心歇處 卽是菩提 性淨妙明 不從人得 所以大覺世尊 初悟此事 乃以普眼 遍觀十方而興歎曰 奇哉奇哉 我觀一切衆生 具有如來智慧德相 但以妄想執著 而不證得 若離妄相 無師智 自然智 無碍智 悉得現前".

魚龍在水不知水　　어룡이 물속에 있으되 물인줄 알지 못하고
任運隨波逐浪遊　　물결따라 자유로이 노니네
本自不離誰得失　　본래 스스로 여의지 않았는데 누가 얻고 잃으랴
無迷說悟是何由　　미혹한 적 없는데 깨달음 설하는 것 이 무슨 까닭인가?
　　　　　<以詩呈悟處 依韻答之>

　시로써 '깨달은 바(悟處)'를 올리기에 운을 따라 답한 시이다. 오처는 깨달은 자리로서 깨달음의 내용이라고 할 수 있다. 기·승구는 전·결구를 말하기 위해 들어보인 비유로서 중생이 본래부터 지니고 있는 진여자성과, 이를 깨닫지 못함을 의미한다. 먼저 비유를 들어 보이고 난 뒤 禪理를 직설적으로 제시하였다. 기구의 어룡과 물은 不離이며 不知의 관계이다. 승구에서 '任運'은 自然과 같은 뜻으로 法의 스스로의 운동에 맡기는 無功用을 의미하며 '수파축랑유'에서 구체적 모습을 보여준다. '遊'는 무심히 노니는, 마음에 걸림이 없이 자재하게 오가는 모습으로서 '隨流得妙(모든 경계와 인연에 따르되 집착함이 없고 자유자재함)'를 나타낸 것이다. 전·결구는 '得失'과 '迷悟'의 상대적 차원을 벗어나 있는 절대적인 마음의 진면목을 말한 것이다. '迷'는 事理에 어두워 헤매는 것을 말하며 '悟'는 깨달음을 말한다. 본체성에 있어서의 마음은 잃거나 얻을 수 있는 것이 아니며 미혹과 깨달음의 구별을 할 수 없는 것으로서 "조계의 거울에는 본래 티끌이 없거늘 깨끗한 성품에 어찌 한 점의 흔적이 있겠는가?"[17], "깨친다 하여 얻는 것 아니요 모른다 하여 잃는 것 아니다."[18]고 말한 바 있다. 이러한 마음의 본바탕은 중생

---

17) 앞 글, 6-12. 상당. "曹溪鏡本無塵 性淨何曾有點痕".
18) 앞 글, 6-35. 示善安道人. "悟而非得 迷亦不失".

과 부처가 다르지 않음을 <혼원상인청원각경찬>에서 "범부와 성인이 본래 같은 자리인데 / 다시 어느 곳에서 원통을 찾느뇨?(凡聖本來同一地 更於何處覓圓通)", "몸과 마음을 잘못 알아 고통의 수레바퀴 받은 것은 / 모두 천진불을 알지 못해서네(妄認身心受苦輪 都緣不識天眞佛)" 등으로써 凡聖不二를 말하고 있다. 이를 어록에서는 다음과 같이 쉬운 말로 설하였다.

"중생들이 현재에 날로 쓰는 한 생각의 묘한 마음이 바로 모든 부처의 본원으로, 미혹하면 부처도 중생이요 깨치면 중생도 부처인데 어찌 진실을 등지고 환상을 붙들며 알맹이를 버리고 껍질에 의지하며 자기의 신령함과 집안의 보물을 묻어 버리고는 성인이라 높이 추켜 올리고 범부라 스스로 낮추어 일생을 헛되이 보내면서 만겁의 뒤를 기약해서야 되겠느냐?"[19]

위에서 설하는 迷·悟는 마음의 본체성에 있어서의 의미가 아니다. 부처와 중생, 성인과 범부, 미혹과 깨달음의 경계를 중생들이 具有하고 있는 마음에 대한 깨달음의 유무에 두고 있는 것이다. 이러한 마음을 '자기의 신령함(己靈)'과 '집안의 보물(家寶)'로 표현함으로써 평등한 마음의 소중함을 나타내었다. 이 본체적 마음을 '평상심'이라 하여 "평상의 마음이 큰 도로서 / 도는 앎이나 모름에 속하지 않는다 / 그것은 입의 말을 용납하지 않고 / 그 뜻의 헤아림도 빌리지 않는다 / 구하여도 얻을 수 없고 / 버린다고 떠날 수 없다 / 백척 장대 끝에서 몸과 목숨을 던져 보아도 / 눈썹은 여전히 눈가에 붙었다.(平常心是大道 道不屬知不知 不用口議 非假意思 求之不

---

[19] 앞 글, 書答, <答襄陽公>. "衆生 現今日用一念妙心 是諸佛之本源 迷則佛衆生 悟則衆生佛 云何背眞抱幻 捨實憑虛 辜負己靈 沈埋家寶 高推上聖 自鄙下凡 空過一生 遙期萬劫耶".

得 棄之不離 百 尺竿頭 放捨身命 眉毛依舊眼邊垂)"20)고 하였다. 평상심이란 일상적 마음으로서 이는 일체의 사량을 끊어버려 知不知, 善惡, 彼此 등 차별상을 초월한 성성한 마음의 본체이다. 수행의 극치에 이르러 깨닫는 것은, 눈가에 눈썹이 여전히 붙어있는 것처럼 오로지 본래적 자기일 뿐이라는 것이다.

　선가에서는 깨달은 바(悟處)를 시로써 표현하고 선사는 이에 대한 응답을 또한 시로써 하는 것이 하나의 관습으로 내려오고 있다. 위 시는 韻과 平仄이 7언절구의 근체시 형식으로 쓴 것으로 제목에서 '偈'라고 하지 않고 '詩'라고 한 것은 한시의 형식을 갖추어 쓴 것을 의미한다. 이와 같이 悟處를 드러내기 위한 시적 표현은『傳燈錄』에 수록되어 전하는 六祖 慧能과 神秀의 게송21)이 대표적인 것이라 할 수 있다. 이들의 게송은 禪과 詩의 융합에 있어 그 發源이 되며 禪理와 詩型의 만남이라고 하는 새로운 국면을 전개하였다는 禪詩史的 의의를 부여받고 있다.22) 위 혜심의 시는 이러한 시적 활용으로서 선가의 유형적 詩作이다.

　『무의자시집』에 수록되어 있는 다음의 시는 이러한 인간의 본래적 위대성을 가장 잘 드러내주고 있다.

---

20) 앞 글, 6-27. <示淸遠上人>.
21) 『傳燈錄』卷三 '弘忍大師'조와『六祖壇經』에 실려있는 이 사실은 그 역사적 진실성에 대해서는 의문시되고 있다. 내용은 다음과 같다. 五祖 弘忍대사가 衣鉢을 전해주기 위해 각자의 경계를 게송으로 나타내라고 하여 수제자인 神秀가 "몸은 보리의 나무/ 마음은 밝은 거울의 대/항상 부지런히 닦아서/ 티끌이 끼지 않도록 하라(身是菩提樹 心如明鏡臺 時時勤拂拭 莫遣惹塵埃)"는 게송을 벽에 써 붙이니 이를 보고 혜능은 "보리는 본래 나무가 아니요/ 명경도 본래 대가 아니다/본래 한 물건도 없거늘/어찌 먼지를 떨 필요가 있으랴(菩提本無樹 明鏡亦非臺 本來無一物 何處惹塵埃)"라는 게송을 써 붙였다. 홍인은 이 게송을 통해서 각자의 마음의 경계를 알아차리고 의발을 혜능에게 전수하였다고 한다.
22) 이종찬(1985).『한국의 禪詩-고려편』(서울:이우출판사), pp.28-29.

眼皮盖盡三千界	눈꺼풀은 삼천세계를 다 덮어버리고
鼻孔盛藏百億身	콧구멍에는 백억의 몸을 감추었다
箇箇丈夫誰受屈	사람마다 장부인데 누가 굽히랴
靑天白日莫謾人	청천백일에 사람을 속이지 말라!

<出山相讚>

위 시는 大慧普覺선사의 『書狀』의 주에 실린 이참정의 <出山相頌>이다.23) 大慧는 간화선을 확립하였으며 보조국사 지눌이 사상적으로 큰 영향을 받았던 선사로서 그의 『서장』은 지눌과 혜심이 중요시했던 禪籍이며 이후 현재까지 한국 강원에서 교재로 사용되어 오고 있다. 이 게송이 작자 이름 없이 『무의자시집』에 실려있는 것을 보면 혜심이 평소에 즐겨 읊었던 것을 짐작하게 한다. 혜심 자신의 소작은 아니지만 이를 적극 수용하여 유포한 점은 혜심이 위 게송의 취지와 동일한 경계에서 자기화한 것으로 볼 수 있다.

이 시의 제목인 <出山相讚>은 석가모니가 成道 후 중생을 제도하기 위해서 산을 나오는 모습을 찬탄한 것이다. 기・승구는 모든 중생이 각각 그 자체로서 위대한 부처이며 저마다 우주의 주인이라는 의미이다. '眼皮(눈꺼풀)'는 온전한 자기자신의 광명(佛性)을 의미하며 鼻孔(콧구멍)은 面目, 眼睛 등의 용어와 같이 本分을 의미한다. 본분은 인간의 본래의 모습으로서 미망이나 깨달음에 무관한 절대적 차원의 마음을 가리킨다. 三千界는 삼천대천세계, 즉 불교의 거대한 규모의 우주를 표현한 말이며24) 百億身은 백억의 化身, 즉

---

23) 한정섭・정지철(역주)(1991). 『四集譯解』(서울:법륜사), p.65.
24) 고대 인도의 우주관으로서 수미산을 중심으로 하여 4洲가 있고 그 둘레에 九山과 八海가 있어 이를 한 세계라 한다. 이 한 세계를 천개 합한 것이 小千世界, 소천세계를 천개 합한 것이 中千世界, 중천세계를 천개 합한 것

백억이나 되는 석가모니의 化身을 말한다. 기구 '眼皮盖盡三千界(눈 꺼풀은 삼천세계를 다 덮어버리고)'와 승구 '鼻孔盛藏百億身(콧구멍 에는 백억의 화신을 감추었다)'의 상징적 표현은 전구에서 구체화 된다. 즉 사람마다 본래부터 위대한 佛로서 온 우주를 담고 있는 우주의 주인이라는 기·승구의 의미는 '箇箇丈夫(사람마다 장부)'라 는 구체적 진술을 통해서 그 의미를 명백히 드러내었다. '장부'는 대장부로서 여기에서의 의미는 거리낄 것이 없는 온전한 인간의 본 래의 모습이다. 따라서 '誰受屈(누가 굽히랴)'는 본분의 차원에서 모두가 평등한 존재인데 누가 제도를 당하겠느냐는 부정적 의문형 이다. 결구인 '靑天白日莫謾人(청천백일에 사람을 속이지 말라)'은 중생을 제도하기 위한 석가모니의 出山行이 부질없는 것임을 표현 한 말이다. '靑天白日'의 일상적 의미는 '한 점의 구름도 없이 맑은 하늘'이며 '훤히 다 아는 일'의 비유이다. 선적인 의미에서는 凡聖 · 迷悟 · 是非 · 長短 등의 차별상을 초월한 경계인 절대면을 비유 한다.25) 즉 우주의 본체인 至道의 절대적 차원은 佛도 없고 성인도 범부도 없이 실로 청천백일과 같이 훤할 뿐이며 또한 '분명한 사 실'인 것이다. 따라서 제도를 할 사람도 없고 당할 사람도 없으니 석가모니의 중생구제의 출산행은 사람을 속이는 짓에 불과하다는 말이다.

  결구의 표현은 앞에서 말한 중생 그 자체가 위대한 佛이라는 것 을 강조하기 위해 석가모니의 出山을 비하시켜 표현했다. 다시 말 하면 석가모니의 출산행을 비하시킴으로써 중생이 佛이라는 근본

    이 大千世界이다. 대천세계는 소, 중, 대의 3종의 千세계가 되므로 삼천세 계, 또는 삼천대천세계라고 한다. 즉 千의 三乘의 세계인 것이다. 홍법원 (1988).『불교학대사전』.
22) 駒澤大學(편)(1978).『禪學大辭典』(日本:大修館書店), p.648..

적 주제를 역설적으로 강조하였다. 여기서의 비하는 진정한 의미에서의 비하가 아니라 모든 중생이 불성을 갖추고 있다고 하는 '一體衆生悉有佛性', '人人具足', '本來佛'의 대전제를 드러내기 위한 방편성을 띤다.

'讚'은 佛德을 찬탄하는 노래이다. 찬탄의 頌을 이와 같이 佛에 대한 부정의 방식으로써 표현한 것이 오히려 진정한 찬탄이 되고 있다. 왜냐하면 석존의 가르침이 바로 인간 존재의 위대성과 평등성이기 때문이다. 이러한 사상을 처음으로 가르쳐 준 이에 대한 찬탄의 표현을, 그 가르침 자체에 충실함을 드러냄으로써 석존 출산의 진정한 의미가 구현된 것이다.

위의 시는 7언절구의 형식으로 쓰여졌으며 선종의 특징적 표현을 통해서 禪機를 드러내고 있다. '안피', '비공', '청천백일'등의 일상적 언어를 상징화한 선종의 어휘가 시어로서 구사되고 있으며 "개개장부"의 표현에서 구어적 표현방식을 보여준다. 이러한 선어의 상징성과 단도직입적인 간결한 표현 및 역설로써 선시의 특징적 면모를 잘 보여주었다. 『어록』의 <示眞上人>의 게송은 부처와 조사들에 대한 비판으로써 부정의 역설을 표출하고 있는데 이 부분은 제IV장 역설의 시학에서 상술하기로 한다.

어록에서 법을 설하며 읊은 게송은 대부분이 선리를 말하기 위한 것으로서 가르침을 주기 위해 풀어서 쉽게 설하고 있다. 이러한 게송류의 대표적인 경우를 들어보면 아래와 같다.

莫枯心忘懷　　마음을 말려 생각을 잊지 말 것이며
莫將心管帶　　마음을 가져 얽매이지도 말며
狗子無佛性　　개는 불성이 없다는 화두를 들어
只麼看不昧　　다만 간하여 어둡지 않게 하라!

不作有無見　　있다 없다는 견해를 짓지 말고
不作眞無會　　참으로 없다고 알지도 말며
不作破病想　　병통을 없앤다는 생각도 하지 말고
不作全提解　　모든 것을 다 안다는 생각조차 하지 말아라!

語路理路不得行　　말의 길이나 이치의 길을 가지 말고
無事匣裏莫坐在　　일 없는 궤 속에 앉아 있지도 말아라
擧起之處勿承當　　화두를 드는 그 곳에서 알려고 하지 말고
亦莫將迷要悟待　　또한 미혹함에서 깨치기를 기다리지도 말아라!

恰到無所用心處　　마음 쓸 것이 없는 그 곳에 만족하게 이르러
終不於此却打退　　마침내 거기서 물러나지 않고
忽然打破漆桶來　　홀연히 칠통을 때려 부수면
快快快快快快快　　쾌하고 쾌하며 또 쾌하리라!
　　　　　　　　<示宗敏上人>

위 게송은 혜심의 중심사상인 간화선의 수행원리를 말한 대표적인 게송이다. 제1偈의 기·승구는 마음을 枯木처럼 하여 생각을 잊는 것과, 마음을 가져 管帶(마음을 가지고 생각에 얽매임)하지도 말라는 것으로 이는 無와 有 양단의 부정이다. 전구인 '狗子無佛性'은 조주의 無字화두로서 혜심이 적극 권장하여 유포시킨 공안이다. 이 무자화두는 '조주무'라고도 하는 선문의 제1의 공안이다.[26] 역대의

---

26) 조주스님에게 어느 중이 묻기를 "개에게도 불성이 있습니까?"하니, 없다고 하였다. 중이 또 묻기를 "움직이는 동물은 모두 불성을 지니고 있다고 했는데, 개에게는 왜 없다고 하십니까?"하니 "업식성이 있기 때문이다."고 하였다. 다른 중이 똑같은 질문을 하니, 조주는 "있다"고 하였다. 중이 "이미 불성이 있다면 무엇 때문에 개 뱃속에까지 뛰어 들어갑니까?"하니 조주는 "왜 알면서 묻느냐?"하였다. 『조주록』과 『무문관』 제1칙에 수록됨.

많은 조사들이 이를 통해 오도하였는데 이 무자화두의 대대적 유포는 혜심이 결정적 영향을 끼친 것으로 평가되고 있다.[27] 위 게송에서는 이 공안을 들어 수행하는 법을 가르치고 있는데, 모든 생각을 놓아 버리고 다만 '無'로써 無心의 경지에 이르러 無明을 타파할 것을 말하고 있다. 말이나 이치로써 궁구하지 말며, 알려고도 하지 말며, 깨치기를 바라지도 말며 다만 無를 간하여야 하는 화두참구법을 명령형과 부정어법의 반복으로써 강조하였는데 양극단의 논법을 사용하여 둘다 부정함으로써 절대의 경계로 들어갈 것을 가르치고 있는 것이다. 無字화두의 無는 有無의 차원을 떠난 절대적 경계로서의 無로서, 긍정과 부정의 대립된 차원을 초월하여 모순이 해소되고 통합되는 역설성을 내포한 것이다.

칠통은 옻을 담아두는 검은 통으로서 無明을 비유한다. "忽然打破漆桶來"는 돈오를 표현한 말이다. 이 돈오의 순간을 "快快快快快快快"로써 '快'자의 중첩으로 무명을 타파한 할연대오의 통쾌함을 표현한 것이다. 특히 이 마지막 구절에서는 형식의 파괴에서 오는 자유로움과 직접적이며 강력한 표현으로 게송의 특징을 잘 보여주고 있다.

위 게송은 보조국사 지눌이 『看話決疑論』[28]에서 설한 看話(화두참구)의 열가지 병(十種病)[29]의 핵심적 내용을 게송화한 것으로서 지눌의 사상을 충실히 계승한 면모를 보여주고 있다.

---

[27] 권기종(1981). 간화선과 무자공안고. 『동국대학교 논문집』 20, p.11.
[28] 지눌이 禪의 바른 이해와 大慧의 徑截 活句의 法門을 드러내고자 쓴 것으로서, 지눌의 사후에 제자인 혜심에 의해 유고가 발견되어 간행되었으며 혜심의 발문이 있다.
[29] 不得作有無會, 不得作眞無之無卜度, 不得作道理會, 不得向意根下思量卜度, 不得向揚眉瞬目處㮏根, 不得向語路上作活計, 不得颺在無事甲裡, 不得向擧起處承當, 不得文字中引證, 不得將迷待悟.

위 게송에서 말한 모든 생각을 쉬어버리는 마음의 자세는 眞一上人에게 준 *法偈*30)에서 "성성하여 망상없음을 眞이라 하고 / 적적하여 분별하지 않음을 一이라 하나니 / 다만 그대 이름 저버리지 않으면 / 무엇하여 따로이 다른 방법 구하랴?(惺惺無妄曰眞 寂寂不分是一 但能不負汝名 何用別求他術)"라고 하여, 망상과 분별을 버린 성성하고 적적한 마음을 강조하고 있다. 이 게송은 진일상인이 수행 중에 빠지기 쉬운 두 가지 병통인 昏沈과 掉擧에 대치하는 법게를 청하므로 '眞一'이라는 이름자를 가지고 법을 풀어보인 것으로 선가의 관습적 시작인 名號頌31)으로 볼 수 있다.

혜심의 선은 특히 간화선을 중점적으로 추구하였는데 다음의 시는 선종 祖師들의 수행상을 들어서 경전이나 알음알이에 의존하지 말고 독자적인 수행을 통해서 깨달음의 길을 가야함을 말하고 있다.

世間文字與聲名	세간의 문자와 聲名은
任是情通也屬情	정에 통하거나 정에 속한데 맡겨졌네
解絶見止心顯現	알음알이 끊어지고 견해 그치면 마음이 드러나고
風靜波息海淸平	바람 고요하고 물결 쉬면 바다는 맑고 평안하네
鑑師燒了金剛疏	감스님은 금강경소를 태워버렸고
信老吹消紙燭明	숭신스님은 종이촛불 꺼버렸네
路遠夜長休把火	갈 길 멀고 밤 긴데 불을 잡지 말라!
不如吹殺暗中行	꺼버리고 어둠 속 가는 것만 못하리니.

<奉和地藏一僧統>

---

30) <眞一上人來言曰 某乙賦性散亂 未能調攝 或於靜處捺伏 則便落昏沈 惟此二病是患 請得法偈 爲對治方>.
31) 이종찬(1985). 『한국의 선시-고려편』(서울:이우출판사), p.207에서 명명한 용어이다.

위의 시는 교종계 최고 승직인 승통에게 화답한 것으로서 선가적 깨달음의 길을 제시하였다. 수련은 세간의 일을 말한 것으로 後句의 '情'은 情識, 즉 迷妄心이다. 세간의 문자와 소리, 언어 등은 모두 중생의 마음인 미망심에 관련되어 있는 것임을 말한 것이다. 함련은 세간사를 초월한 마음의 세계로서, 추구하는 깨달음의 세계를 前句에서 말하고 後句에서는 비유로 드러내었다. 이 마음은 본래의 마음으로서 마음의 본체는 알음알이나 견해가 그쳐야 드러나는 것임을 바다와 풍파의 관계로써 비유한 것이다. 깨달음의 세계는 흔히 물결 일지 않는 바다의 맑고 평온함으로 비유된다. 물결은 바람이 불면 일어났다 다시 사라지는 자취없는 것이라는 점에서 번뇌망상에 비유되며 여기에서는 알음알이나 견해로 인한 망상을 의미하고 있다.

경련은 『전등록』에 수록된 德山 宣鑑(780-865)의 悟道의 機緣이다.[32] 미련은 경련의 고사를 인용하여 승통에게 선수행을 제시한 것으로 독자적 깨달음을 위한 수행의 과정을 어둠 속에서 밤길을 가는 것으로 비유하였다. '路遠夜長'에서 길은 집, 혹은 고향으로 가는 길이며 본래면목을 찾아가는 깨달음의 길이다. 밤은 無明의 밤이다. 생사해탈을 하지 못한 미혹의 세계를 밤으로 비유한 것이다. 불은 어둠을 의지하는 수단이므로 이 때는 경전이나 알음알이를 비유한 것으로 볼 수 있다. 어둠은 밝음에 대비되는 무차별을 의미하기도 한다. 밝음은 사물을 드러나 보이게 하여 각각의 모습을 나타내게 하는 데서 차별상인 事를 의미하며 어둠은 이에 대비

---

[32] 덕산은 처음에 금강경을 늘 강설하며 선종의 종지를 의심하였는데 용담의 숭신화상을 찾아갔다. 숭신의 방장에서 밤늦게 나올 때 숭신이 종이 촛불을 내밀었다. 덕산이 받으려고 손을 내미는 순간 숭신은 불을 꺼 버렸다. 이 때 덕산은 크게 깨쳤다. 그리고는 금강경을 불살랐다고 한다.

되는 理를 의미하기도 하는 것이다. '暗證'은 교가의 입장에서 선자를 비난하는 말로서 선자가 경론을 무시하고 교가를 경시하는 것을 비판한 말이다. '暗禪', '暗證禪'은 교리에 대하여 무지한 것을 말한다. '暗中行'은 선적 깨달음의 길을 비유적으로 표현한 이 시의 핵심어로서 여기에는 덕산의 故事를 함축하고 있다.

선가에서 유명한 '덕산방', '임제할'의 덕산은 몽둥이질로써 학인을 깨우치게 한 선사이다. 그러나 이전에는 '주금강'이라 불리며 금강경을 깊이 공부하며 강설하였다. 그러나 숭신선사의 선적 방식에 의해 開悟함으로써 이전에 중시했던 금강경을 불사르고 선에 몸을 담았다. 이러한 덕산의 깨달음의 인연을 들어서 교가에 대해 선가의 깨달음의 길을 제시한 것이다. 이 시가 교종의 최고 법계인 승통에게 화답한 것이라는 점에서 보면, 수련에서 세간의 문자와 소리, 언어를 거론한 것은 교학 중심의 교종에 대하여 실천 중심의 선을 말한 것이다. 이 시는 선종의 不立文字 정신에 입각한 철저한 선수행의 중요성을 나타내었다. 전개방식은 세간의 일 즉 승통의 일에서부터 불교의 보편적 이치, 선사의 깨달음의 고사, 선적 진리의 제시 등의 순서로서 먼데서부터 점점 주제를 향하여 가까이 다가가는 구조를 이루고 있다.

위에서 살펴본 선의 요체는 텅비고 밝은 마음의 본체와 이 본체적 성품의 평등성을 거듭 천명하고 있는데 이 점은 선사상의 핵심적 요의이다. 인간의 본체적 성품인 마음을 '본래인', '주인공' 등으로 지칭함으로써 '無得失', '無迷悟'의 본래성을 나타내었으며, 이 마음을 밝히기 위한 간화선 수행의 원리와 정신을 시화함으로써 그의 선사상을 드러내었다. 마음은 선의 구심점으로서『어록』이나 시집에서는 이 인간 본연의 위대성을 깨닫게 하기 위해 여러가지 방편으로써 표현하고 있으며 이에 대한 실천으로서 수행을 권장하고 있다.

(2) 수행 정진과 선의 일상성

불교의 궁극적 목적은 깨달음을 이루는 것이며 이를 위한 과정이 바로 선수행이다. 앞에서 고찰한 선의 요체를 체득하기 위한 구체적 노력으로서의 실천행을 강조하고 있다. 다음의 시는 선수행에 정진할 것을 가르친 시이다.

簷頭雨滴滴相續	처마머리 빗물 방울방울 떨어지고
門外溪聲聲轉急	문밖 시냇물 소리마다 급해지네
不在多聞苦修習	多聞과 괴로이 닦아 익힘에 있지 않나니
只求一處成休復	다만 한곳 구하여 쉬어 회복함을 이룰 뿐.

<天照上座因雨請頌>

천조상좌가 비로 인하여 송을 청하기에 불러준 것이다. 비는 산중의 생활에 변화를 주어 자주 나타나는 소재이다. 위의 시는 때마침 내리는 비에 의탁하여 즉흥적으로 수행자에게 정진을 촉구한 내용이다. 기·승구는 끊임없는 공부인의 자세를 계속 떨어지는 빗방울과 멈춤없는 시냇물 소리를 끌어와 비유적으로 제시하였다. 처마에서 빗물이 방울방울 떨어지듯이, 그리고 시냇물 소리가 점점 급해지듯이 끊이지 않고 계속 공부를 쌓아갈 것을 비유적으로 말하였다. 이러한 수행의 요체를 전·결구에서 드러내었는데 '多聞'과 '괴로이 닦아 익힘(苦修習)'에 있는 것이 아니라고 하여 禪家의 특징적 수행 원리를 나타내고 있다. 多聞은 '佛法을 많이 들어서 박학다식함'을 뜻하는 말로서 경전이나 논·소 등을 통한 지식 즉, 알음알이

를 가리키고 있으며 苦修習은 고행이나 힘들게 갈고 닦는 수행을 말한 것이다. 결구에서는 이러한 지식이나 괴로이 닦아 익힘을 통해서 보다 오직 본래의 마음을 회복하는 것이 바로 선의 요체임을 말함으로써 '사람의 마음을 곧바로 가리킴(直指人心)'이라는 선의 宗旨를 드러내었다. 선수행의 목적은 '쉬어 회복함'에 있는 것이다. '一處'33)는 바로 청정한 마음의 본체를 가리키는데 '一'은 '一大'의 뜻을 담고 있으며 평등·절대의 의미를 내포한다. '休復'의 '休'는 '그치다', '쉬다'라는 일반적 의미로부터 선가에서는 번뇌 망상과 분별심을 그치는 것을 의미한다. 마음의 본체는 망상과 분별을 쉼으로써 회복되는 것을 말한 것이다.

『어록』에서, "이 마음이란 바로 중생의 근본이건만 다만 망상으로 스스로 막고 있는 것이니 만일 망상을 떠나면 마음이 저절로 앞에 나타날 것입니다. 그러므로 망상을 떠나려 하면 화두를 드는 것만한 것이 없습니다."34)라고 하여 수행으로서 화두를 들 것을 가르치고 있다. 이 화두를 드는 看話禪 수행은 혜심이 수행자나 재가신도들에게 가장 열심히 권유한 수행 방식이며 주된 선풍이다. 강종대왕에게 올린 <心要>에서도 "다만 열두시와 사위의 안에서 저 화두를 보아야 할 것입니다."35), "그저 이 화두를 들되 언제나 어디서나 잠깐도 잊지 말고 오로지 분발하여 그치지 말고 공부하십시오. 공부가 익어지면 모르는 사이에 철저한 경지에 이르게 될 것입니다."36)라고 하며 화두를 行住坐臥, 語默動靜에 있어서 항상 놓치지

---

33) 원래는 극락정토를 가리키는 말이다.
34) 『한불전』 6-36, <示正見道人>. "此心是衆生本源 但以妄想自障 若離妄想 自然現前 欲離妄想 莫如看話".
35) 앞 글, 6-24. "但向十二時中四威儀內 看箇話頭".
36) 앞 글, 6-37, <示葛學士南成>. "只管看來看法 一切時一切處 不得暫忘 一味提撕 不較做工夫 工夫熟則不覺到澈頭處也".

말고 계속할 것을 강조하고 있다. 수행의 중요성은 다음의 시에서 수행자들에게 세월을 허비하지 말고 정진할 것을 말하고 있다.

   應嗟虛度好光陰 좋은 세월 헛되이 보냈다 탄식하여
   常勸諸人急急參 늘 서둘러 참구하라 권하네
   啼得血流無採聽 피 나도록 울어도 들어주는 이 없으니
   不妨終日口如鉗 온종일 입다물고 지냄만 못하리!
         <聞子規示衆>

 이 시는 두견새의 울음소리를 듣고 대중에게 보인 것이다. 示衆은 대중에게 법을 보이는 공식적인 설법이다. 이러한 설법에서 혜심은 시를 방편으로 활용하고 있는데 위 시는 7언절구로 지어졌다. 두견새의 구슬픈 소리를 탄식하는 소리로서 참구하기를 권하는 뜻으로 풀이하여 대중에게 열심히 공부할 것을 촉구한 내용이다. 기구의 '좋은 세월(好光陰)'은 사람의 몸이었던 자규의 전생을 가리킨다. 깨달음을 이루어 해탈하기 전까지는 무한겁을 육도윤회해야 하는 것이 불교의 이치다. 따라서 자규의 구슬픈 울음은 인간이었을 때 깨달음을 이루지 못한 한을 의미하는 것으로 본 것이다. 좋은 세월을 수행에 정진하지 않고 헛되이 보낸 과보로서 자규로 태어나 한탄하면서 수행을 권하는 것으로 해석하여 가르침을 보인 것이다.
 사람의 몸은 수행에 가장 적합한 것으로 간주하여 <贈書生詩>에서 "그대에게 준 이 좋은 사람몸 잃어버리면 / 길이 지옥의 찌꺼기가 되리(贈君失却好人身 廣劫長爲地獄滓)"라고 하였으며 사람의 몸으로 이승에 있을 때 수행을 통해서 자신을 제도해야 함을 어록에서 게송으로 설하고 있다.[37] 사람으로 태어나 불법을 만나기 어려

---

[37] 『한불전』 6-28. <示希遠道人>.

움을 비유한 '盲龜遇木'[38])은 바로 지금 사람으로 있을 때 깨달음을 이루어 제도해야 함을 의미하는 말이다. 전·결구는 이러한 기회를 상실한 뒤의 피맺힌 울음은 아무 소용없는 짓이니 수행자들은 모름지기 후회하지 않도록 공부하라는 훈계이다.

공부를 태만히 하는 수행자를 풍자적으로 꾸짖은 시 <賦鴟戒遊獵僧志>에서는 "이미 허공 속에서 노닐 수 있는데 / 무엇하러 마을 가운데를 빙빙 돌아다니나? / 두렵구나! 갑자기 돌멩이에 맞아 / 몸과 생명 고스란히 아이에게 넘겨버릴까봐(旣能遊戲虛空裡 何用盤旋聚落中 却恐忽然招瓦礫 全持身命付兒童)"라고 하여, 수행처를 이탈하여 마을을 배회하는 승을 솔개에 비유하여 경계를 주고 있다. 넓디 넓은 허공을 날아야 함에도 불구하고 마을에서 놀다 아이들의 돌팔매질에 목숨을 잃고 마는 솔개는, 수행을 저버린 승을 비유한 것이다.

선수행에 대한 강조는 다음의 목우시에서 상징적으로 표현되어 있다.

   放在家田地 집밭에 소를 놓아두고
   閑看水牯牛 한가롭게 검은 암소를 본다
   有時纔入草 어느 때 풀밭에 들어가기만 하면

  生死死生無定止 나고 죽고 남이 그치지 않아
  幾廻六道轉如輪 몇번이나 여섯 길을 바퀴처럼 돌았던가?
  此身不向今生度 이 몸을 이승에서 제도하지 못하면
  更待何生度此身 다시 어느 생에서 이 몸을 구하리.

38) 『법화경』과 『열반경』 등에 나오는 비유이다. 맹구는 한량없이 오래 사는 바다 속 눈먼 거북이로 백년 만에 한번씩 물 밖으로 머리를 내어 숨을 쉬는데, 이 때 바다를 떠다니는 구멍 뚫린 판자에 머리가 걸려야 숨을 쉴 수 있다고 가정할 경우 그 어려움을 중생이 사람으로 태어나 불법을 만나기 어려움에 비유한 것이다.

拽鼻便回頭	코를 끌어 문득 머리를 돌리게 하네
日久方純熟	날이 오래되니 바야흐로 순숙해지고
年來得自由	해가 지나니 자유를 얻네
劫中牧不着	겁 중에 목우 끝나지 않는데
誰敢計春秋	누가 감히 봄가을을 헤아리랴!

<夢忍居士請牧牛詩>

몽인거사가 목우시를 청하여 쓴 시로서 5언율시이다. 거사는 재가신도로서 법이 높은 이에게 붙이는 존칭이다. 소는 선가에서 본래의 마음, 즉 불성의 상징으로서 마음의 소(心牛)이다. 이 마음의 소를 기르는 牧牛는 수행을 의미하는데 특히 선가에서 悟後의 수행을 의미한다. 자신이 本有하고 있는 마음의 소를 발견한 이후 이 소를 기르는 행위는, 점진적 수행(漸修)을 통해서 궁극적 깨달음(究境覺)인 證悟에 이르기 위한 수행의 과정인 것이다. 위의 시는 이미 소를 발견하고 붙든 이후 이 소를 집밭에 풀어놓고 기르는 것으로 깨달음을 얻었음을 전제하고 있다. '家田地'는 마음의 밭(心田)으로 본분자리이다. 선에서 집(家)이나 고향(鄕)의 의미는 본분의 도리 혹은 깨달음의 세계를 의미하며, 田地는 본래면목을 '本分의 田地'라고도 표현한 데서 온 말이다. 수련은 이미 자기의 본성을 깨우쳐 아는 상태를 의미한다. 그러므로 소를 찾으려고 헤매지 않고 자기의 집밭에 풀어놓고(放在) 한가하게 바라보는(閑看) 것이다. '水牯牛'는 검은 암소[39]로서 '南泉水牯牛'[40]와 '潙山水牯牛'[41] 등의 공안

---

39) 水牯牛의 사전적 의미는 검은 암소, 암물소, 거세한 수소이다. 선적 의미는 본분의 일, 본래면목, 수행자이다.
40) 『五燈會元』 '南泉普願,'조에 "上堂曰 王老師自少 養一頭水牯牛 擬向溪東放 不免食他國王草 擬向溪西放 亦不免食他國王草 不如隨分納些些 總不見得". 이 내용은 『선문염송』 206칙 '養牛'조에 수록되어 있다. 또한 남전과 제자 趙州 從諗과의 문답으로서 "趙州眞帝大師問南泉 知有底人 向什麽處去 南泉

이후 많은 선사들이 제재로 삼은 바 있다. 위의 시에 있어서 '수고우'는 본래면목의 의미와 함께 이러한 공안을 상기시킨다.

함련의 '풀밭(草)'은 어리석음인 無明42)의 세계를 의미하며 때때로 번뇌망상이 일어남을 말한 것이다. '회두'는 '廻頭換面'에서 온 말로서 중생의 습성에서 벗어나 본래면목으로 전환하는 것을 말하는데, 망상이 일어났을 때 이를 다스려 본래의 면목을 회복하는 것이다. 함련은 깨친 이후에도 이전의 오랜 習氣43)로 인하여 완전히 번뇌망상을 버리지 못하므로 계속적인 닦음이 필요함을 말하였다. 한번 깨쳤다 하더라도 오랜 習氣를 버리기 어려우므로 깨친 뒤에도 늘 비추고 살펴보아야 함을 말한 것이다. 경련은 수행이 점점 구경각을 향해 무르익어가는 것을 말한다. 오랜 기간의 수행을 통해서 점차 무르익어서 자유를 획득하게 되는 것이다. 綿綿不絶의 수행으로 純熟해져서 바야흐로 자유자재한 경지에 도달하게 되는 것이므로 선수행에 있어서는 '早熟'보다 '純熟'을 귀히 여긴다.44) 미련은 이러한 수행은 오랜 기간 동안 純一하게 닦아야만 이룰 수 있는 것임을 강조한 말이다.

    云 向山前檀越家 作一頭水牯牛去 師云 謝師指示處 泉云 昨夜三更月到窓".
41) 『전등록』 9권, '潙山靈祐'章, "師上堂示衆云 老僧百年後 向山下作一頭水牯牛 左脇書五字 云 潙山僧某甲 此時喚作潙山僧 又是水牯牛 喚作水牯牛 又云 潙山僧 喚作什麽卽得".
42) 『起信論』에는 이것을 두 가지로 나누었다. 법계의 참된 이치에 어둡게 된 맨 처음 한 생각을 根本無明이라 하고 이 근본무명으로 말미암아 가늘고 거친 온갖 망녕된 생각이 일어나는 것을 枝末無明이라 하였다.
43) 사상이나 행위, 특히 번뇌를 일으킴에 의해서 마음 속에 인상지어지고 배어진 습관이나 습성을 말한다. 번뇌는 끊어도 그 여습인 습기는 남는 수가 있다고 한다.
44) 선수행은 서서히 해야 한다. 대장간에서 쇠를 불에 달구어서 망치로 두드려 다시 불에 넣어 달구어서는 또 두드린다. 이렇게 수없이 반복하여야 강철이 되듯 선도 끊임없이 단련하여야 한다. 깨치는 것은 오래오래 순숙하여야 한다. 이희익(1985), 『십우도』(서울:경서원), p.89.

悟後修行은 '保護任持'의 뜻인 보임(保任)이라고 하며 見性한 이후 그 경지를 보호해 지켜가는 것이다. 이것을 聖胎長養, 悟後生涯라고도 하여 장기간 다생의 습기를 제하고 도의 역량을 키우는 것이다. 위의 목우시는 이러한 오후수행을 강조한 것이다. 悟後의 수행과 이에 따른 경계의 성숙은 다음의 <四牧>45)에서 네단계로 나타내었다.

   胡亂溪東溪西 시내의 동쪽 서쪽으로 어지러이 다니고
   遙懸山上山下 산 위로 아래로 멀리 돌아다니나니
   勤勤緊把繩頭 고삐를 단단히 잡아서
   切忌犯人苗稼 부디 남의 밭에 들어가지 말게 하라!

   些些隨分自納 조그마나마 스스로 제 분수를 따르고
   悃悃休勞力爭 부디 힘으로 다투기 말라
   吹起胡茄一曲 날라리 한 곡조를 불어보나니
   迢迢風引笛聲 바람이 그 소리를 저 멀리 끌고가네.

   養得渾身雪白 온몸을 눈처럼 하얗게 길러서
   超然露地查眠 초연히 한데서 깊이 잠들었네
   童子不知何去 소치는 아이는 어디로 갔나?
   風和日暖喧妍 바람은 부드럽고 날씨는 화창하여라!

   憃憃放曠不羈 어리석은듯 방탕하여 거리낌 없고
   蕩蕩優遊自在 호탕하고 자유로이 마음껏 노네
   等閑竪去橫來 등한하게 이리저리 가고 오나니
   誰知頭面尾背 머리와 낯, 꼬리와 등을 누가 아는가?

---

45) 『한불전』 6-48, 진각국사어록보유.

위 4수의 목우시는 목우과정을 단계적으로 보여주고 있다. 제1수는 소를 얻은 이후의 牧牛이다. 이 단계는 소를 얻었지만 오랫동안 젖은 야성의 상태가 그대로 남아있는 모습이다. 즉 일단 깨쳤지만 이제까지 차별경에서 살아왔기 때문에 좀처럼 그것을 여의지 못하는 것이다. 번뇌・망상・시비・선악・분별의 境을 탈피하기가 쉽지 않다. 六根六塵46)의 악습이 강하여 그것을 완전히 제거하기는 힘들다. 따라서 純和(心牛와 자기가 하나가 되는 상태)를 얻기 위해서는 반드시 편달이 필요함을 의미한다. 기・승구의 '溪東溪西'47), '山上山下'는 동서・상하를 통해서 상대적 분별상을 비유한 것으로 공계와 색계, 중생과 부처, 迷悟, 淨穢 등 상반되는 것이 一如하지 못함을 나타낸 것이다. 전・결구에서 고삐는 야성의 소를 길들이기 위한 방편이며 '범인묘가'는 과실을 범하는 것을 말한다. 제1수는 혜심의 스승 보조국사의 돈오점수이론이 시화된 것으로 保任用功의 방법이다.

> "도를 배우는 사람으로서 진심이 앞에 나타났을 때, 아직 습기를 버리지 못하고 전에 익힌 곳의 경지를 만나면 때로는 생각을 잃는 수가 있다. 마치 소를 기를 때에 그것을 잘 다루어 이끄는 대로 따르게 되었더라도 그래도 채찍과 고삐를 놓지 않고, 마음이 부드럽고 걸음이 평온하여 곡식밭에 몰고 들어가더라도 곡식을 해치지 않게 되기를 기다려서야 비로소 손을 놓는 것과 같다. 그런 경지에 이르러서는 목동의 채찍과 고삐를 쓰지 않더라도 자연히 곡식을 해치지 않을 것이다."48)

---

46) 六根은 眼根. 耳根. 鼻根. 舌根. 身根. 意根의 총칭으로서 六境을 인식하는 기관을 말한다. 六塵은 六境이라고도 하며 六根의 대상이 되는 色. 聲. 香. 味. 觸. 法이다. 이것들이 인신에 들어가 청정한 마음을 혼탁하게 하므로 塵이라 한다.
47) 南泉의 水牯牛공안에서 나온 귀절이다.

제2수는 수행이 점차 무르익은 단계이다. 기·승구는 소가 익숙해져서 고삐와 채찍을 쓰지 않아도 되는 단계이다. '些些隨分自納'은 남전의 수고우 공안의 귀절로서 혜심은 『어록』, <示居悅上人>에서 이 공안을 들어 법을 설하였다.

"조금만 받아들인다는 도리란 어떤 것인가 말해보라. 옷을 입고 밥을 먹는 일이 무엇이 어렵기에 나귀 앞과 말 뒤를 향해 분별하는 마음을 내는가? … 대양경연선사는 말하기를 <분수를 따라 조금만 받아들인다는 도리란 어떤 것인가? 다만 있다 없다의 양쪽에 치우친 법을 끊어버리고 범부니 성인이니 하는 마음이 없어 본체는 진상을 드러내고 이치가 둘이 아닌 여여불로서 어떤 법에도 의지하지 않으면 어디로 가나 자유로울 것이니 또 무슨 일이 있겠는가?>하였다."49)

여기에서 볼 때 '些些隨分自納'은 분별심을 초월한 것을 의미하며 '분수를 받아들이다'의 '분수'는 본분을 가리킨 것이다. 본분을 따르게 되어 분별심을 일으키지 않게 되었으므로 힘으로 다툴 필요가 없는 것이다. '胡茄一曲'50)은 타인들이 알지 못하는 선의 宗旨를 비유한 말이다. 수행이 익어가면서 선의 오묘한 이치를 터득한 것을 나타내었다.

---

48) 지눌. 『眞心直說』, <眞心驗功>. "學道之人 得眞心現前時 但習氣未除 若遇熟境 有時失念 如牧牛 雖調到牽拽隨順處 猶不敢放了鞭繩 直待心調步隱 赶進入苗稼中 不傷苗稼 方敢撒手也 到此地步 便不用牧童鞭繩 自然無傷苗稼".
49) 『한불전』6-31. "如何是納些些底道理 便道 着衣喫飯 有甚麽難 向驢前馬後作活界 ……大陽警延禪師云 作麽生 是隨分納些些底道理 但截斷兩頭有無諸法 凡聖情盡 體露眞常 事理不二 即如如佛 法法無依 隨處轆轆地 更有何事".
50) 胡茄는 오랑캐의 갈대피리로서 한인의 음률과 다르다. '호가곡'은 한인들이 이해할 수 없는 곡조를 말한다. 轉하여 선의 종지는 교상판석 등으로 이해할 수 없음을 비유한 말이다.

제3수는 수행의 공으로 一如의 경지에 이른 것을 비유한 것이다. 雪白은 청정무구한 마음의 성품을 의미하며 '露地'는 번뇌를 초탈한 경지의 비유로서 '露地査眠'은 소가 이미 조복했음을 의미한다. 목동은 사라지고 소만 남아있다는 것은 소와 목동이 하나가 되어버린 것이며 주객, 능소를 초월한 一如를 의미한다. 소는 더 이상 기를 필요가 없어진 것이다. '風和日暖暄姸'은 바람이 산들산들 부는 화창한 날씨, 아름다운 경치이다. 눈에 보이는 것 그 모두가 불성 아닌 것 없이 산천이 모두 佛身인 것이다. 도와 합일된 것이다.

제4수는 無心의 경지이다. '等閑'은 無作, 任運, 無意識 등의 뜻으로 무심의 상태를 표현한 것이며 '竪去橫來'는 앞 제1수에서의 '溪東溪西'와 '山上山下'를 마음대로 노니는 소의 자유로운 동작을 나타낸 말이다. 여기서 소의 자유로운 행동은 앞 제1수에서의 야성의 상태에서와는 그 의미가 다르다. 옛과 같이 돌아왔으나 옛과는 다른 '山祇是山 水祇是水'의 경지인 것이다. 머리와 낮, 꼬리와 등은 상대적 경지를 상징적으로 표현한 것으로서 결구는 상대성을 초월한 무분별의 경지이다. 이러한 마음의 상태는 바로 혜심이 마음의 참모습으로서 이상적으로 본 무심의 경지를 말한 것으로 어록에서는 다음과 같이 설하였다.

"안으로 마음이 없으면 밖으로 일이 없을 것이니 일이 없는 일이 큰 일이요, 마음이 없는 마음이 참마음입니다. 이른바 마음이 없음이란 마음도 없고 마음 없는 것도 없으며 마음의 없음이 다했다는 것도 없는 것, 그것이 참마음입니다."51)

위 인용문은 無心이 眞心이라는 역설의 진리를 말하고 있으며

---

51) 『한불전』 6-24, <上康宗大王心要>. "內若無心 外卽無事 無事之事 是名大事 無心之心 是名眞心 所謂無心者 無心無無心 亦無無心盡 是眞無心".

'없음(無)'으로써 진정한 마음의 상태를 표현하였다. 그러므로 위 제4수에서는 본연의 진정한 마음을 회복한 무심의 경지에서 우러나는 활발한 생명력을 동적으로 묘사한 것이다.

위 <사목> 4수의 시는 목우에서부터 무심에 이르는 네 단계의 수행상을 나타낸 것으로 각각 제목을 붙여본다면 牧牛, 隨分, 一如, 無心으로 볼 수 있겠다. 이 4수의 시를 통해서 처음의 길들여지지 않은 야성의 방탕함이 점점 수행으로 순숙해지는 과정을 거친 후 다시 활발한 생명력으로 환원되는 구조를 보여줌으로써 건강한 본래성의 회복을 의미하고 있는 것이다.

'牧牛'의 어원은 『遺敎經』52)에서 修行을 牧牛에 비유한 데서 비롯된다.53) 경전에 근거를 둔 목우는 중국 선종에서 馬祖 문하의 제인들이 提倡54)함으로써 公案으로 성립되었다.55) 수행의 단계와 이에 따른 깨달음의 과정을 그림과 송으로 나타낸 목우도는 대표적으로 보명의 <목우도>와 곽암의 <십우도>를 들 수 있다. 普明선사의 목우도는 1.未牧, 2.初調, 3.受制, 4.回首, 5.馴伏, 6.無碍, 7.任運, 8.相忘, 9.獨照, 10.雙泯의 10단계이며 곽암선사의 십우도는 1.尋牛, 2.見跡, 3.見牛, 4.得牛, 5.牧牛, 6.騎牛歸家, 7.忘牛存人, 8.人牛俱忘, 9.返本還源, 10.入鄽垂手의 10단계로 되어있다.

혜심의 <사목>은 본래의 마음인 소에 중심을 두어 창작한 것으로 소가 길들여져가는 과정을 그린 것이다. <사목>은 혜심이 목우

---

52) 자세한 명칭은 佛垂般涅槃略說敎誡經. 석존이 교화를 마치고 열반에 들 즈음에 제자들을 위하여 설한 최후의 경계로서 불멸 후 제자들의 나아갈 길을 지시한 내용.
53) "譬如牧牛 執杖視之 不令縱逸 犯人苗稼 則牧牛之說所自起也".
54) 선종에서 학인들에게 종지의 강요를 들어서 뜻을 설명하는 것.
55) 杜松柏編著(民國七十二年, 1983). 『禪詩牧牛圖頌彙編』(臺北:黎明文化事業公司), p.9.

공안을 활용하여 오후의 수행상을 네 단계로 나타낸 것으로서, 닦음(修)를 강조한 스승 보조 지눌의 '頓悟漸修'사상을 계승한 면모를 보여준다. 지눌이 특히 강조하였으며 보조사상의 특질로 평가되는 오후의 수행은 無斷之斷, 修而無修이며[56] 마음에 즉한 닦음이다. 마음에 즉한 닦음은 깨침에 의한 닦음, 즉 先悟後修인 돈오점수인 것이다.[57]

목우를 소재로 한 시는 혜심 이후 고려 후기에 圓鑑國師 冲止의 <作野牛頌示同人>, 太古 普愚의 <息牧叟>와 <雪山牧牛>, 懶翁 慧勤의 <和古人牧牛頌> 등이 있다. 충지의 <作野牛頌示同人>[58]은 법을 보이는 시법시로서 본래의 성품을 들소에 비유하여 들소를 길들이는 수행에 대한 의문을 던져주고 있다. 즉 야우의 천성 그대로가 佛인데 수행이라는 방편으로 말미암아 오히려 자유를 잃어버린 것을 말한 것이다. 태고의 <식목수>[59]는 자신의 내면 경계를 표현한 것으로서[60] 수행이 무르익어 가는 경지를 자연을 배경으로 하여 서

---

56) 심재룡(1992). 돈점론으로 본 보조선의 위치.『깨달음, 돈오점수인가 돈오돈수인가-돈점논쟁의 역사와 한계』(민족사), p.145.
57) 강건기(1992). 보조사상에 있어서의 닦음(修)의 의미. 앞 책, p.149.
58) 野牛天性本難馴　　들소의 천성은 본래 길들이기 어려워
　　草細平田自在身　　질펀한 풀밭에서 제멋대로 뛰노는데
　　何意鼻端終有索　　어찌하여 마침내 콧구멍에 고삐 있어
　　牽來牽去摠由人　　사람들 제 마음대로 끌고 오가는가?
59) 去年牧牛坡上坐　　지난해 소 먹이며 언덕 위에 앉았을 때
　　溪邊芳草雨霏霏　　시냇가 고운 풀에 보슬비 내리더니
　　今年放牛坡上臥　　금년엔 소 놓아두고 언덕 위에 누웠나니
　　綠楊陰下署氣微　　푸른 버들 그늘 밑에 더위가 거의 없네.

　　牛老不知東西牧　　소 늙어 어떻게 먹일지 알 수 없기에
　　放下繩頭閑唱無生歌一曲　　고삐 놓고 무생가 한가락을 한가히 부르다가
　　回首遠山夕陽紅　　머리 돌리니 먼산에 저녁해 붉었는데
　　春盡山中處處落花風　　봄 다한 산중엔 곳곳마다 낙화풍이네.
60) '叟'는 선사들이 쓰는 겸양의 자칭이다.

정적으로 그리고 있다. 후편에서는 '붉은 저녁해(夕陽紅)'로써 자성 광명의 獨露를 상징화했으며 깨친 경계를 '落花風'으로써 미묘하고 황홀하게 그린 것이다. <설산목우>61)는 석가모니의 6년 간의 설산 수행을 본분도리에서 역설적으로 말한 것이다. 혜근의 <화고인목우 송>62)도 중생이 본래 佛이라는 근본적 입장에서 목우행을 부정적으로 말한 것이다. 조선시대에 와서 경허선사(1875-1939)의 <尋牛頌> 2편63)은 수행의 단계를 세부적으로 나타낸 본격적인 목우시이다. 이러한 목우시는 선가의 상징적이며 전형적 시로서 지속적 흐름을 가지고 있는데 근대에 와서 만해 한용운은 시조 <尋牛莊>에서 "잃은 소 없건마는 / 찾을 손 우습도다 / 만일 잃을시 분명하다면 / 찾은들 지닐소냐 / 차라리 찾지 말면 / 또 잃지나 않으리라"라고 하여 잃고 찾고 할 것이 없이 중생이 본래부터 지니고 있는 불성을 말하였다. 혜심의 목우시로부터 이후 지속적으로 창작된 목우시는 수행의 과정을 나타낸 것과 목우행에 대해 근본적 입장을 밝

---

61) 肥膩葉葉軟　　비니의 풀이 잎마다 부드러워
　　一嚼辨甘苦　　한번 씹으면 달고 쓴 것 분별한다
　　盛夏雪猶凝　　한여름에도 거기는 눈이 얼고
　　寒冬春不老　　추운 겨울에도 봄은 따뜻하다
　　要傾則便傾　　엎어지고 싶으면 엎어지고
　　要倒則便倒　　드러눕고 싶으면 곧 드러눕는다
　　拾得笑呵呵　　습득은 이것 보고 하하하 웃고
　　寒山張大口　　한산도 큰 입 벌려 웃는다.
62) 頭角分明未現前　머리의 뿔 분명히 나타나기 전에는
　　白雲沈鎖處閑眠　흰 구름 깊이 잠긴 곳에서 한가히 졸았네
　　從來不喫芳春草　원래 꽃다운 봄풀은 먹지 않거니
　　何事兒童敢著鞭　무슨 일로 목동들은 채찍질하나?
63) 한 편은 1.尋牛. 2.見跡. 3.見牛. 4.得牛. 5.牧牛. 6.騎牛歸家. 7.忘牛存人. 8.人牛俱亡. 9.返本還源. 10.垂手入鄽의 10단계로, 또 한 편은 1.尋牛. 2.見跡. 3.露現全體. 4.調伏保任. 5.任運歸家. 6.忘牛存人. 7.人牛俱忘. 8.異類中事의 8단계로 되어있다. 장순용(1971). 『선이란 무엇인가-십우도의 사상』(서울:세계사), pp.218-237에서 재인용.

힌 것의 두가지 유형으로 나눌 수 있다. 혜심의 목우시는 수행을 강조한 선사상에 입각하여 목우의 과정을 그린 것으로서, 우리나라 목우시의 시초가 되고 있다.

수행의 방식은 반드시 면벽 참선만이 아니라 일상생활 속에서도 가능한 것임을 다음의 시에서 가르치고 있다.

> 聞古禪和擊土塊　　 듣건대 옛 禪子는 흙덩이 부딪치는 소리에
> 忽然打破三千界　　 문득 삼천세계를 타파했다고 하네
> 钁頭分付汝提持　　 괭이를 주노니 그대 잘 가지면
> 受用從君得自在　　 사용함에 자재함을 얻을 것이네.
> 　　　　　　　<儉園頭求頌>

儉이라는 원두가 송을 청하여 법을 말한 시로서 구두운을 사용한 7언의 고체시이다. 園頭는 園主라고도 하며 총림에서 채마밭을 관리하고 승려들을 위하여 채소를 재배 경작하여 공급하는 직책이다. 이 일은 가장 힘들어서 道心이 없는 자는 할 수 없다고 한다.[64] 이 맡은 일에 맞는 가르침을 준 것으로 원두는 원두로서의 일을 통해서 수행할 것을 말하였다. 괭이는 원두에게 있어서 화두로서 제시된 것이며 그러한 생활 속의 일을 통해서 깨달음의 길로 나아가라는 의미를 담고 있는 것이다. 괭이는 수행자에게 있어서 없어서는 안될 수행의 도구인 것이다.[65] 기·승구는 옛 선사의 悟道의 계기를 들어보인 것으로서 소리를 매개로 한 깨달음의 인연인 '從聲得入' 또는 '聞聲悟道'[66]이다. '삼천세계를 타파하다(打破三千界)'는

---

[64] 『永平知事淸規』, "園頭一職 最難極苦矣 有道心者勤來職也 無道心人不可充之職 常在菜園 隨時種栽矣." 『禪學大辭典』p.112에서 재인용.
[65] 钁頭放下時는 일체의 수행을 할 필요가 없는 때, 즉 일체를 깨달아 성취함의 뜻이다.

'담박 깨침(頓悟)'의 표현이다. 깨달음의 표현으로서 "하늘을 한 주먹으로 쳐부수다(一鎚擊碎大虛空)" 등과 같이 절대無의 경계를 성취함의 표현이며 이러한 표현에서 선의 영웅적인 기풍이 나타난다. 이러한 타파 뒤에 오는 절대경의 표현으로서 『어록』에서는 "목인이 손뼉 치며 라라리 하고 석녀는 머리 흔들며 리리라 한다(木人拍手囉囉哩 石女搖頭哩哩囉)"[67]라고 하여 무생물에 생명을 불어넣은 의인화를 통해서 초월적 세계를 표출하기도 하였다.

전·결구는 일상적 생활속의 수행방식을 제시한 것이다. 선종에서는 수행으로서 노동을 중시한다. '運力(승려대중들의 노동)'이라 하여 노동을 수용하는 선종의 가풍이 드러나 있다. 선을 일상생활에 적용하는 면모가 '괭이'를 통해서 구체화되고 있으며 여기에서 괭이는 이중의 의미를 지닌다. 즉 원두로서의 실제적인 도구와 心田을 가는 의미에서의 수행을 상징하고 있는 것이다.

위의 시는 깨달음의 인연은 어디에서도 있는 것이므로 모름지기 一念으로 정진해야 함을 말한 것으로 일상생활의 모든 것이 다 깨침의 문이라는 사실과 조사들의 깨침의 인연 또한 특별한 곳에 있는 것이 아니라는 사실을 말한 것이다. 이러한 선사상은 일상생활 그 자체가 바로 道라는 혜심의 현실주의적 선사상을 잘 드러내고 있다. 이와 같은 수행에 관한 시들은 실천수행을 위주로 하는 선종의 특성을 명확하게 드러내고 있다.

이러한 일상의 모든 것이 다 깨침의 문이라는 가르침은 六根(眼·耳·鼻·舌·身·意)을 통한 六塵경계로써 수행의 도를 밝힌

---

[66] 깨달음의 기연으로서 소리를 듣고 도를 깨치는 것을 말한다. 예를 들면 無門 慧開는 식사 때를 알리는 북소리를 듣고 깨쳤으며 香嚴 智閑은 돌자갈이 대나무에 부딪치는 소리를 듣고 깨쳤고, 芭蕉는 개구리가 물에 뛰어들 때 '풍덩' 하는 소리를 듣고 깨쳤다.
[67] 『한불전』, 6-37. <示至剛上人>.

<담령상인구육잠>에서 나타나 있다. 특히 육근이 인식하는 **色聲香味觸法**은 청정한 마음을 혼탁하게 하므로 육진이라고 하는데 이 육진을 통해서 깨달음을 추구한 점에서 역설성을 띠고 있다. 이 점은 제Ⅳ장 역설의 시학에서 고찰하기로 한다.

  선법과 수행의 시 범주에는 위에서 든 시들 외에도 수행승이나 재가자들에게 경계를 주는 내용이나 참선을 권유하는 시 등이 있으며, 선종에서 애호하는 경전의 찬인 <소자금강경찬>과 <혼원상인청원각경찬>이 있어 선종에서 경전을 수용한 측면을 보여주고 있다.

  이상으로 고찰한바 선법과 수행에 관한 시들은 선사상을 시화한 내용으로서 혜심의 사상을 나타내고 있다. 선의 요체와 수행의 강조로 일관되어 있는 이러한 시는 선의 핵심으로서 출발이 되는 동시에 궁극인 '마음'의 문제를 밝힌 것이다. 절대적 진리가 되고 있는 마음에 관하여 그 본체적 성품의 청정성과 평등성을 천명하였으며 이 마음을 깨닫기 위한 실천으로서 수행을 강조한 것이다. 여기에는 간화선과 선의 일상성을 추구한 그의 사상이 드러나 있는바, 간화선수행의 원리를 밝힌 <시종민상인>, 돈오점수 이론을 담아 수행의 과정을 나타낸 <사목>, 그리고 대혜의 『서장』에 실린 <출산상찬> 등을 통해서 보조국사 지눌의 사상적 계승을 명백하게 보여주고 있다. 끊임없는 수행을 강조한 <몽인거사청목우시>와 <사목>은 선가의 유형적 시로서 우리나라 최초의 목우시라는 의의를 지닌다.

  위의 시들은 가르침과 경계를 주기 위한 목적시이며 법을 나타내는 방편으로서의 시의 활용성을 보여주고 있다. 시를 통한 법의 문답과, 이름자로써 법을 드러내 보이는 방식, 수행과정의 상징적 **詩化** 등은 비유와 상징의 시적 요소를 갖추고 있어 문학성을 획득하고 있다. 혜심이 법을 나타냄에 있어서 시를 특히 애용한 점은, 『어록』의 법어에서 구사한 시적 표현을 통해서도 잘 알려진 사실이다.

이러한 시의 방편적 사용은 진리 전달의 도구로 시적 양식을 차용한 것으로서 이는 시의 효과를 인식한 데에 기인하고 있다. 언어적 표현의 한계 속에서 절대적 진리를 나타내기 위하여 논리적, 합리적, 직설적 양식 보다는 시적 표현이 갖는 함의성, 내포성을 이용한 것이다.

위 선법과 수행의 시는 선사상을 표현한 점에서 선시의 특징적이며 중심적 부분을 이루는 것으로 혜심의 다양한 시세계에 있어서 근간이 되고 있다.

2. 자연경계의 표상과 즐김

자연은 모든 시인에 있어서 주요한 시적 대상이다. 특히 선승의 경우, 수도자로서 주된 생활공간이 되므로 친밀감이 조성되고 있으며 또한 그 이상의 의미를 지닌다. 혜심의 시 중에서도 자연 소재는 상당한 비중을 가지고 있으므로 중요한 시적 대상이 되고 있다. 이러한 자연시를 통해서 자연에 대해 추구한 의미와 정서의 표출 양상을 살펴보는 것은 주요한 인식적 측면을 밝히는 일이 된다. 혜심의 자연시는 내용상, 자연의 의미를 추구한 시와 흥과 서정을 표출한 즐김의 시로 구별해 볼 수 있다. 자연의 의미는 선사상의 자연관을 드러내고 있으며, 바로 흥과 서정성의 근원이 되고 있다. 소재로서는 주로 산수의 경계와 못·바위·폭포·암자·대·달·그리고 식물 등이다. 여기에서는 달이나 식물을 제외한 자연의 경계를 다루고자 한다.

(1) 자연의 의미

자연은 물질적, 공간적으로 존재하고 있는 현상적 세계이다. 불교적 관점에서 볼 때, 이 현상적 세계는 변화하고 부숴지는 가변적인 것으로서 실체나 주체가 아니다. 그러나 선가에서는 많은 자연시를 창작하여 자연에 대한 예찬과 즐김을 표현하였다. 이러한 시들을 볼 때, 자연은 단지 감각적 外境으로서 단순한 즐김의 대상으로서가 아니라 그 자체가 바로 해탈의 경계로서의 의미를 띈다. 해탈은 미혹의 세계로부터 벗어나 번뇌를 여읜 상태를 말한다. 여기서는 자연경계를 내용으로 한 시들 중 그 의미나 표상이 위주로 드러난 시를 살펴본다. 여기에는 淸淨性의 추구와 高所志向性의 시로 구분된다.

가. 淸淨性의 추구

혜심이 산수자연을 승려로서 있어야 할 곳으로 인식하고 있음은 "君去城市我靑山"<답전녹사>, "何日山中復相聚"<송천태편조선사응조출산> 등의 표현에서 나타나 있으며 선승의 대명사인 '山僧'의 자칭에서 산수자연은 주된 공간이며 일상적 환경임을 말하고 있다. 이러한 자연경계에 대한 혜심의 관점과 자연을 받아들이는 태도를 다음의 시를 통해 살펴본다.

> 臨溪濯我足　　시내에 가면 내 발을 씻고
> 看山淸我目　　산을 보면 내 눈이 맑아지네
> 不夢閑榮辱　　부질없는 영욕은 꿈꾸지 않나니
> 此外更無求　　이 밖에 또 구할 것 없네.
> 　　　　　　　　　　<遊山>

이 시는 승려의 산중생활의 청정함을 드러내었다. 시내와 산은 세속세계와 대비되는 곳으로서 청정한 세계로 인식된다. 기구의 '濯足'은 세속을 초탈함의 비유로서『맹자』와 굴원의 <어부사>에 전고를 둔 용어이다.68) 승구에서 산은 눈을 맑게 하는 청정성의 표상으로서 나타나 있으며 또한 그 청정성은 전이되는 것임을 알 수 있다. 불교적 차원에서 본다면 눈(目)과 발(足)은 智와 行, 心과 身, 智解와 修行을 의미하기도 한다.69) 따라서 기·승구는 산중생활에서의 心身의 수행으로 볼 수 있다. 시내와 산은 動과 靜, 變과 不變의 층위에서 심신을 씻어내고 맑게해주는 것이다. 전구에서의 영욕은 앞 구절과 대조적인 삶의 내용으로서 세속적 삶이다. 꿈은『금강경』 4구게에서 "一切有爲法 如夢幻泡影 如露亦如電 應作如是觀"70)이라 하였듯이 불교에서 실체없는 허망함의 비유로서 특히 인생을 가리킨다. '閒'은 여기서 無用의 뜻이다. 영욕이 교차하는 미혹의 삶은 꿈과 같이 자취가 없는 것이다. 그러므로 시내와 산을 통해서 청정성을 추구하는 수도자의 삶을 말하고 있다. 이러한 무욕의 마음을 압운을 맞추지 않은 자유스러운 형식으로 표현한 것이다.

위 시 승구에서 산의 청정성을 표현한 '淸'은 정신경계의 표현이다.『어록』'示衆'의 <禪堂에서>는 "푸른 눈동자로 푸른 산 대하나니 / 하나 티끌도 그 사이에 들 수 없네 / 자연히 맑음이 뼈에 사무

---

68) 중국 고대의 창랑강가에서 전래된 동요인 <滄浪歌>에 있는 어휘이다. <창랑가>는『맹자』이루장과 굴원의 <어부사>에 실려 있다. "滄浪之水淸兮 可以濯吾(我)纓 滄浪之水濁兮 可以濯吾(我)足".
69) 智顗,『法華玄義』, 二 上. "迷理故起惑 解理故生智 智爲行本 因於智目起於行足 目足及境三法爲乘 乘於是乘入淸涼池".
70)『金剛經』下卷, 應化非眞分 第三十三.

치거니 / 무엇하러 다시 열반 찾으랴?(碧眼對靑山 塵不容其間 自然淸到骨 何更覓泥洹)"라고 하여 푸른 눈동자와 푸른산이 一如가 된 철저한 맑음(淸)의 상태가 바로 열반의 경지임을 말하고 있다. <유제청암사>에서는 "경계 고요하고 사람은 한가로와 속세 아니거니 / 그 이름 진실로 청암이어라(境靜人閑無俗界 命名眞箇是淸庵)"라고 하여 '淸'의 의미를 '고요함(靜)'과 '한가로움(閑)'으로 나타내었다. 이는 세속과 대비되는 세계로서 망념을 초탈한 상태를 의미한다.

  이러한 자연의 청정성 추구는 특히 못을 통해서 드러내고 있다. 맑은 못은 禪詩에서 즐겨 다루는 소재로서 바로 마음의 상징성을 띠고 있다.

    寒於未[71]釋氷   차기는 설녹은 얼음물보다 더 하고
    瑩若新磨鏡   투명하기는 새로 간 거울인 양
    只將一味淸   단지 한 맛 맑음을 가지고
    善應千差影   천가지 그림자로 잘 응한다.
                  <淸潭>
    盆池陷在竹邊   동이못이 대숲가에 움푹 패여있어
    鏡匣常開目前   거울갑이 항상 눈앞에 열려있네
    倒卓千竿碧玉   천길이나 되는 푸른 옥 거꾸로 꽂혀있고
    圓涵萬里靑天   만리의 푸른 하늘 원만히 잠겨있네.
                  <盆池>

  위의 두 시는 자연경계인 못을 소재로 한 것이다. '청담'에 있어서는 아직 채 녹지 않은 얼음물보다 더 차며 새로 갈아놓은 거울같이 맑게 비치는 맑은 못의 상태를 말하였다. 기구의 '寒'은 '차다'라는 형용사이지만 여기에는 청정의 의미를 내포하고 있다. '寒'은 승

---

[71] 원문의 '味'는 '未'의 오자인 듯하다.

구의 '瑩'과 어울려서 못의 차고 맑은 상태를 표현하였다. 찬 상태와 맑음은 주로 결합되어 표현되는데, 번뇌를 더운 열기(熱惱)로 비유함이나 번뇌와 고통이 충만한 이 세상을 '불타는 집(火宅)'으로 비유함에 대하여 번뇌가 사라진 상태를 차게 비유한 것이다. 전구의 '一味'는 『법화경』·『열반경』 등에 근거한 용어로서 여래의 교법이 유일무이함을 나타낸 말이다. '一'은 상대를 떠난 절대성·평등성을 의미하며 '一味'는 다른 것이 섞이지 않은 순수무잡의 뜻이다. 선종에서 '일미선'은 최상승의 선으로서 돈오돈입의 선을 가리킨다. 전구의 맑음은 결구에서 온갖 사물을 그대로 잘 비치는 작용을 일으킨다. 전·결구는 못의 '맑음'과 '사물을 그대로 비춤'의 속성을 말하고 있다. 맑음은 무엇에 집착하지 않고 욕망을 초월한 텅 빈 상태이며 이 텅 빈 상태는 모든 것을 받아들일 수 있는 무한히 넓고 큰 것을 의미한다. 맑은 못은 비어있음과 청정함, 그리고 무한한 포용성을 보여주고 있는 것이다.

물결이 일지 않고 고요하고 맑은 못의 상태는 모든 것을 있는 그대로 수용하여 거짓 없이 비쳐주는 거울로 비유되며 이 거울의 상징은 마음의 본체이다. 사물을 있는 그대로 비치는 거울의 속성은 마음의 作用이다. 영롱명백한 거울로써 중생의 본심이 청정명백한 것을 비유한 것이다. 여기에는 去來가 없으며 일체가 끊어진 자리이다. 허공이 만유를 받아들일 수 있는 것은 텅 비었기 때문이다.

'분지'는 동이 만한 작은 못이다. 대나무 숲가에 작은 못이 있어서 긴 대나무와 만리의 하늘이 비치는 모습을 그린 것이다. 못이 작은 형상을 승구에서 열려있는 거울갑에 비유했다. '常開目前'의 '目前'은 '바로 지금'을 말한 것으로 청정한 진여자성은 항상 우리의 일상생활 속에 존재하고 있음을 말한 것이다. 이 열려있음은 포용성, 모든 것을 거짓 없이 그대로 받아들이는 체성이다. 이 작은 거울같은 못이 열려 있으므로 천간벽옥과 만리청천을 온통 담아 비치는 것이다. '圓涵'의 '圓'은 원만함을 뜻한다. 원만함은 모자람이 없이 충족한 상태를 말하는데 따라서 '圓'은 완전무결함을 의미한다. 불교의 어휘에서 '圓覺'은 부처의 원만한 깨달음을 가리키며 '大圓覺'은 광대하고 원만한 깨달음, 부처의 지혜를 말한다. '圓敎'는 원만하고 완전한 교의 뜻이며 '圓相' 혹은 '一圓相'은 선종에서 중생에게 원래부터 갖추어져 있는 깨달음의 모습을 상징하기 위해서 그리는 원형의 그림이다. '大圓鏡'은 부처의 지혜를 크고 깨끗한 거울에 비유한 것이며 '大圓鏡智'는 거울에 한점의 티끌도 없이 삼라만상이 그대로 비추어 모자람이 없는 것과 같이 원만하고 분명한 지혜이다. 위 두 시에서 나타내고 있는 못의 텅빔과 비춤은, 앞 절 '禪의 요체'의 <차응율사구법운>에서 '虛明地'로 표현된 바 있는 공적영지의 역설이 구체화된 현상인 것이다.

위의 두 시에서 못은 맑음과 비침의 속성 두 가지를 드러내고 있는데 특히 사물을 그대로 비추는 거울의 작용을 강조하고 있다. 즉, "오랑캐가 오면 오랑캐가 나타나고 한인이 오면 한인이 나타나는 (胡來胡現 漢來漢現)" 성품이다. 대상의 모습에 따라서 밝게 그 모습을 비친다는 이 비유는 불성의 작용이 영롱무애함을 말한 것으로 明珠로 나타나기도 한다.

『어록』에서 "오랜 비가 오늘 아침에 개어, 탁 트인 허공은 끝이 없구나! 寶鏡이 티끌에 묻혔다고 누가 말하던가? 영원한 그 광명은 항상 세상을 비추는 것을!"[72)]이라 하였다. 거울의 맑음을 비개인 허공의 明淨性을 통하여 묘사하였는데 寶鏡은 진여불성의 상징인 것이다. 이 구절은 진여불성을 거울에 비유하였고, 이 거울의 비유는 또한 허공으로 확대된 양상을 보여주고 있다.

---

72) 『한불전』, 6-1. "今朝宿雨初晴 廓落大虛無際 誰云寶鏡埋塵 自有常光照世".

이러한 못의 상징성은 유가적인 차원에서는 君子의 用心으로 비유되고 있다.『채근담』에서 "鴈度寒潭 鴈去而不留影"이라 하여 기러기가 찬 못에 날아와 지나가고 나면 그림자를 남기지 않듯이 군자의 마음씀도 이와 같아서 일이 지나가고 나면 마음이 따라서 비워진다고 하였다. '明鏡止水'는 이와 같은 의미의 단어로서 일반화된 말이다. 이러한 비유와 비교해 볼 때 위 혜심의 시에서의 못의 상징성은 본체와 작용의 두 측면을 드러내면서 작용면을 강조하고 있다고 볼 수 있다.

마음의 본체를 거울과 못에 비유한 것으로는 나옹 혜근의 <古鏡>[73]과 <古潭>[74]이 있다. 이 시들의 제목인 고경과 고담은 비유적 표현으로서 내용은 마음의 본체에 대한 것으로 무시이래의 영묘한 작용과 그 완전무결성을 건조하게 직설적으로 설한 내용이다. 외경인 자연의 못의 묘사를 통해서 그 상징성을 드러낸 혜심의 시와 비교해 볼 때 혜근의 시는 선리를 직설적으로 드러내었다.

마음을 거울에 비유하는 것은 불교가 중국에 들어오면서 대소승의 불전 등에서부터 나타나는데, 특히 화엄학의 대성자 법장은 측천무후의 소명에 따라 입궁했을 때 한 등화의 둘레에 열개의 거울을 서로 마주 보게 세우고 광명이 상호 겹겹으로 비추는 모습을 보여주며 法界의 모습을 설하였다. 선종에 있어서는 일찌기 神秀와 慧能의 게송에서 나타난 바 있다.[75] 오래된 거울이라는 '古鏡'은 일

---

73) 劫劫來來體自堅　　과거부터 지금까지 자체가 본래 견고하고
　　寒光遠照地天先　　찬 빛은 멀리 천지 이전을 비추네
　　非長非短無前後　　길지도 짧지도 않고 또 앞뒤도 없는 것이
　　打破歸來玄又玄　　쳐부수고 돌아오매 오묘하고 오묘하다.
74) 春去秋來知幾年　　봄 가고 가을 오고 몇해나 지났던가
　　澄深無底劫空先　　맑고 깊고 밑없어 공겁보다 앞선다
　　每經陶汰常如此　　매양 도태를 겪으면서도 언제나 이와 같아
　　湛湛溶溶一體全　　편안하고 고요하며 가득 고여 한몸이 완전하다.

체의 사물을 차별없이 비추므로 선종에서 불성에 비유한다. 이때 '古'는 낡았다는 뜻이 아니라 시간을 초월한 영원성을 의미하는 것이다.

마음을 거울에 비유한 것으로부터 못을 거울에 비유함으로써 못은 거울의 비유를 매개로 하여 마음의 상징이 되고 있다. '常開目前'에서와 같이 '지금 바로 여기'를 말하고 있는 점은 진리의 일상성을 의미하는 것이다. 이러한 맑음과 비침의 속성을 지닌 못에서 자신의 그림자를 대하는 다음의 시는 심오한 내적 경계를 드러내고 있다.

池邊獨自坐	나 홀로 못가에 앉았다가
池低偶逢僧	우연히 못 밑의 스님 만났네
嘿嘿笑相視	잠자코 웃으며 바라보나니
知君語不應	그대 대답 없을 줄 알았네.

<對影>

이 시는 대단히 함축적 의미를 담고 있다. 본체와 그림자가 못을 통해서 마주하고 있다. 혹은 바라보는 이는 일상적 모습의 자기이며 못 밑에 비친 모습은 번뇌망상이 사라진 선정의 정신적 경계에서 마주하는 본래의 자기로 볼 수도 있다.

기구의 '獨自坐'에서는 선정의 고요한 상태를 의미한다. 우연히 무목적의 寂靜한 상태이다. '嘿'의 의미는 언설로서 표현할 수 없는

---

75) 神秀의 "몸은 보리의 나무 / 마음은 밝은 거울의 대 / 항상 부지런히 닦아서 / 티끌이 끼지 않도록 하라.(身是菩提樹 心如明鏡臺 時時勤拂拭 莫遣惹塵埃)"와, 혜능의 "보리는 본래 나무가 아니요 / 명경도 본래 대가 아니다. / 본래 한 물건도 없거늘 / 어찌 먼지를 떨 필요가 있으랴.(菩提本無樹 明鏡亦非臺 本來無一物 何處惹塵埃)" 두 게송.『傳燈錄』卷三 '弘忍大師'조와 『六祖壇經』에 수록.

言外의 宗旨를 나타내는 방식이다. 유마의 침묵과 같이 언어적 표현 이전의 진실을 드러내는 방식이다. 묵묵히 말없는 가운데 서로 바라보고 짓는 웃음, 이 때 웃음의 의미는 무언으로 마음에 통하여 서로 계합했음을 의미하는 '拈華微笑'이다. 이 미소는 정적인 웃음으로서 가가대소와 다른 적정하고 내밀한 의미가 있다. 선사들의 웃음 중에서 가가대소는 통쾌한 웃음으로서 대오했을 때나, 師資간에 禪旨가 계합했을 때, 또는 완전히 어긋났을 때 발하는 표현방식으로서 동적이다. '嘿嘿笑相視'는 '默然無言'으로서 묵묵히 계합했음을 의미하며 결구로 연결되어 바로 '默不二'76)의 경계를 드러낸 것이다. 들여다 보는 자와 못에 비친 자는 不二로서 바로 자기 자신인 것이다. 이 '둘 아님'은 맑은 마음의 상태에서 이루어질 수 있는 것이며 따라서 거울같이 맑고 고요한 못을 통해서 본체와 현상의 일치가 드러나고 있는 것이다.

위 시는 고요한 선정의 경지를 드러낸 시로서 空寂靈知한 본체적 청정성과 이를 관조하는 선사의 태도가 드러나 있다. 결구의 말없음은 선정의 경계로서 합일된 자아를 의미한다. 이 시는 자신의 영상을 의인화하여 객체화하고 있으며 생명을 불어넣어 시적 대상으로 승화시켰다.

청정성 추구는 비온 뒤의 경계나 눈내린 경치 등을 통해서 서정적으로 묘사되어 있다. <和天居上人雨後看山>77)에서 비온 뒤 낱낱

---

76) 『유마경』中卷, <入不二法門品>에서, 제법의 둘 아닌 뜻을 제보살들이 그 이치를 말하였으나 유마는 묵연하였다. 그러자 문수보살이 유마거사의 침묵을 진실한 不二法門이라고 칭찬하였다.
77) 雨後春山勢萬般　　비온 뒤 봄산은 형세가 만가지인데
　　最憐最翠白雲閑　　아름다와라! 푸른산의 한가로운 흰구름
　　白雲散處頭頭露　　흰구름 흩어진 곳에 낱낱이 드러나
　　望盡遠山山外山　　먼산 바라보니 산 너머 또 산.

이 드러나 멀리까지 보이는 산과 산은 사물의 모습이 그대로 드러난 경계이다. 이 드러남은 법계에 편재한 낱낱의 사물이 진여의 모습임을 암시하고 있는 것이다. 자연의 청정한 경계의 묘사는 위에서와 같은 상징성으로 인해서 선사들은 **다양한 표현을 통해서 추상적 진리를** 표현하려 했다. 혜심의 어록에는 청정한 자연경계의 시적 묘사가 빈번하게 드러나 있다. 이는 본체적 진리인 **眞如**의 청정성을 비유적으로 드러낸 것이다. 이상으로 살펴본 자연의 청정성은 **萬有**의 본체적인 청정성이며 특히 마음의 본체의 청정성이 상징적으로 묘사되고 있다.

나. 高所志向性

자연경계를 읊은 시들에서 그 위치는 대부분 궁벽하고 높은 곳이다. 사람들이 잘 오지 않는 깊고 그윽한 산속이나 전망이 트인 높은 지대, 우뚝 솟은 바위와 하늘에 닿을 듯한 암자와 **臺** 등 **超俗的**이며 사람들로부터 멀리 있는 깊고 높으며 위태로운 공간들이다. 이러한 장소에서는 또한 하늘과 구름, 특히 달과의 접근이 묘사되는데 이러한 **高所**지향성은 수도자의 상승적인 정신적 경지를 표상한다.

聖窟寂寂剏雲根	성스러운 굴이 적적하게 구름 위로 솟았고
龍泉冷冷迸石眠[78]	샘물은 싸늘하게 돌틈에서 솟아나네
新怖高齋也大奇	새롭게 장엄한 높은 집 크게 기이하고
飛甍危簷接霄漢	날아갈 듯한 용마루 아슬아슬한 처마는 하늘에 닿아있네.

---

78) 원문의 '眠'은 '眼'의 오자이다.

野水鏡散光片片	들물은 흩어진 거울인 양 조각조각 번쩍이고
烟岑螺排翠炎炎	안개가 봉우리를 빙빙 돌아 푸른 빛이 감도네
雲端更有萬頃海	구름 저 멀리 또 만경바다 있어
一望都盧入此庵	한번 바라보니 도로시 이 암자로 들어온다.

<遠燈蘭若>

원등난야는 보조국사가 창건한 원등사인 듯하다. 난야는 수도처의 의미이다. 따라서 '聖窟'이라 하여 '凡'과 구별되는 수도처로서의 신성성을 나타내었다. 제1수의 기구는 도량의 건물이 높이 구름을 뚫고 솟아있는 형상을 말한 것이다. '寂'은 일반적으로 고요하다는 뜻이나 불교적 어휘로서 '寂滅(迷의 세계를 영원히 이탈한 경계로서 열반의 역어)', '寂默(번뇌가 쉬는 것)', '寂靜(번뇌를 여읜 열반의 고요하고 편안함)', '寂照(진리의 체를 寂이라 하고 진지의 용을 照라 함)' 등에서 번뇌를 여읜 상태, 진리의 體의 의미를 갖는다. 높은 데 위치해 있으므로 '寂寂'하다고 하였으며 '聖'과 '寂寂'의 어휘가 상응하고 있다. 승구는 차가운 샘물이 솟아나는 못을 '용천'이라 하여 마치 용이 꿈틀되는 듯한 움직임의 느낌을 불러 일으킨다. 기・승구는 대구를 이루어 집과 못을 묘사하고 있다. '성'과 '용', '적적'과 '냉냉'이 호응하면서 초속적 수도처를 묘사하고 있으며 靜과 動의 조화를 이루고 있다. 전・결구는 우뚝 솟은 건물의 높음을 말하고 있는데 하늘에 닿아있다고 하여 하늘에 접근하는 상승지향적 의식을 드러내고 있다.

제2수는 상방에서 내려다 본 원경으로서 멀리 보이는 들물과 안개 낀 봉우리 그리고 구름 끝으로 보이는 바다를 묘사하였다. 기・승구의 '片片'과 '炎炎'은 대를 이루어 動과 靜의 대조적인 경관을 묘사하였다. 결구의 '都盧'는 일반적인 어휘가 아닌 선가적 어휘로서 '모두, 전부, 온통'의 뜻이다. 제1수에서는 하늘에 접근하는 상승지향성을 나타내었으며 제2수에서는 하방의 수렴성을 나타내었다. 이러한 면은 원등난야의 수도처로서의 공간적 의미를 드러내는 것으로 초월적 정신과 초속성을 의미한다.

高所에서의 원경을 수렴하는 태도는 <題靜莊庵次眞樂公韻>에서 "웅장한 경치 천하에 으뜸이요 / 빙 둘러보는 사이 온통 눈에 들어오네(壯觀甲天下 全收顧眄間)", 또는 <禪房日沒臺 奉次先師韻>에서 "천길 바위병풍 구름에 기대어 열려있고 / 만리산천이 한 대에 모여드네(巖屛千仞倚雲開 萬里山川湊一臺)"라고 하였다. 이러한 수렴성은 시인이 위치한 사원에 중점을 두어 하방의 경계를 포용하고 있으며 시선이 고소의 사원으로부터 원경으로 확대되었다 다시 거두어지는 구도이다. 이러한 점에서 사원의 정신적 경계를 표상하고 있다고 볼 수 있다.

龍鱗閃日千凹水　　용비늘같이 번쩍이는 해 천강에 비치고
象骨堆雲萬凸巖　　코끼리 뼈같은 구름 만암에 쌓여있네
俯瞰傍睞增逸氣　　굽어보고 둘러볼수록 표일한 기운이 더하여
自然神化脫庸凡　　자연의 신비한 조화가 범속함을 벗어났도다!
　　　　　　　　　　<凌雲臺>

제목인 능운대의 뜻은 구름을 능가한 높이 솟은 대이다. 자연의 외경이 보여주는 표일한 기운과 신비한 조화는 깊은 의미를 담고 있다. 해와 구름, 웅장함과 빛남의 자연경계는 범속함을 벗어나 초월적 진리의 세계를 표상하고 있다.

龍과 象은 불가에서 훌륭한 고승을 비유하는 말이다. 자연의 표

일함을 묘사함에 있어서 불가적 비유를 끌어왔다. 기·승구는 각 글자마다 대구를 이루면서 웅장한 경관을 묘사하고 있는데 강과 바위의 들어가고 솟아나 있는 형상을 '凹', '凸'을 사용함으로써 시각적인 효과를 주고 있다. 이러한 시각적 글자의 사용은 <留題金剛庵, 東臺卽事>에서도 바다와 산이 겹겹이 보이는 모습을 "파랗게 들쑥날쑥 바다와 산이 겹쳐있네(蒼凹翠凸海山重)"라고 한 데에서도 나타나는데 고소에서 내려다보는 원경의 입체적인 묘사를 위해서 사용하고 있다. 표일한 기운(逸氣)은 세속을 초탈한 기상으로서 범속함을 초월한 자연의 신비한 조화를 표현한 것이다.

이렇게 고소에서 조망하는 자연경관은 범속함을 벗어난 표일함으로 그 의미를 갖게 된다. <遊瑞石山珪峰見留韻次之>에서는 "바위의 뛰어남은 사람의 기운을 더해주고 / 대의 신령함은 도정을 도우네 / 잠시 와서 이곳에 깃든다면 / 누군들 무생의 도리를 깨닫지 못하리?(巖傑增人氣 臺靈助道情 暫來栖此地 孰不了無生)"라고 하여, 뛰어난 자연경관이 사람의 기운과 도정을 도와 무생의 도리를 깨닫게 해주는 것으로 바라보았다. 無生은 생멸이 없는 진여의 이치이다. 초월성이라는 공간적 의미를 갖는 고소지향성은 세속과 대비되는 성격을 지니면서 자연의 의미를 추구한다.

  山蒼蒼與海蒼蒼 산도 푸르고 바다도 푸르고
  吐去吞來用意長 토했다 삼켰다 가고 오는 그 뜻이 깊어라
  多少古今流浪子 그 많은 고금의 유랑하는 이들
  等閑遊翫未還以 등한히 놀기만 할 뿐 그 까닭 돌이켜보지 않네.
      <題小蘇來 次眞樂公韻>

이 시는 소소래사에서 진락공 이자현의 시에 차운한 것이다. 기

구는 산과 바다의 푸르름을 '蒼蒼'의 웅장한 느낌을 주는 어휘로써 표현하였다. 승구에서는 바다의 역동적 움직임을 '토거탐래'라고 하여 파도가 밀려왔다 밀려가는 모습을 묘사하였다. 이 바다의 역동적이며 불변적인 움직임을 그 뜻이 의미심장하다고 하여 그 속에 내포하고 있는 진리를 드러내었다. '去來'는 '生死去來'에서는 이 세상에 가고 오는 것인 삶과 죽음의 뜻이며 불타를 如來, 如去라고 하는 것은 진리에 따라 여실하게 오고 간 이로서 생사를 떠났다는 뜻이다. 이같은 거래는 유동적인 세계의 모습이면서 또한 불변적 자연의 현상이다. 전·결구에서는 바닷물이 토하며 가고 삼키며 오는 그 까닭을 고금의 유랑자들은 돌이켜보지 않는다고 했다. 고금의 유랑자들은 수없이 왔다 갔지만 변함없이 가고 오는 파도의 의미는 새겨보지 않고 다만 놀기만 할 뿐이라고 하여 이러한 자연의 이치는 세속인들은 알지 못하는 차원의 진리로서 자연과 인간의 거리를 나타내었다. 이 시는 자연의 불변성 속에 내재한 이치를 말하고 있는 것으로서 불변적 자연과 가변적 인간, 무한성과 유한성으로 대비되는 자연과 인간의 관계가 나타나 있다.

자연의 의미에 대해서 구체적으로 말한 것은 『어록』에서 대구군수의 청으로 관음사의 반송 밑에서 설하며 읊은 게송에서 구부러진 소나무를 "옛스님네의 면목이 여기 있나니 / 그대들 눈을 씻고 보라고 한다(先師面目今猶在 爲報時人洗眼看)"라고 하였다. 이 말은 하나의 소나무에도 진실된 법계의 이치가 내재되어 있으며 이것은 망념을 여읜 맑은 마음의 눈으로 보아야 알 수 있는 것이라는 의미이다. 또한 "밝고 밝은 온갖 풀잎 끝에 밝고 밝은 조사의 뜻이 있다.(明明百草頭 明明祖師意)"라고 하여 풀잎으로 제유된 일체만상에 '祖師西來意', 즉 佛祖의 근본정신이 現成하여 있다고 설하였다. '百草頭'는 이때 事事物物, 一切萬像을 의미한다. 이렇게 눈앞에 드러나 있는 그 의미를 위의 시에서 고금의 유랑자들이 알지 못하는 것은 바라보는 마음의 여하에 따른 것이다. 즉 자연에 대한 인식의 문제인 것이다.

이러한 진여실상인 자연 속에서 그 의미를 체득한 자신과 그렇지 못한 범인들과의 거리감은 <피서대>에서 "사람들에게 이 상쾌함 나누어주고 싶지만 / 이 마음 아는 이 몇이나 되랴?(願與世人分爽快 此心能有幾人知)"에서 잘 드러나 있다. 산승인 자신은 산중에 있으면서 이러한 해탈의 경계에 놓여져 있다. 그러면서도 세속에 대한 관심을 보이고 있음이 위의 거리감을 나타낸 시들에서 드러나고 있다.

고소지향성은 한편으로는 궁벽성과 결합되어 나타나고 있는데 주로 구름 속에 쌓인 높은 곳이나 깊은 숲속의 그윽한 곳을 즐겨 찾는다. 이러한 깊고 외진 곳에서의 '맑은 한가로움(淡閑)'을 즐김은 사람들로부터 격리된 공간으로 나타나기도 한다. <제조월암>에서의 "온종일 올라가 봐도 사람소리 하나 없고 / 바람 없이 조각구름만이 한가롭네(盡日登臨人嘿嘿 無風片段雲閑閑)"는 인적이 끊어진 곳의 지극한 고요함과 한가로움을 無風과 雲閑閑으로 묘사한 것으로 이러한 상태는 寂靜한 정신의 경계를 나타내고 있다. <寓居天冠山義相庵 見夢忍居士留題 次韻叙懷>에서 "이끼 자라 바위 사잇길 끊어버렸고 / 사립문 닫아 해상봉을 밀어버렸네(養苔封斷巖間路 掩戶推還海上峰)"의 표현에서는 이끼 낀 길과 닫은 문으로써 격리성을 나타내었다. 구름 속에 자리잡은 암자인 묘덕암의 경계를 "한 점 속세의 먼지도 날아들지 못하는 곳(一點俗塵飛不入)"[79]이라 한 것은 구름으로 단절된 묘덕암의 초속성을 나타낸 것이다. <冬日寄石上庵>[80]에서는 발딛기도 어려운 험난한 돌길을 지나 위치한 석

---

79) <題楞伽山妙德庵筠長老舊居 今有閑靜上人構之 以安文殊故 名曰妙德庵>

상암, 더욱이 오는 사람이 없는 한겨울 빙설이 쌓인 험난한 바위 위의 암자를 찾아간다. 이러한 궁벽과 격리에서 나타나는 寂靜함은 곧 본체적 진리의 성품인 것이다.

자연의 청정성추구와 고소지향성에서 나타난 자연경계의 표상은 해탈의 경계이다. 청정성은 眞實如常한 본체인 眞如의 모습이며 고소지향성은 초속적이며 초월적 정신경계의 표상이다. 이러한 자연의 의미를 <차간경빈도자운>에서는 "나 청산을 사랑하고 명예는 좋아하지 않나니 / 청산을 고요히 대하면 망정을 잊을 수 있네(我愛靑山不愛名 靑山靜對可忘情)"라고 하였다. 妄情은 虛妄不實한 迷妄心이다. 實이 아닌 것을 虛, 眞이 아닌 것을 妄이라 하며 허망은 실제가 아니고 진실이 아닌 것을 말한다. 청산이 진실이 아닌 미망심을 잊게해 준다고 했으니 청산 그 자체가 진실된 것으로서 진여의 모습이다. 우뚝 솟은 바위를 불보살의 현신으로 표상한 다음의 시는 자연의 의미를 가장 단적으로 드러내주고 있다.

```
慈門大啓爲迷津    자비문 활짝 열고서 중생의 나루되어
鬧市曾經示幾人    저자거리 다니며 몇사람에게 보였던고
誰道當來方現出    누가 말했나? 때가 되야 나오신다고
福川今已現全身    복천땅에 이미 온몸을 나투셨네!
           <彌勒巖>
```

미륵암을 소재로 한 시로서 미래불인 미륵불이 지금 이 자리, 미륵암에 모습을 드러내고 있다고 하여 자연의 법신관이 그대로 드러

---

80) 石頭路嶮足難措   돌길 험난하여 발딛기 어려워서
    竿木隨身猶蹉倒   장대에 몸을 붙여도 미끄러져 넘어지네
    況須天寒氷雪多   하물며 날씨 차가와 얼음눈 쌓였으니
    故應石上無人到   응당 석상암엔 오는 사람 없을 수 밖에.

나 있다. 慈門은 불보살이 자비의 마음을 따라 모든 공덕과 방편을 내는 것을 말한다. 迷津의 迷는 미혹의 세계인 三界六道에 살고 있는 중생을 말한 것이며, 나루(津)는 중생을 迷의 차안에서 悟의 피안으로 건너가게 해 줄 나루이다. 기·승구의 내용은 미륵의 化身으로 불리우는 布袋화상의 행적이다. 포대화상은 지팡이에 자루를 걸머지고 저자거리로 다니며 시정의 사람들과 더불어 평생을 보내었다. '示'는 법을 보인다는 뜻이다. 포대화상의 下化衆生의 삶을 든 것은 미륵을 미래불로만 알고 있는 사람들에게 중생을 구제하는 미륵은 미래가 아니라 우리 주변에 언제나 있다고 하는 사실을 말하기 위한 것이다. 기·승구와 전·결구 사이는 표면적 문맥으로는 의미상 잘 연결이 잘 되지 않는다. 연관되는 내용이 생략된 채 그 사이가 단절되어 있는듯이 보인다. 그러나 기·승구의 내용이 미륵의 화신이라고 하는 포대화상의 생애임을 파악하면 연결되는 흐름이 있다. 포대화상이 이미 이전에 저자거리에 있었고 지금은 바로 여기 미륵암이 그 現身이라고 말하고 있는 것이다. 전구에서 '當來方現出'은 '當來下生彌勒尊佛'의 미륵하생을 나타낸 것이다. 미래에 대한 이상향적인 기대에 대하여 '지금 바로 여기'를 강조한 것이다. 현재, 현실의 자연 그 자체에 미륵불이 이미 나타나 있다는 것으로서 자연경계가 佛의 표상임을 말하였다.

『어록』에서는 현재성을 강조하기 위하여 미륵이 인용되기도 한다. <示覺眞上人>에서, 각진상인이 미륵불상을 만들려고 하매 혜심이 포대화상의 게송81)을 들어 법을 설한 바 있다. 또한 임오년 단속사에서, 법계에 가득 차고 허공을 둘러싸 있는 진여에 대해 "지

---

81) 彌勒眞彌勒　　미륵이여, 참미륵이여!
　　分身百千億　　백천억 개로 몸을 나누어
　　時時示時人　　때때로 사람들에게 보이건만
　　時人自不識　　사람들이 스스로 알지 못하네.

금 당장 그 근원을 찾아 알 것이요 이 다음에 미륵에게 물으려 하지 말라."82)고 하였다.

　미륵은 대승의 보살로서 입멸하여 도솔천에 올라가 天人들을 교화하고, 석존 입멸 후 56억 7천만년이 지나면 다시 출현하여 모든 중생을 제도한다고 한다. 미륵신앙은 미륵상생과 미륵하생신앙으로 구별되는데83) 신라에서는 미륵하생신앙이 기층민중의 광범한 지지를 받아 널리 퍼졌다. 이 신앙은 미륵이 이 땅에 왕생하는 태평안락한 이상향을 추구한 것으로 현실적 소망이 강하게 나타나 있다. 『삼국유사』에 전하는 남백월사의 창건설화인 노힐부득과 달달박박의 이야기는 이 미륵신앙의 흔적을 보여준다. 이렇게 신라 이래로 민중 속에서 뿌리내리고 있는 미륵사상의 미래성에 대해 혜심은 선사상의 현재성으로 전환시켜, '지금 바로 여기'를 강조한 것이다.

　이상에서 살펴본 자연의 의미는 청정성과 초속성의 초월적 정신경계로서, 번뇌와 미망의 세계를 넘어서 현실 속에 지금 존재하고 있는 해탈의 경계인 것이다. 해탈은 불교의 이상으로서 수도인이 지향하는 바이다. 이 이상적 가치는 자연의 경계를 통해서 구체화되어 나타나고 있으며 이 구상화된 진리는 수도인의 귀의의 대상이 되고 있는 것이다. 『무의자시집』의 많은 자연시들은, 그 자체 진리의 당체이면서 해탈의 경계인 자연에 대한 지향성을 의미하고 있는 것이다.

---

82) 『한불전』 6-1, "此時直得究根源 莫待當來問彌勒".
83) 미륵상생신앙은 『미륵상생경』에 근거한 것으로 미륵불이 도솔천이라는 이상적인 세계에 왕생할 것이며 따라서 신자들도 신행을 닦아나가면 그 공덕으로 도솔천에 왕생한다는 내용이며 미륵하생신앙은 『미륵하생경』에 근거하여 미래에 미륵불이 이 세상에 내려와 중생을 구제한다는 내용이다.

(2) 자연의 즐김

앞 장에서 자연의 의미는, 선시에 있어서 많은 분량을 차지하고 있으며 중요한 시적 소재가 되는 자연경계를 그 의미를 드러낸 시를 중심으로 고찰해 보았다. 이는 선시로서의 서정성의 근원을 파악하기 위한 것이었으며 그 많은 자연시 창작의 근거와 사고의 배경을 시를 통해서 도출해 보고자 하였다. 이와 같은 근거 위에서 자연의 즐김 부분을 다루고자 한다. 선사들의 시에서 자연의 즐김은 자연경계에 대한 예찬이나 자연 속의 생활의 즐거움과 자유로움, 자연으로의 몰입 등으로 나타나고 있다.『무의자시집』에서의 자연의 즐김은 시에 표현된 내용의 성격에 따라 홍과 시정, 방외의 味로 나누어 보기로 한다.

가. 興과 詩情

자연경계를 접하여 일어나는 홍과 시정이 발로된 시들은 활발하고 동적인 홍과 조용한 선정적 홍이 있다. 활발하고 명랑한 정서의 홍은 주로 동적인 행동과 연관되고 있는데 자연 유람과 사찰 탐방 등에서 일어나고 있다. 선정적인 조용한 홍의 정서는 이러한 정적인 상태에서 발해지고 있다. 자연 유람과 사찰 탐방은 승려생활의 일부로서 수승한 자연경계가 일으키는 홍과 시정은 서정성이 발로되는 계기가 된다. '놀다'라는 뜻인 '遊(游)'는 불가에서 단순히 노는 것을 의미하기보다는 수행의 의미가 내포되어 있다. '遊行'은 遍歷修行을 말하는데 선종에서는 行脚이라 하여 각지를 돌아다니며 수행하는 것이다. '遊(游)山'이나 '遊山翫水'는 승경을 유력하며 산수를 즐기며 유유자적하는 일인데 특히 선림에서는 大悟한 후에 제방의 禪匠을 歷參하는 것을 말하기도 한다. 이와 같이 선가에서는 산수자연 속에서 노니는 것과 수행이 결합되어 있음을 알 수 있다. 『무의자시집』에 수록된 '遊-'제목의 시들이나 '宿-'의 시들, '題-'의 시들과 사찰의 현판시에 대한 차운시 등은 승경이나 사찰을 유력하거나 교화적 遊行의 과정에서 씌어진 시들이다. 또한 많은 산수경계를 읊은 시들이 수행의 일부로서의 유력 중에 씌어진 것임을 알 수 있으며 승경을 일부러 찾아다니고 있음도 알 수 있다. 산수를 유력하며 쓴 시들은 遊行의 흥취를 드러내고 있다.

이러한 유람의 행각은 <宿八嶺寺東齋 次李敬尙韻 回文>에서 "경치 빼어나다 들은지 오래인데 / 부끄럽게도 일찍 찾아보지 못했네(境奇聞已久 愧不早來尋)", "경계 그윽하매 초일한 흥을 타고 / 이곳을 두루두루 살펴보았네(境幽乘逸興 是處遍搜尋)" 등에서 나타나듯이 산수를 유람하며 그 흥취를 시화하고 있다. 자연경계를 대하여 일어나는 흥은 <福城道中>에서 "머나먼 나그네길 긴 내를 끼고 / 흥을 타고 크게 읊조리니 생각이 활짝 열리네(漫漫客路傍長川 乘興高吟思豁然)"에서 나그네길의 흥취로 '高吟'을 일으킨다. 이러한 興과 高吟의 친자연적 성격은 곳곳에서 드러나 있다.

春日正喧妍	봄날이 참으로 따뜻하고 고와서
出遊心自適	나가 노니나니 마음이 자적하다
陽崖採蕨薇	양지바른 언덕에서 고사리를 캐고
陰谷尋泉石	그늘진 계곡에서 수석을 찾네
巖溜冷飛淸	바위에서 떨어지는 차가운 물 맑게 날고
溪花紅蘸碧	시냇가 붉은 꽃 푸른 물에 잠겨있네
高吟快活歌	쾌활한 노래 소리 높여 부르고
散步愛幽僻	산보하며 궁벽한 이곳을 사랑하네.

<春日遊山>

위의 시는 出遊의 흥을 드러낸 시이다. 2구에서 출유로 인해 마음이 유유자적해짐을 말하고 출유의 재미를 함련과 경련에서 표현하였다. 화사한 봄날의 출유행으로서 언덕과 계곡, 바위와 시내를 찾는다. 여기서 '陰谷', '泉石', '冷飛淸', '蘸碧'의 표현에서 화사한 봄날과 대비되는 맑고 차가운 경계가 드러난다. 나가서 노니는 재미는 이러한 경계를 접하는 것이며 이에 따라서 마음이 유유자적해진 것이다. 자적의 마음상태는 쾌활한 노래를 소리 높여 부르게 하며 깊고 궁벽한 땅에 대한 사랑을 표현하게 한다. "고음쾌활가"의 정서는 고요한 선정의 아취가 아니라 동적인 행동이 야기한 밝고 쾌활한 정서이며 유유자적의 마음과 동반하여 자유로운 노닒으로 나타난다. <제금강암서대>에서는 "무단히 그윽한 흥이 일어 마음이 자유로와서 / 석장 짚고 암자 나와 높고 위험한 곳에 오르네(幽興無端縱不羈 出庵呼杖陟高危)"라고 하여 흥이 일어남과 마음의 자유로움, 그리고 높이 올라가 경치를 조망하는 즐거움을 드러내었으며 <냉취대>에서는 "웃고 뽐내며 마음대로 노니나니 / 높고 낮은 것이 곳에 따라 알맞네(笑傲縱遊戱 高低隨處平)"로써 흥취의 행동을 나타내었다. 이러한 흥은 자연 속의 詩心을 일으키게 되며 자연미의 추구와 심미적 정서를 표출하게 한다.

    微風引松籟 고운바람 솔바람 소리를 끌고와
    肅肅淸且哀 숙숙히 맑고 구슬픈데
    皎月落心波 밝은 달 물결 가운데 떨어져
    澄澄淨無埃 맑고 깨끗해 먼지 한점 없어라
    見聞殊爽快 보고 들음이 유달리 상쾌하여
    嘯咏獨徘徊 시를 읊조리며 홀로 돌아다니다
    興盡却靜坐 흥이 다하여 고요히 앉았노라니

心寒如死灰　　찬 마음 마치 식은 재와 같아라.
　　　　　　　　<池上偶吟>

　선사의 시적 정서의 면모를 잘 보여주는 시이다. 솔바람소리와 물 속에 떨어진 달이 야기하는 것은 티없이 깨끗한 정서이다. 이러한 보고 들음(見聞)이 詩興을 일으키고 맑은 밤의 고요 속에서 배회하게 한다. 이러한 자연 속의 시흥은 경계의 청정함으로 인해 촉발된 것이어서 흥이 다하게 되면 마음의 상태는 본연의 상태로 돌아가 식은 재와 같은 차갑고 고요함으로 바뀐다. 선사의 마음자리로서 추구하는 상태는 '寒'으로 표현되는 맑고 차가움이다. '死灰'는 모든 생각이 끊어진 상태로서 분별을 초월한 무분별의 세계이다. '寒灰枯木'은 찬 재와 마른 나무, 번뇌망상의 열기가 없는 것의 비유이다. 흥의 동적인 정서가 귀결되는 곳은 이러한 정적인 본연의 마음으로의 회복으로 나타나고 있으며 경계의 청정함과 합일되는 마음의 상태를 이루고 있다. 결구의 "心寒如死灰"는 <득도시사가시>에서 "공문의 법을 마음으로 사모하여 / 찬 재같은 마음으로 좌선을 배우려네(志慕空門法 灰心學坐禪)"의 '찬 재'와 같은 선정의 마음상태를 표현한 것이다.

　이 시는 고요한 흥취를 드러낸 것으로 미풍과 송뢰, 밝은 달이 야기하는 맑음과 구슬픈 정서, 특히 3구에서 흰 달이 못 한가운데로 떨어진 청정무구한 모습 등 견문의 상쾌함은 '殊'에서 탈속적인 흥취를 자아내게 한다. 이 탈속적 흥취는 <신숙자비사차운일암>에서 "다만 이 보고들음 자못 속되지 않아 / 서늘하고 상쾌한 기운이 한결같이 온몸에 통하네(只此見聞殊不俗 凄然爽氣一通身)"과 같은 의미를 띤다. 보고들음의 유다름과 시흥, 이후의 정좌에서, 흥취가 다한 뒤 귀결되는 고요한 선정의 마음상태를 나타내었다. 청정한 경계가 일으키는 시정과, 경계와 자아의 합일은 <雨後松巒>84)에서 잘 드러나 있다. 외경인 자연경계가 일으키는 흥은 내면경계와 합일되며 이러한 합일은 선정인 정신의 세계와 관련되는 것이다. 이 외경과 내면의 경계가 시흥을 통해서 합일되는 양상을 드러내고 있다. 외적 자연이 일으키는 흥은 내면경계와 합일되는 곳에서 이루어지며 이러한 합일은 선적인 정신의 세계와 무관하지 않다. 선사의 정서는 선정의 정신경계 속에서 자연스럽게 발로됨을 알 수 있다.

이상의 시에 드러난 흥은 경계의 그윽함에서 일어나거나 또는 까닭없이(무단히) 마음이 움직여 일어나며 이 흥으로 인해 산중을 두루 답사하게 되고 마음의 자유로움을 수반하게 되어 시흥을 일으킨다. 그리고 흥취 이후 고요한 선정의 상태로 돌아와 자연경계와의 합일이 이루어지고 있음을 알 수 있다.

나. 方外의 味

승려는 方外人으로서 출세간적 삶을 영위한다. 方은 물질적 공간을 가리킨다. 이러한 세간을 초월한 생활 속에서 맛보는 재미와 멋을 드러낸 시를 대상으로 살펴보기로 한다. 이러한 시들은 산중생활에서 접하는 자연의 아름다움과 이를 받아들이는 태도, 그리고 그들의 운치를 드러내고 있다. 특히 눈내린 산중의 정취를 읊은 다수의 시에서 잘 드러나 있다. 다음의 시는 눈을 소재로 하여 방외

---

84) 雨霽冷出浴　비 개이니 싸늘하게 목욕하고 나온 듯
　　嵐凝翠欲滴　남기 엉겨 푸르게 방울지려 하네
　　熟睇發情吟　눈여겨 바라보고 정다운 시를 읊조리니
　　渾身化寒碧　온몸이 차고 푸르게 되었네.

의 味를 드러내고 있으며 선가의 서정성의 내용을 잘 보여주고 있다.

昨晚雨纖纖	어제저녁 부슬부슬 비내리더니
曉來驚尺雪	새벽되자 놀랍게도 눈이 한 자나 쌓였네
均鋪坑塹平	구덩이를 골고루 덮어서 평평해졌고
重壓枝條折	쌓인 눈에 나뭇가지가 부러졌네
林鳥寒入簷	숲속의 새는 추워서 처마로 날아들고
巖鹿困投穴	바위 사이 사슴은 곤하여 굴 속으로 뛰어드네
石檻變瑤臺	돌난간이 요대로 변하고
土塔成玉砌	흙계단이 옥섬돌이 되었네
威侵禪室涼	위세가 선실을 침범하여 싸늘하고
色傍經囱徹	쌓인 눈빛 경창 옆에서 사무치네
山人任大寒	산인은 대한에 맡겨 버리니
茗䔲酬佳節	좋은 절기를 차 다려 즐기네
呼兒取雪華	아이를 불러 눈꽃을 가져오게 해서
滿盤堆玉屑	쟁반 가득 옥가루를 쌓아올렸네
手迹卽彫鎪	손 지나간 자취에 문득 모습이 새겨지니
山形髣髴屼	산 모습은 민둥산 비슷하고
鑿穴擬龍泉	구덩이를 파서 용천인 양하다
把㪍煎雀舌	그 눈을 떠서 작설차를 달이노니
豈是自圖歡	어찌 내가 즐기고자 하겠는가?
要令他飮潔	그들에게 정결한 차를 마시도록 함이라
此唯方外味	이는 오직 방외의 맛이니
莫向人間泄	인간세상에 누설치 말라
嗟汝本書生	아! 그대는 본디 서생이었으나
脫俗參僧列	속세를 벗어나 승려의 반열에 참여했구나
小室飮淸風	소실산의 맑은 바람 마시고

儒門祛酷熱	유문의 혹독한 열뇌를 떨어버리라
聊將斷臂力	애오라지 斷臂의 힘을 가지고서
切問安心訣	安心의 요결을 간절히 물을지어다
我欲不問問	나 묻지 않고 묻고자 하니
請師無說說	스님께서는 말없이 설해 주소서.

<陪先師丈室煮雪茶筵>

 위의 시는 30구의 고시이며 내용상 3단락으로 나눌 수 있다. 제1단락은 1구에서 10구까지로 새벽에 눈이 쌓인 모습과 싸늘한 기운이다. 눈이 대지를 고르게 덮어 평평해졌으며 눈의 무게에 눌려 나뭇가지가 부러진 모습, 새와 사슴이 추위를 피하여 숨는 모습, 그리고 돌난간과 흙계단이 화사하게 변한 모습을 '瑤臺'와 '玉砌'로 미화하였다. 그리고 특히 눈의 싸늘한 위세와 눈빛의 투철한 모습을 묘사한 데서 선가적 심미성이 드러나 있다. 이 부분은 사실적 景을 약간의 미화된 표현을 사용하여 표현하였으며 새와 짐승의 종적조차 끊어져버린 순수한 一如의 세계를 묘사하였다. 공간은 먼 데서부터 점점 축소되면서 화자에게로 가까이 다가오는 이동 양상을 보이고 있다.
 제2단락(11-22구)은 외경으로부터 시적 화자의 입장으로 시점이 전환되면서 눈을 떠서 차를 달이는 멋을 그리고 있다. "山人任大寒"에서 '산인'은 산승의 통칭이기도 하면서 동시에 자신의 겸칭이기도 하다. 이 구절은 산인은 추우면 추운대로 그저 맡겨버린다는 자연의 순리에 따르는 삶의 방식을 말한 것이다. 춥건 말건 눈 내린 정경은 아름다와서 차를 다려 그윽하게 즐기고, 눈꽃(雪華)를 가져오게 해서 쟁반에 쌓아놓고 손으로 산과 샘을 만드는 운치를 그리고 있는데, 마치 산수화를 그리는 승려의 여유있는 모습을 보여

주고 있다. 눈으로 만든 샘에서 뜬 눈을 가지고 작설차를 달이는데 눈과 차의 결합은 맑고 차가운 시각과 촉각적 감각을 차의 후각과 미각에다 결합시킨 것이다. 또한 외부적인 것에서 내부적인 감각으로 전이시켰다. 이 차는 타인들을 위한 것이라는 점에서 눈차의 정결함을 자신에서 타인으로 확산시킨다. 이러한 재미는 방외의 재미(方外味)로서 인간세상에 누설치 말라고 하였는데, 이는 수도인의 은밀한 즐거움의 표현이면서 禪門의 순수성을 의미하고 있다.

제3단락(23-30구)은 수행자의 구법의 의지를 드러낸 것으로 화자 자신에 관한 진술과 스승에 대한 구법으로써 시를 끝맺고 있다. "아! 그대는 본디 서생이었으나 속세를 벗어나 승려의 반열에 참여했구나"의 내용은 화자인 혜심 자신에 관한 것으로 자신을 대상화해서 말하고 있다. '小室'은 小林寺가 있는 소실산으로서 달마대사가 9년면벽한 곳이다. 소실산의 맑은 바람은 禪風을 의미하며 유문의 열뇌와 대비되는 초세간의 종교적 세계이다. '斷臂'는 선종 제2조인 혜가의 단비구도행으로서 달마대사에게 安心의 法門을 구한 선가의 고사이다. 이를 들어서 화자 자신의 법문을 구하는 마지막 두 구절의 '묻지 않고 묻다(不問問)'와 '말하지 않고 말하다(無說說)'는 선가적인 역설이다. 이 말은 혜심이 즐겨쓴 흔적이 보이는데 그의 가전 작품인 <죽존자전>에서도 죽존자가 상대와의 문답 중에서 "我今無說說 汝可不聞聞"이라 하고 있다. 이러한 역설은 언어와 문자로서는 표현할 수 없는 지극한 진리에 대한 것으로서 언설을 초월함을 의미한다. 석존의 교법이 문자의 교망을 벗어난 것이라는 뜻의 '不說一字'나 언어를 할 수 없는 사람이 오히려 부처의 뜻을 이해할 수 있다는 뜻의 '無舌人解語' 등의 말은 진리는 상식적인 개념이나 생각을 초월하여 있다는 것을 나타내주는 것이다. 이와 같은 역설적 표현은 예를 들면 無念念, 無行行, 不行而行, 不滅滅

등의 단어가 있다.

 위의 시는 방외의 멋과 운치를 드러내고 있으며 특히 이러한 멋을 선사에 대한 구법으로 연결시킴으로써 선가의 특유한 운치와 선법의 융합상을 표출하고 있다. 여기에는 눈이 내려 쌓인 경관의 싸늘함과 투철함이 정서를 일으키고 이 정서는 法의 세계로 귀결되고 있는 것이다. 눈을 쟁반에 떠서 산수를 형상화함으로써 축소시킨 공간적 즐거움이 나타나 있다. 이러한 방외의 재미에서 자신에게로 전이하여 僧의 입장으로 전환되면서 2조 혜가의 安心의 要訣로 연결되고 있다. 이 연결됨은 눈을 통해서이며, 선종의 제2조 慧可가 눈 속에서 팔을 베는 구도의 행위를 연상하여 서정성에서 구법으로 전환되었다. 이 시는 서정성과 불교적 법의 세계가 눈이라는 매개를 통해서 자연스럽게 결합되어 있다.

 이 외의 여러편 중 16구의 7언고시 <雪>에서는 눈내린 정경에 대한 심미적 감상이 미화되어 묘사되어 있는데 특히 극대적 상상력이 나타나 있다. <雪>의 5-8구에서 "혹시 천풍이 차가운 겨울하늘을 휩쓸어 / 은하수의 파도를 뒤집어 사방으로 흩날려서 / 끝없는 허공에 흩어져 내리다가 / 도중에 삭풍을 만나 어지러이 불려 떨어지는 것일까(或恐天風蕩天寒 漢水飜波飛四散 散下長空絶涯岸 中遭朔吹吹零亂)"하며 내리는 눈을 보면서 그 비롯된 바를 상상한다. 여기에서 '차가운 겨울하늘(天寒)'과 '은하수(漢水)', '끝없는 허공(長空)'으로 공간이 극대적으로 확장되고 있는 것이다. 이러한 공간의 확장은 극대적 상상력으로서 '역설의 시학'에서 상론될 것이다. 이러한 산중의 즐거움을 "산중이 우연히 장관을 이루어 / 눈이 취하고 마음이 취하여 오래도록 음미하며 즐거워하노라(山中偶爾得壯觀 目醉心酣久吟翫)"라고 하였다. <雪>은 정적인 자세에서 외경을 감상하는 서정의 세계를 드러낸 시로서 눈의 유래에 대한 상상력과 심미적 감상안을 드러내고 있다.

　깨달음의 세계는 흔히 자연의 즐김이나 자연 속의 생활로써 詩化 되는데 다음의 시는 悟後의 자재로운 경계를 자연 속의 생활을 통해서 드러낸 시이다.

五峰山前古庵窟	오봉산 앞 오랜 바윗굴
中有一菴名轉物	그 안에 전물이라는 암자가 있네
我栖此庵作活計	나 이 암자에서 살아가나니
只可呵呵難吐出	그저 하하 웃을 뿐 말하기 어려워라!
缺脣岏絶脚鐺	입술 이지러진 바리와 다리 부러진 솥으로
煎粥煎茶聊遣日	죽 끓이고 차 달이며 무료히 날을 보내면서
踈慵不掃復不芟	게을러 쓸지도 않고 베지도 않아
庭草如雲深沒膝	뜨락 풀은 구름 마냥 무릎까지 빠지네
晩起不知平旦寅	늦게 일어나매 새벽의 인시를 모르고
早眠不待黃昏戌	일찍 자매 저녁 술시를 기다리지 않네.
不剃頭不看經不持律	머리도 깎지 않고 경도 보지 않으며 계율도 지키지 않고
不燒香不坐禪不禮祖不禮佛	향도 사르지 않고 좌선도 않고 조사나 부처에 예불도 않네
人來怪問解何宗	사람들이 괴이하게 무슨 종지 아느냐 물으면
一二三四五六七	일이삼사오륙칠이라 대답하나니
莫莫莫密密密	침묵하고 비밀지켜
家醜不得外揚	집안 흉을 남에게 드러내지 말라
摩訶般若波羅密	마하반야바라밀!
五峰山色昏彌翠	오봉산빛은 저물수록 짙푸르고

一帶溪聲曉更高	한 줄기 시냇물 소리 새벽엔 더욱 높아지네
暮去朝來聲色裡	아침 저녁 오고 가는 소리와 빛 속에서
淸歌誰得似吾曹	맑은 이 노래 누가 우리 만큼 들으랴?

五更山月囱前白	오경의 산달은 창가에 밝고
數里松聲枕上淸	몇리 이어진 소나무 소리 벼갯머리에 맑아라
富貴多勞貧賤苦	부귀는 수고롭고 빈천은 고달파
隱居滋味與誰評	은거해 사는 재미 누구와 얘기할까?

<寓居轉物庵>

위 5수의 시는 전물암에 우거하면서 쓴 것으로서 깨달음을 이룬 도인의 생활과 내면세계를 표출한 시이다. 다섯 수의 시는 1,4,5수는 7언절구이며 2,3수는 파격이다. 이 파격의 형식은 내용과 관련되어 제1수와 2,3수 그리고 4,5수로 구분되고 있다. 제1수는 전물암에서의 생활이 말로 표현할 수 없는 경계라는 것이다. '活計'는 생활의 계책으로서 수행을 이행하는 거취를 말하는데 이는 말하기 어려우므로 다만 가가대소로써 표현한 것이다. 말하기 어려운 것은 외면적 생활상이 아니라 내면적 살림살이인 정신의 경계인 것이다. 2,3수는 이 말하기 어려운 정신경계를 구체적인 생활의 모습으로써 드러내고 있다. '입술 이지러진 바리'와 '다리 부러진 솥'은 승려의 청빈함을 의미하기도 하면서 결핍으로써 충족된 마음의 상태를 역설적으로 나타내었다. 무료히 날을 보낸다는 것은 寂靜無爲의 경계인 '無事'를 표현한 것이다. 구름같이 자란 뜰의 풀, 늦게 자고 늦게 일어나는 게으른 생활은 평상적 수행인의 생활태도가 아니다. 풀은 불교에서 보통 無明, 번뇌의 비유로 사용된다. 구름은 청산과 백운의 문맥에서는 본체에 대한 작용의 의미이며 달과 구름의 문맥에서는 본성을 가리는 무명을 의미한다. 구름 마냥 자란 풀은 明과

無明의 분별을 초월해버린 것을 의미하며 또한 번뇌즉보리, 무명즉 열반이라는 역설적 진리의 체득을 상징적으로 드러내고 있는 것이다.

이러한 탈규범적 생활상은 3수에서 더욱 가중된다. 부정적 표현으로서 부정사인 '不'과 '莫'의 거듭된 사용, 시형식의 파격을 통해서 탈규범의 초월적 정신경계를 나타내고 있는 것이다. 1구에서 3구까지는 점층적 수법으로 부정적 양상이 점점 가중되어 간다. "머리도 깎지 않고 경도 보지 않으며 계율도 지키지 않고"에서 "향도 사르지 않고 좌선도 하지 않고 조사나 부처에 예배도 하지 않네"에 이르러서는 부처와 조사를 초월한 경지이다. 이러한 부정적 어법은 선사들의 어록에서 빈번한 표현방식이다. 4구에서의 宗旨는 선종의 핵심적인 교의이다. 사람들이 종지를 물을 때 "一二三四五六七"이라 대답한다. 이 대답은 숫자적 의미가 아니다. 어린애도 아는 당연한 일, 아무데서나 있는 흔해빠진 보통의 일을 나타낸 말이다. 이러한 숫자를 통해 당연한 진리를 표현하는 방식은 '六六三十六'이나 '九九八十一'등으로도 나타나는데 백운 경한이나 나옹 혜근의 게송에서도 보인다. '집안흉(家醜)'은 家風, 宗風을 겸양해서 한 비하적 표현으로서 역설적이다. "집안흉을 남에게 들어내지 말라"는 종파의 밀의를 외부에 노출시키지 말라는 말이다. 이 말은 종지를 함부로 말하지 말라는 것으로 여기서의 의미는 진리의 세계에 대한 언어적 표현의 한계와 불가능을 말한 것으로 볼 수 있다. 결구의 "마하반야바라밀"은 산스크리트어로서 "大慧到彼岸"으로 번역되는데 "큰 지혜로 저 언덕(열반의 언덕)에 이르소서"라는 뜻이다. 이러한 말을 끝맺는 표현은 어록에서도 보이는데 상용구로 사용되는 축복의 말이다.

제4수는 산빛과 시냇물 소리 등 자연의 질서 속에서 일어나는 소리와 빛의 오고감이 주는 산중생활의 즐거움을 담았다. 제5수는 달빛과 소나무숲이 바람에 흔들리는 소리를 통해서 은거생활의 재미를 드러내었다. 깨달음의 세계에 대한 시적 표현은 『어록』의 보유에 실린 <어부사>를 통해서 서정적으로 시화되고 있는데 위의 우거전물암 시에 있어서는 悟後의 자유로운 정신적 세계가 생활의 탈규범과 시형식의 파격으로서 그 경지가 표현되었다. 4,5수에 있어서의 자연 속의 즐김은 위의 3수와 연관하여 해석해 볼 때 단순한 자연 속의 취미나 합일이 아니라 오후의 도인의 경계인 것을 알 수 있다. 그것은 바로 자연화된, 자연의 한 부분이 되어 모든 것을 초월한 쾌락의 정서로 화하고 있음을 보여준다. 道와 합치된 서정성은 불교시의 특징적 면모이며, 도의 표현과 이를 서정과 융합하는 것에서 선사의 시다운 법과 정의 두 면을 볼 수 있게 된다. 위 시는 悟後의 경계를 표현함에 있어서 탈규범과 탈형식의 일탈성을 내용과 형식면에서 구현하였으며 자연의 즐김으로써 종결시켰다. 제목이 된 암자이름 '轉物'은 '物을 굴리다'는 뜻으로 내가 주인이 되어 外物의 부림을 받지 않는다는 뜻이다. 위 시는 이러한 충만한 정신의 상태를 결핍된 사물이나 부정을 통하여 역설적으로 표출한 것이다.

  자연의 즐김에 관한 시들은 자연 속의 흥취와 방외의 멋을 표출하고 있으며 용사가 적고 평담한 문체로써 담백한 정서를 표현하고 있다.

  이상으로써 혜심의 자연시에 나타난 자연의 의미와 즐김의 시들을 살펴보았다. 청정성의 추구에서 못을 통해 보인 空寂靈知의 마음의 본체성, 高所에서의 높고 깊은 寂靜의 경계, 미륵암에서 보인 佛의 표상 등에서 자연은 불교적 진리가 구현된 이상적 경계로 나타나 있다. 이 이상적 경계 속에서 興과 高吟의 정서와 方外의 味

가 시화된 賞자연의 시들이 창작되고 있는 것이다. 이러한 혜심의 시를 통해서 볼 때, 자연은 감각적 물질적 대상인 色이면서도 또한 色이 아닌 역설성을 지니며 궁극적 귀의처로서의 정신경계임을 알 수 있다. 이러한 자연인식은 궁극적으로 현실지향적 성향인 일반 문사나 유학자들과는 다른 성격이다. 자연은 일시적인 위안이나 도피를 위한 귀거래의 장소가 아니라, 순수한 귀의이며 진리에의 지향이다. 자연은 단지 대상이 아니라 선사에게 있어서는 궁극적으로 합일을 추구하는 이상이며 그들 자신의 해탈의 경계인 것이다. 그러므로 자연과의 거리나, 현실 및 자아와의 갈등 양상이 배제된 純粹無雜의 심미성을 표출하고 있는 것이다. 따라서 심미성의 표현도 감성적이거나 미려하지 않은 平淡性을 띠면서 道와 합치되고 있는 것이다.

이와 같은 禪의 자연시는 앞 장에서 살펴 보았듯이 단순한 관념화가 아니며 내용과 형식을 갖춘 심화된 자연시이다. 불교에 있어서 자연에 대한 기호는 각별하다. 산수의 경계가 뛰어난 곳을 골라 사찰을 지었으며 따라서 친근하게 자연미를 접할 수 있다. 승려가 먼저 자연미를 보았고 시인은 그들과의 속세를 떠난 교유에서 이러한 새로운 취미를 배웠다.[85]는 말과 같이 불교의 자연시는 그 유래가 깊으며 詩僧들의 출현으로 지속적인 창작이 이루어졌다. 더욱이 승려들의 수행의 일부로서의 산수와 사찰탐방은 많은 자연시를 창작하게 되는 문학적 동기가 된 것이다.

---

85) 주광잠.『시론』, 정상홍(역) (서울:동문선, 1991), 제3장, '시의 경계'에서는 중국시인들의 자연에 대한 기호는 서양시보다 수천년 빠른데 그 이유는 불교와 관련이 있다고 하였으며 중국 승려들의 자연에 대한 기호는 산수에 은거하는 풍조가 있었던 인도 바라문 승려의 영향을 받았을지도 모른다고 하였다.

3. 物에 대한 관심과 의미의 확대

物은 광의적으로는 사물·사실·대상 등 의식의 대상이 될 수 있는 모든 것을 가리키는 것이지만 여기서는 협의적인 의미로서 산수자연의 경계를 제외한 구체적이며 고정적 형상을 지닌 자연물과 인공물에 한정하기로 한다. 소재상으로 볼 때 자연물이 많으며 여기에는 가장 많은 식물을 비롯해서 과실, 그리고 달과 새가 있다. 식물류는 대나무·파초·송백·연꽃·목단·여뀌꽃·부처손 등이며 과실류는 밤·귤이다. 인공물로는 향·초·부채·보병·주장자·반죽장·금강자·반자추·붓·碑 등이 있으며, 그리고 불교적 유물로서의 석가모니의 가사와 사리탑이 있다. 이 사물들은 일상적이며 평범한 것으로서 인공물은 불교적 사물로서의 특징을 지니고 있다.

구체적 형상을 지니고 있는 이러한 사물을 소재로 한 시는 물에 대한 관심을 보여주는 것이다. 이와 같은 다양한 사물들을 시적 대상으로서 시화함에 있어서 드러나는 특징적 성격을 정리하면 物의 관찰과 正觀, 物의 예찬과 추상화로 볼 수 있다.

(1) 物의 관찰과 正觀

사물에 대한 시에서 나타난 물에 대한 태도는 관찰과 正觀이다. '正觀'은 불교적으로는 어리석음을 여의고 법을 보는 것을 말하며 '正見'으로서 '邪觀'의 대칭어이다. 여기에서는 이러한 불교적 의미를 수용하여 사물을 '바로 봄'으로 정의하기로 한다. 사물에 대한 관심에서 우러나는 자세한 관찰과 정관의 자세는 고요한 선정의 정신경계와 연관된다. 선정의 경계는 망념이 배제된 순수한 마음의 상태로서 無心의 경지이다. 따라서 허상을 배제하고 物을 物 자체로서 대하게 된다.

다음의 시는 고요한 선정의 경계에서 물을 관하는 태도가 잘 드러나 있다.

  縷縷香烟上 모락모락 향연기 피어올라서
  綿綿靜室中 끊임없이 고요한 방안에 이어지네
  一鑽龜兆現 한번 뚫어서 龜兆가 나타나고
  九曲蟻絲通 아홉 구비를 개미의 실이 통과하네
  古鏡韜光黑 옛 거울은 빛을 감추어 검고
  寒灰發焰紅 찬재 불꽃을 발하여 붉네
  重重開錦縫 겹겹이 비단으로 꿰맨 것을 열어
  寶卽妙當風 보배로운 물건 묘하게 바람을 맞았네.
       <篆香>

위 시는 5언율시로서 피어오르는 향연기를 바라보면서 쓴 시이다. 향은 절의 상징물이다. 제목인 '篆香'은 마치 篆書와 같이 꼬불꼬불하게 피어오르는 향연기를 가리킨 말이며 고요한 자세로 향불이 타는 것을 바라보는 태도가 나타나 있다. 수련은 고요한 방에 향연기가 모락모락 피어오르는 모습을 말하였다. '縷縷'와 '綿綿'의 의태어 사용, '香烟'과 '靜室'의 조화, '上'과 '中'의 대가 적절히 맞추어져서 향연기의 연속적인 움직임이 잘 표현되었다. 이 향연기의 움직임은 고요한 방의 정적감을 더욱 부각시키고 있다. 함련에서는 향연기가 꼬불꼬불하게 피어오르는 형상을 고사를 사용하여 비유적으로 묘사하였다. '龜兆'는 거북의 등을 불로 지져서 나타나는 균열의 무늬를 보고서 길흉을 점쳤다고 하는 그 균열상을 말한다. 향심지에 불을 붙이면 하나의 심지에서 연기가 모락모락 피어올라 꼬불꼬불하게 흩어지는 모습을, 거북의 등껍질을 불로 지졌을 때 '龜兆'가 나타나는 것으로 묘사한 것이다. '구곡주'는 공자가 陣에 있을 때 한 여인이 구슬 속으로 아홉개의 구비가 나있는 구슬을 가져와서 실을 꿰어달라고 하여 개미 허리에 실을 묶고 꿀로 유인을 해서 구슬의 구멍을 통과하게 하여 꿰었다는 고사이다. 연기가 계속 피어오르면서 퍼지고 엉키는 모습을 '구곡주'의 작은 구멍으로 실을 묶은 개미가 통과하는 형상으로 묘사하였다. '一'과 '九'의 숫자의 대는 하나의 향에서 연기가 일어나 사방으로 어지러이 흩어지는 형상을 묘하게 표현하였다.

경련은 검게 그을은 향로와 불꽃이 사그라지는 재를 형용한 것이다. 향연기에 검게 그을은 향로를 古鏡에 비유하였는데 고경은 본래면목, 즉 마음의 상징이다. 향로가 원래는 반짝거리던 것이었으나 연기에 그을려 검게 되어버린 것을 고경이 빛을 감추어 검다고 표현하였다. 향로를 고경에 비유한 유사성은 밝게 반짝거리며 사물을 비춘다는 점이다. 2구는 향이 탈 때 재가 되면서도 계속 불꽃이 남아있는 모습을 나타낸 것이다. 미련은 비단에 겹겹이 싸여있던 향을 꺼내어 사용함을 나타낸 말이다. '寶'는 귀한 물건인 향을 가리키며 '當風'은 이 향을 꺼내어 태우는 것을 말한 것이다.

경련과 미련은 상징적 의미를 띠고있는 것으로 볼 수 있다. 경련에서 古鏡, 즉 마음의 본체는 일체의 사량분별이 끊어진 절대적 차원이므로 깜깜하게 비유되어 있으며 찬재는 일체의 생각이 끊어져버린 식은 마음의 상태에서 지혜의 광명이 솟아난다는 역설적 의미를 품고 있다. 미련은 이러한 마음의 지혜는 깊이 내장되어 있어서 끊임없는 수행을 통해서 드러나는 것이라는 의미를 함축하고 있는 것이다.

이렇게 볼 때 이 시는 표면적 의미와 이면적 의미로 읽을 수 있는데, 표면적으로는 모락모락 피어오르는 향연기를 바라보면서 향이 향로에서 타들어가는 형상과 합에 겹겹이 쌓인 향을 꺼내어 불을 붙여 피우는 것을 말하고 있다. 그러나 그 이면에 들어있는 의미는 향에 의탁해서 마음의 본체성과 작용을 말하고 있는 것이다.

사물에 대한 관찰력은 다음의 시에서 사물의 모습과 미세한 움직임을 정교하게 묘사하고 있다.

氷山中安一盞燈	얼음산 가운데 놓인 한 등잔이
須臾忽拆千條玉	홀연히 깨어지니 천갈래 옥이어라
髣髴巨靈分華山	거령신이 화산을 나누는 듯
依俙迦葉擘鷄足	가섭이 계족산을 가르는 듯
深谷虛凉谿洞天	깊은 골 텅 비고 서늘하여 툭 트인 洞天
重峰岼崟排蒇玉	겹겹의 봉우리 총총한 옥이 두른 듯
中有寒泉徹底淸	그 가운데 찬 샘 철저히 맑으니
只可濯纓那濯足	단지 갓끈을 씻을지언정 어찌 발을 씻겠는가!

<氷燈詠>

위 시는 얼음같이 맑고 투명한 밀랍초를 소재로 한 것으로 제목인 '氷燈'은 얼음의 차가움과 燈의 뜨거움, 물과 불이 모순적으로 결합된 역설이다. 당시는 기름 등잔을 주로 사용하던 때였으므로 밀랍초는 귀한 물건이었던 듯하며 이 시는 초가 타들어 가면서 이루는 형상을 그리고 있다. 수련은 초에 불을 붙이고 나서 얼마후 초가 타면서 촛물이 갈래갈래 흘러 떨어지는 모습을 묘사하였는데 초를 얼음산으로, 초의 심지를 중심으로 하여 촛물이 고여있는 동그란 모양을 등잔에 비유하였다. 고여있던 촛물이 초 주위로 흘러내리는 모습을 등잔이 잠깐새 갑자기 깨어지는 것으로 동적으로 묘사했으며 초를 타고 흘러내리는 촛물을 천갈래의 옥으로 미화시켰

다. 촛물의 맑음을 옥으로 비유한 것이다.

함련은 수련의 구체적 표현으로서 전설을 인용하여 직유로 나타내었다. 거령신은 중국의 전설에 나오는 河神으로서 華山을 둘로 나누어 河水를 통하게 하였다고 한다. 가섭은 석존이 無上의 正法을 부촉한 제자로서 아난과 함께 경전을 결집한 후, 정법을 아난에게 부촉하고 鷄足山에서 入定에 들어 미륵의 출세를 기다린다고 전해진다. 계족산은 산봉우리가 마치 닭의 발과 같이 솟아 있어서 이름하였다고 한다. 이 두 구절은 고여있던 촛물이 갑자기 주르르 흘러내리는 형상을 거령신이 화산을 나눌 때와 가섭존자가 계족산을 가르고 入定에 들어가는 불교적 전설을 연상하여 상상적 사실로써 비유했다.

경련은 초가 계속 타면서 가운데는 깊이 파이고 둘레는 촛농이 붙어서 뾰족뾰족 솟아난 모습을 표현한 것이다. 움푹 패인 심지 주위를 깊은 골짜기로 비유하여 텅비고 서늘하며 툭 트인 공간으로 표현했으며 초의 뾰족해진 가장자리와 그 바깥쪽으로 흘러내린 촛농이 겹겹이붙어있는 부분을 산봉우리가 겹겹이 둘러있는 것으로 표현했다.

미련은 초의 한가운데에 동그랗게 촛물이 고여있는 것을 '찬 샘(寒泉)'으로 비유하여 철저히 맑다고 하였으며 이 맑은 샘물에 단지 '탁영'을 할 수 있을 뿐 '탁족'은 할 수 없다고 하였다. 여기서 '탁영'과 '탁족'은 <滄浪歌>[86])에 전거를 둔 단어이다. '한천'의 맑음을 강조하기 위해서 사용한 것으로 『맹자』나 굴원의 『어부사』에서와 같은 의미는 없다. 전고를 사용하되 단지 표현만 빌어왔을 뿐이다.

위의 시는 작은 사물인 초를 자세히 관찰하여 촛불이 타는 형상

---

86) 본고 P.107 주 참조. "滄浪之水淸兮 可以濯吾(我)纓 滄浪之水濁兮 可以濯吾(我)足".

을 미화시킴에 있어서 초월적 상상력에 의해 超大的으로 묘사되어 있다. 사물의 정태가 아니라 그 미세한 움직임을 포착하였으며 작은 사물을 극대화시킴으로써 공간적 초월성과 역동성을 보여주고 있다. 이러한 극대화의 상상력은 제목인 '氷燈'의 감각적 역설과 함께 공간적 역설성을 띠고 있다.

작은 사물에 대한 관찰과 초월적 상상력은 다음의 시에서는 고도의 상징성을 함축하고 있다.

八月十有五　　팔월 십오일
月輪正當午　　둥근 달 한밤중에 떠있고
皎影落寒洲　　하얀 달 그림자 찬 바닷물에 떨어져
掛在珊瑚樹　　산호가지에 걸려있다.
　　　　<團扇>

위의 시는 둥근 부채를 묘사한 것이다. 기·승구는 부채의 둥그런 모습에서 팔월 대보름 한밤중에 떠있는 달을 연상하였거나, 혹은 그날이 팔월 대보름일 수도 있다. 승구에서 '月輪'과 '當午'의 결합은 모순이다. 午時는 한낮인데 달은 밤에 뜬다. 이 표현은 禪語 '日輪當午'를 차용한 것으로서 달이 한밤중에 환하게 떠있는 것을 형용한 것이다. '일륜당오'는 해가 중천에 뜬 한낮으로서 사물의 그림자가 없이 그대로 나타나는 상태이다. 이는 무명이 모두 소멸된 悟의 경계를 비유적으로 표현한 말로서 진리가 남김없이 나타난 것을 의미한다. 따라서 승구의 뜻은 선어를 변용하여 보름달이 한밤중에 환하게 떠있는 상황을 나타낸 것이다. 전·결구는 부채살을 산호수에 비유하여, 부채에 살이 펴져있는 형상을 달이 바다에 비치어 산호수에 걸린 것으로 묘사하였다. 이 표현은 『벽암록』 제100

칙의 "珊瑚枝枝撐著月"[87]이라는 구절에 근거를 둔 것이다. "산호 가지마다 달이 가득하다"는 이 말은 般若智의 작용을 나타낸 말로서 무집착의 완전한 平穩無事의 비유이다. 파도가 멎은 고요한 바다에 달이 비치어 깊은 바닷속 산호가지에 빛나는 이 명료한 묘사는, 선정의 마음(바다)에서는 삼라만상(산호가지) 그 모두가 반야(달)의 작용이며 진여의 묘용임을 표현한 것이다.

부채는 일상적이면서 풍류적인 사물로서 문인들의 시적 소재가 되어왔는데 둥근 부채를 둥근 달에 비유하기도 하였다. 班婕妤의 <扇詩>에서는 "둥그렇기가 마치 보름달 같네(團團似明月)"이라 하였고, 『보한집』에는 고려조의 문인들이 부채를 시제로 한 시회에서 진화가 "둥근 달은 옷깃 앞에 떨어지네(團月墮襟前)"라고 하였다. 위의 시는 이러한 문인들의 수사를 수용하면서 다시 선적 상징성으로 비약한 것이다. 표현면에 있어서도 정지된 그림과 같은 정적인 장면으로써 사물을 묘사하였으며 비설명적이며 간명직절하게 5언 절구의 압축된 형식으로써 시화하였다

둥근 부채는 당시 사회에서 귀한 선물이었던 것으로 『백운화상어록』 중 <신광사총장로의 부채에 답하는 글>에서 보내준 부채를 받고 지은 게송 2수가 수록되어 있다.

團扇落吾手	둥근 부채가 내 손에 떨어지니
淸風分外吹	맑은 바람이 分外로 부네
煩蒸熱惱滅	찌는 듯한 번뇌는 사라지고
坐我洞庭秋	동정호의 가을에 나를 앉히네.

---

[87] 『벽암록』 제100칙인 <巴陵吹毛劒>의 본칙, "擧 僧問巴陵 如何是吹毛劒 陵云 珊瑚枝枝撐著月".

團團扇月輪　둥글디 둥근 부채 달
是箇明心月　이것은 바로 밝은 마음달이네
獨露萬相中　온갖 모양 가운데서 홀로 드러나
圓明常皎潔　두렷이 밝고 항상 깨끗하여라!

위 시 제1수는 부채의 맑은 바람이 번뇌의 열기를 물리치고 시원하게 해 준다는 내용이다. 부채에서 일어나는 바람을 '맑은 바람(淸風)'이라 하여 번뇌를 사라지게 함과 연결시켰는데 이러한 내용과 표현은 일반적이다. 제2수는 둥근 부채를 '마음달(心月)'에 비유하여 밝고 깨끗한 마음의 본체를 나타냈는데 전·결구는 앞에서 비유된 '心月'의 묘사이다. 위 시도 부채에서 심월로 사물을 점층적으로 심화시켜 나갔는데 앞 혜심의 시는 백운의 시보다 선적 의미가 더 강하게 함축되어 있으며 따라서 사물이 더욱 심화되어 있다.

物을 소재로 한 시는 物에 대한 관심을 의미하며 여기에는 인식적 측면이 드러나 있다. 하나의 소재를 가지고 읊은 다음 4수의 시에는 사물을 보는 관점과 正觀의 추구가 나타나 있다.

心抽[88]綠蠟燭[89]無烟　중심대는 타지 않는 푸른 촛불
葉展藍衫袖欲舞　넓다란 잎사귀는 춤추는 쪽빛 소매
此是詩人醉眼看　이는 시인의 취한 눈이 바라봄이니
不如還我芭蕉樹　파초수 나 그대로 돌려둠만 못하리.

先開後發亂交攢　먼저 피고 나중 핀 것이 어지러이 뒤섞여
淡綠濃蒼匪一蒼　옅고 진한 푸른 빛 한 푸름 아니어라
帶露芳心淚華燭　이슬먹은 중심대는 눈물짓는 촛불

---

[88] 원문의 '柚'은 '抽'의 오자이다.
[89] 원문의 '蠋'은 '燭'의 오자이다.

戰風輕葉鬪靑鸞   바람에 떨리는 가벼운 잎새는 푸른 난새가
                    싸우는 듯.

樵人覆鹿是眞夢   나뭇군이 사슴 덮어 감춤이 참꿈이요
居士喩身非正觀   거사가 몸에 비유한 것 바르게 봄이 아니다
爭似小庭煙雨裡   어찌 작은 뜨락 안개비 속에서
蕭然靜坐冷相看   쓸쓸히 앉아 냉정히 바라봄과 같으랴?

綠羅兩頰千絲骨   녹색 비단 두 뺨에 천 가닥 실같은 뼈
碧玉中心一羽梁   벽옥같은 중심대는 하나의 날개 기둥
獵獵輕柔弄風日   바람 불 때 살랑살랑 한들거림은
求凰[90]翠鳳尾初張   짝 찾는 봉황새 꼬리가 처음 펴지는 듯.
                    〈芭蕉〉

파초를 읊은 위 4수의 시는 맨 위 1수와 이하 3수가 각기 따로 수록되어 있다. 이 4수의 시에는 사물을 바라보는 선사로서의 시각과 시인으로서의 시각이 교차되어 나타나 있다. 선사로서의 진실을 보는 관점과 시인으로서의 미적 관점의 양면성이 하나의 物을 통해서 교차되는데 物을 통해서 實相을 관하려는 법의 관점과 심미적인 태도로서 형상의 미를 즐김이 나타나 있다.

제1수에서 기·승구는 파초의 형상에 대한 묘사로서 위로 말려 있는 중심대를 연기없는 푸른 밀랍초에 비유하였고 넓게 펴져 너울거리는 잎사귀는 춤추는 쪽빛 적삼의 소매에 비유하여 묘사하였다. 이러한 관점을 전·결구에서는 '시인의 취한 눈으로 본 것(詩人醉眼看)'으로 부정하면서 파초수 '그 자체(我)'로 돌아감을 지향한다. '醉'는 일반적으로는 미혹이나 무명의 상태를 비유하지만 여기서는

---

90) 원문의 '鳳'은 '凰'의 오자이다.

형상에의 도취를 의미한다. '我'는 타자에 대한 자아, 자아의 본질, 物 자체의 본질적 自性 등을 의미한다. 기·승구와 전·결구는 각각 사물의 형상을 즐기는 시인의 관점과 사물의 實相을 보려는 선사의 관점을 드러내었다.

제2수는 무성하게 나있는 파초잎의 푸른 빛깔의 진하고 연한 모습과 촛불같은 중심대, 그리고 잎새의 흔들림을 푸른 난새가 싸우는 것으로 동적으로 묘사하였다. 여기서는 앞의 시에서보다 세밀히 관찰하여 바람에 너울거리는 파초의 형상을 미화시켰다.

제3수는 파초의 바로보기를 제시하고 있다. 기·승구는 각각 파초에 관련된 고사를 취하여 이를 부정함으로써 전·결구에서 파초의 바로보기를 제시한 것이다. 기구는 『열자』에 나오는 이야기로서 그 내용은, 나뭇군이 우연히 죽은 사슴을 얻어 파초잎으로 그것을 덮어 감추어 놓았다가 뒤에 그것을 찾지 못하자 사슴을 얻어 감춘 사실을 꿈으로 생각했다는 것이다. 위 시에 있어서는 이 고사를 끌어와서 선적 의미로 사용하였다. '나뭇군이 사슴을 덮어 감춘 것이 참꿈'이라는 말은, 귀중한 것을 덮어 가려서 잊어버리는 범부의 행위가 바로 꿈이라는 것이다. 사슴이라는 귀중한 것 즉, 본질을 찾지 못한 이유는 덮어 감추었기 때문인 것이다. 승구는 『유마경』에서 유마거사가 '나(我)'라고 하는 것의 공함을 파초에 비유하여 설한 내용[91]을 인용한 것이다. 파초는 중심대의 속이 비어 있어서 알맹이가 없는 것, 無常의 존재에 비유된다. 이러한 비유 또한 파초에 대한 '바로 봄(正觀)'이 아님을 말한 것이다. 위의 기·승구는 파초가 그 자체로서 나타난 것이 아니라 귀중한 것을 덮어 버린 것, 空한 色身의 비유로서 사용된 것을 말한 것이다. 이에 대하여 전·결구는 파초의 바로보기인 '조용히 홀로 앉아 냉정히 바라봄(蕭然靜

---

91) 『維摩經』, 方便品, "是身如芭蕉 中無有堅".

坐冷相看)'을 제시한 것이다. '相看'은 사물을 마주하여 자세히 觀하는 것을 의미한다. 안개비 속에서 이슬 맺힌 파초의 모습을 바라보는 태도는 선입견을 버리고 사물을 있는 그 자체로서 바라보는 관점을 의미하고 있다.

  4수는 다시 형상으로 돌아와서 파초잎을 '녹색 비단의 뺨(綠羅兩 朕)'으로, 넓은 잎에 퍼져있는 살을 '천 가닥 실같은 뼈(千絲骨)'로 의인화하였으며 중심대는 '날개와도 같은 기둥(羽梁)'으로 생동감있게 묘사하였다. 바람에 잎사귀가 흔들거리는 형상은 짝 찾는 봉황새 꼬리가 활짝 펴지는 것으로 묘사하여 파초의 모습을 활유법으로써 형상화하였다.

  위의 4수 중 파초의 본바탕인 실상을 관하려는 태도는 1,3수에 드러나며 외적인 형상에 대한 심미적 완상은 2,4수에 드러나 있다. 1수에서 '파초수 그자신으로 돌아감(還我芭蕉樹)'은 3수에서 '고요히 앉아 냉정히 바라봄'으로써 이루어진다. 즉 '바르게 봄(正觀)'은 '相看'을 통해서 이루어지며 '상간'으로써 파초수 그 자체로 돌아가게 되는 것이다. '相看'은 物을 대하는 태도와 인식하는 방식이다. 1수에서의 시인의 취한 눈과 파초수 그 자체 사이의 괴리는 이하의 시에 와서 합일되는 양상을 보인다. 위 시에서 2,3,4수가 연작시로 되어 있는 점에서 보면 부정의 과정을 거쳐 형상에서 다시 형상으로 되돌아옴을 알 수 있다. 이는 곧 형상에 대한 자세한 관찰을 통해 바라본 그 모습이 바로 파초수의 實相임을 시사해주고 있는 것이다. 위 4수의 파초시는, 형상이 곧 본질이며 현상이 곧 實相(진실된 모습)이라는 諸法實相의 이치를 드러내보인 것이다.

(2) 物의 예찬과 추상화

물에 대한 관찰과 정관은 사물의 아름다움을 발견하게 되어 예찬으로 이어지며 또한 사물의 형상에서 진리를 보게 한다.

多謝文夫子	고마우셔라 文夫子여!
移來竹數莖	대나무 몇 줄기를 옮겨주셨네
眼前消暑氣	눈 앞에선 더위를 식혀주고
窓外助風聲	창 밖에선 바람소리 도우네
薄暮和烟碧	어스럼 저물녘엔 연기와 어울려 푸르스름하고
清宵漏月明	맑은 밤엔 달빛이 새어들어 밝네
更憐寒雨裡	더욱 아름다와라! 찬 비 속에서
葉葉泣珠成	잎새마다 울어 옥구슬 맺혔네.

<謝文先輩移竹>

위의 시는 대나무의 아름다움을 읊은 것이다. 문선배가 대나무 몇 줄기를 옮겨준 데 대해 그 아름다움을 예찬함으로써 감사의 마음을 표현한 것이다. 함련은 대의 시원스런 모습과 바람에 잎이 흔들리는 소리를 말한 것으로, 눈 앞에 가까이 바라보면 사람을 시원하게 해주는 시각적 면과 창을 격해서는 바람에 잎새 부딪치는 소리의 청각적 면을 통해서 주는 美이다. 경련은 저녁 안개 속의 대와 달빛을 받고있는 대의 모습으로, 주위의 풍광과 조화를 이루며 빚어내는 전체적 아름다움이다. 어스럼 저물녘의 푸르스름함과 맑은 밤의 밝음이 보여주는 것은 주위 환경과 잘 어울리는 대의 미적 성질이다. 미련은 가장 아름답게 본 대의 자태로서 찬 비 속에서 잎새마다 빗방울이 맺혀있는 모습이다. 찬 비는 여기서 겨울비가

아니라 차갑고 맑음을 의미하며 빗방울을 옥구슬(珠)로 미화시킴으로써 조화를 이루고 있다. 비를 맞아 '울고 있다(泣)'는 의인화의 표현에서 살아있는 物로서의 의미를 부여하고 있다.

"더욱 아름다와라!(更憐)"로 감탄적으로 읊은 찬 비 속 대의 모습은 앞서 <파초>에서의 '안개비 속에서 정좌하여 바라봄'과 같은 시적 태도에서 보여진 물의 아름다움이다. 대와 파초는 다 같이 푸른 빛이 생명이다. 이 푸른 빛은 비를 맞았을 때 더욱 푸르고 청초하게 보인다. 찬 비 속의 대와 안개비 속의 파초는 대와 파초라는 각각의 물의 성질에 어울리는 배경을 이루고 있어서 物의 영상미를 부각시키고 있다. 대의 곧음이 주는 냉담함[92]과 파초의 춤추는 듯한 화사함이 찬 비와 안개비로서 각기 호응되고 있는 것이다.

이 시에서는 대의 다양한 모습들이 보여주는 아름다움을 말하고 있는데 정적인 식물이 그 자체 변하지 않으면서 주위 환경에 따라 드러나는 미적 양상을 묘사하였다.

대를 소재로 하여 예찬한 시는 이외에도 가전 <죽존자전>에서의 죽존자에 대한 찬시와 <화정낭중부죽> 등이 있다. <죽존자전>의 찬시[93]에서는 대나무의 덕성과 운치를 찬탄하는 내용으로서 대의 특성인 마디와 속빔을 절개와 虛心으로 의인화하였으며, 달과 바람과

---

92) <惜春>에서 "꽃다운 풀잎과 부드럽고 따스한 것은 봄날의 일이나 / 어찌 소나무 대나무의 냉담한 모습만 하겠는가(芳菲軟暖春家事 爭似松筠冷淡形)"라고 하여 소나무와 대나무의 모습을 냉담함으로 보았다.
93) 我愛竹尊者　　나 죽존자를 사랑하나니
　　不容寒暑侵　　추위와 더위의 침노 용납치 않고
　　經霜彌勵節　　서리 겪을수록 더욱 절개 가다듬고
　　終日自虛心　　날이 다하도록 스스로 마음을 비운다
　　月下分淸影　　달빛 아래선 맑은 그림자 드리우고
　　風前送梵音　　바람 앞에선 범음을 보내준다
　　皓然頭載雪　　하얗게 머리에 눈을 쓰면
　　標致生藂林　　높은 운치가 총림에 생긴다.

어울려 자아내는 시각적 청각적 미, 특히 눈이 왔을 때의 운치를 읊었다. <화정낭중부죽>94)에서는 대의 푸른 빛을 선자의 눈동자에 비유하였으며 잎새의 흔들리는 소리는 속된 귀를 맑게 한다고 하여 청정성을 강조하였다. 그러나 강태공의 낚싯대가 되어 공명을 낚는 데 쓰여진 사실을 오직 꺼리는 점이라고 함으로써 세속적 공명을 배제한 불가적 가치관을 드러내었다. 불가적 시에서 대나무는 주로 텅 빈 속과 곧은 자태로 인해 불교적 가치와 연결되어 나타난다. 위의 시에서는 이러한 사유의 개입이 없이 순수한 서정적 관점으로 미적 자태를 읊고 있다. 이러한 서정성은 대나무라는 物의 청정성에 기인하여 발로된 것으로 '碧'과 '明', '寒雨' 등의 시어를 통해 드러나 있다.

물에 대한 시 중에서도 소박한 식물이나 숨어서 자라는 식물을 발견하고 의미를 부여하여 예찬한 점이 특이하다. 다음의 시 <蓼花>와 <卷栢>은 이러한 면을 잘 보여준다.

抱節殊凡草	마디가 있어 뭇풀과 다르고
秋深色轉奇	가을이 깊어지니 빛깔 더욱 기이하여라
自甘斑葦立	갈대 속에 섞임을 스스로 달게 여기어
應不要人知	사람들이 알아주기 응당 바라지 않네
香逐風輕處	향기는 바람이 살살 불 때 나고

---

94) 天與性自異   하늘이 준 성품 절로 다른데
    千林莫我爭   천림은 나를 다투지 말라
    操持凌雪槪   절개를 지킴은 눈을 능가하고
    危脆笑春英   위태롭고 연약하기 봄꽃을 비웃네
    色共禪眸碧   빛은 선자의 눈동자 같이 푸르고
    聲敎俗耳淸   소리는 속된 귀를 맑히네
    唯嫌水渭畔   오직 꺼리는 것은 위숫가 언덕에서
    曾鉤大公名   일찌기 태공이 이름낚은 것이어라.

光生日照時	광채는 해 비칠 때 생기네
江湖無限意	강호자연의 한량없는 뜻이거니
對此足開眉	이를 대하면 족히 눈썹이 펴지네.

<蓼花>

위 시는 여뀌의 꽃 핀 모습을 시화하였는데 여뀌(蓼)는 흔한 식물로서 냇가나 습지에서 무리지어 자라는 일년생의 마디풀이며 꽃은 흰색으로 7,8월에 핀다. 수련에서 마디가 있어 뭇풀과 다른 여뀌의 특징을 드러내었으며 가을이 깊어짐에 따라 빛깔이 변하는 속성을 기이하게 봄으로써 보잘 것 없는 식물에 대한 관심을 보이고 있다. 함련에서는 갈대 속에 섞여 자라는 여뀌의 생태를 '스스로 달게 여김(自甘)'이라 하여 분수를 달게 여김으로 보아 물에 인격을 부여하였다. 사람들의 눈에 띄지 못해 사랑받지 못하는 소박한 모습을 "사람들이 알아주기 응당 바라지 않네"라고 하여 물의 자적함으로 해석함으로써 각각의 물로서의 삶에 가치를 부여하였다. 이러한 표현은 시적 자아의 관점으로서 여뀌에 의탁하여 뜻을 드러낸 것이다. 경련은 여뀌꽃의 향기와 빛깔을 묘사한 것으로 바람이 불어야 비로소 퍼지는 연한 향기와 햇빛이 비쳐야 하얗게 빛을 내는 꽃을 표현하였다. 미련은 이러한 여뀌꽃을 강호자연의 무한한 뜻이라 하여 의미를 부여하였으며 이를 대해 일어난 환희심을 '눈썹이 펴지네(開眉)'로 표현하였다. 開眉는 근심이 사라짐을 말한다. 꽃을 대하여 일어나는 환희심은 <遊南浦院樓看牧丹>에서는 "바닷가 누각에 몇 송이 꽃 남아있어 / 한번 웃으니 애오라지 하루의 한가함 되네(潮樓幸有餘芳在 一笑聊爲一日閑)"라고 하여 목단을 대하여 절로 나는 웃음이 하루의 한가함으로 연장됨을 말하였다.

위 시는 여뀌꽃의 소박한 양태를 그린 것으로 한해살이의 풀에다 자연의 무한한 의미를 부여하였다. 즉 자연의 무한한 의미가 이 작은 풀에 담겨있으며 또한 이 풀을 통해서 구현되고 있는 것이다. 환희심은 이러한 의미에 근원을 두고 있는 것이다.

소외된 物은 문사들에게 있어서 현달하지 못한 자아를 우의하는 상관물이 되고 있다. 최치원은 <蜀葵花>에서 "지체 높은 분들이야 뉘 감상하리오? / 벌나비만이 부질없이 엿보네 / 천한 곳에 태어남이 부끄럽고 / 사람들의 버림받음이 한스러워라(車馬誰見賞 蜂蝶徒相窺 自慚生賤地 敢恨人棄遺)"라 하여 소외된 접시꽃에다 세상에서 뜻을 펴지 못하는 자조적 자아를 투사하였다. 고려 전기의 시인 정습명도 <石竹花>95)에서 패랭이꽃을 세상에서 인정받지 못하는 자신과 동일시하고 있다. 석죽화는 패랭이꽃으로서 정원이 아닌 초야에서 막 자라는 꽃이다. 이 꽃을 세상사람들이 좋아하여 정원에 심는 목단과 대비하여 황야에서 남모르게 피는 아름다움을 읊고, 이 아름다움이 외진 곳에 피어나는 탓으로 공자들의 사랑을 받지 못하고 밭가는 늙은이에게 돌아간다고 하였다. 여기에는 사람들의 사랑을 받지 못하는 점에 대한 안타까움의 정이 이면에 깔려있다.

혜심의 시와 비교해 볼 때 혜심은 관점을 사물 자체에 두고 있는데 비해 최치원이나 정습명은 사물 자체보다 사람들에게 보여지는 대상으로서의 접시꽃·패랭이꽃에 관점을 두고 있다. 이는 물 자체

---

95) 이인로.『파한집』하권.
世愛牡丹紅	세상에선 붉은 모란꽃 사랑하여
栽培滿院中	동산에 가득 심건만
誰知荒草野	뉘라서 알리오?
亦有好花叢	황야의 좋은 꽃떨기를
色透村塘月	빛은 마을 연못의 달빛을 꿰뚫고
香傳隴樹風	향기는 언덕의 나무에서 부는 바람에 풍기네
地偏公子少	땅이 편벽하여 공자들이 드무니
嬌態屬田翁	어여쁜 모습 밭가는 늙은이 차지네.

에 중심을 둔 인식이 아니라 즐기는 사람 위주의 시각으로서 車馬
와 蜂蝶, 그리고 公子와 田翁의 즐기는 바로서의 物이며 속해지는
대상으로서의 物이다. 혜심과 최치원·정습명의 시는 선사와 일반
문사의 物에 대한 인식의 차이를 잘 보여주고 있다.

>   不生不死壽無窮   나지도 않고 죽지도 않아 그 수명 무궁하고
>   能卷能叙具變通   말았다 폈다 변통을 갖추었네
>   愛汝隈巖得幽趣   사랑스럽다 너! 후미진 바위에서 그윽한 멋 있어
>   不隨紅紫鬪春風   울긋불긋 꽃피어 봄바람과 다투지 않음이.
>   <卷栢>

　권백은 부처손이라고 하는 식물로서 그늘진 바위 가에 자라며 꽃
이 피지 않는다. 다년생으로 시들지 않는 상록의 이 풀을 기구에서
불생불사의 무궁한 수명으로 묘사하였다. 권백에 대한『本草』의 釋
名에서는 '萬歲, 長生不死'로 표현되어 있는데 비해 '不生不死'의
불교적 용어로서 표현하여 불교적 관점을 드러내고 있다. 불생불사
는『반야심경』·열반경』등에서의 '불생불멸(常住의 異名)'과 같은
뜻이나 불생불멸이 진리의 체성을 말한 것에 대해 구체적 물로서의
수명을 말한 것이다. 승구에서는 습하면 퍼지고 건조하면 안으로
말리는 습성을 능권능서의 변통으로 신기하게 묘사하였는데 변통
은 변화통력 혹은 신통변화로서 불법에 통달하여 자유자재로 변화
할 수 있는 불가사의한 신통력을 말한다. 能은 能所의 能으로서 객
체에 대한 주체를 의미한다. 움직이는 습성을 가진 권백을 능동적
인 주체로 보아 변화의 신통력을 지닌 물로서 파악한 것이다. 전·
결구는 후미진 바윗가에 붙어 서식하는 부처손의 幽趣를 찬미하였
는데, 유취는 깊고 미묘한 정취로서 결구에서 말한 바 화려하게 꽃

피우지 않는 그 소박함을 가리킨 것이다. 꽃피지 않는 속성을 오히려 유취로 미화시킨 이 시는 남모르게 살아가는 식물의 생태를 살펴 그것이 지닌 멋과 가치를 드러내고 의미를 부여하고 있다.

이러한 숨은 식물에 대한 발견은 나옹 혜근의 <谷蘭>[96)]에서도 보이는데 깊은 바위 틈에 서식하는 난이 꽃이 피어 그 향기가 주위에 가득 퍼져 향기로움을 시화하였다. 혜근의 시는 식물에 대한 구체적 묘사가 배제된, 사실의 단면상을 그림으로써 관념적으로 떨어지고 있다. 이에 비해서 혜심의 시는 식물의 양태에 대해 보다 구체적인 표현을 통해서 물에 대한 관찰과 존재의 의미를 부각시켰다.

위의 <요화>와 <권백>은 사람들의 눈에 잘 띄지 않는 작은 식물의 멋과 가치를 발견함으로써 개개의 物에 내재한 오묘한 이치를 드러내고 있다. <화정낭중부죽>에서 "하늘이 준 성품 저마다 다른데 / 천림은 나를 다투지 말라(天與性自異 千林莫我爭)"고 하여 각각의 物의 性의 다름과 고유의 가치를 말하고 있는데 이는 차별적 세계상에 대한 평등성의 사상을 표현한 것으로 볼 수 있다. 이러한 차별과 평등의 문제는 <孤憤歌>[97)]에서 만물의 차이점들에 대해 의

---

96) 『나옹록』(장경각), p.109.
萬壑幽深嵓石中　　만 골짝 깊고 깊은 돌바위 틈에
馨香異草繞溪松　　향기로운 이상한 풀이 시냇가 솔을 둘러쌌다
重重疊疊千峯裏　　층층이 포개진 많은 봉우리 속에서
忽地花開遍界通　　문득 꽃이 피어 온 주위에 퍼졌네.

97) ....
虎有爪兮不得翅　　범은 발톱 있으나 날개가 없고
牛有角兮不得齒　　소는 뿔이 있으나 이빨 없는데
蚊虻有何功　　　　모기나 등에는 무슨 공이 있었기에
旣翅而又觜　　　　날개도 있고 또 부리도 가졌는가
鶴脛長兮鳧脛短　　학의 다리는 긴데 오리 다리는 짧고
鳥足二兮獸足四　　새는 발이 둘인데 짐승은 넷이로다

문을 일으킨 바 있고 이 의문은 <代天地答曰>98)에서 해소되고 있다. 또한 <逍遙谷>99)에서는 대붕과 메추리를 들어 장단이 비록 다르지만 각기 주어진 대로 자적한다고 하여 평등의 세계관을 나타내었다. 이러한 세계관은 차별이 곧 평등이라는 역설적 진리를 나타낸 것으로『어록』에서는 다음과 같이 설하고 있다.

"이른바 평등이란 산을 깎아 못을 메워야 편편하다거나, 학의 다리를 끊어 오리 다리에 붙여 주어야 평등하다는 따위를 말하는 것이 아니다. 긴 것은 긴 대로, 짧은 것은 짧은 대로, 높은 것은 높은 대로, 낮은 것은 낮은 대로 두어, 다만 모든 법이 다 그런 줄 알면 이것 저것이 다 평등해질 것이다."100)

이와 같은 평등관은 물에 대한 비교적 관점을 지양하고 개개의 물이 지닌 고유의 성품에 대한 가치를 인정하고 존재의 의미를 부

魚巧於水拙於陸	고기는 물에 능하나 육지에는 못 사는데
獺能於陸又能水	수달은 물에서도 뭍에서도 능하네
龍蛇龜鶴數千年	용과 뱀, 거북과 학은 천년을 사는데
蜉蝣朝生暮當死	하루살이는 아침에 나서 저녁에 죽네
俱生一世中	다 같이 한 세상에 태어나 살면서
胡乃千般萬般異	어찌하여 천만가지 서로 다른가?

....

98) 萬別千差事　　천만가지의 차별된 일은
　　皆從妄想生　　모두 망상에서 생긴 일이니
　　若離此分別　　만약 이 분별을 여의면
　　何物不齊平　　어떤 물건인들 평등하지 않으리?
99) 大鵬風翼幾萬里　대붕은 바람에 날개쳐서 몇 만리를 날고
　　斥鷃林巢足一枝　메추리는 숲속 한 가지에 만족해 사네
　　長短雖殊俱自適　길고 짧음 비록 다르나 유유자적하나니
　　瘦節殘柄也相宜　야윈 지팡이 헤진 누더기야 나에게 마땅하여라!
100)『한불전』 6-4. <貞祐十二年甲申八月十三日 全州臨川寺龍華 第三會起始>, "所言平等者 非謂夷嶽實淵然後方平 續鳧截鶴於焉始等 長者任其長 短者任其短 高者任其高 下者任其下 但了法法皆如 自然彼彼平等".

여한다.

> 見葉初疑柿　　잎을 보고 처음엔 감나무인가 했더니
> 看花又是蓮　　꽃을 보니 또 연꽃이어라
> 可憐無定相　　어여뻐라! 정해진 모습 없어
> 不落兩頭邊　　양변에 떨어지지 아니함이여.
> 　　　　　　　　<木蓮>

　목련은 나무에 피는 연꽃이라는 뜻으로 木芙蓉이라고도 한다. 특히 紫木蓮은 연꽃과 흡사한 모습과 색깔 때문에 사찰에서 즐겨 심는다고 한다. 위의 시는 목련의 형상에서 중도의 이치를 발견하고 찬탄한 것이다. 기·승구는 목련의 형상에 대한 감각적 인식이다. '見'과 '看'의 시각을 통해서 파악된 목련은, 잎은 감나무의 잎과 같고 꽃은 연꽃과도 같은 것이다. 기구는 물에 대한 불분명한 인식을 드러낸 것으로 '疑'는 승구의 '是'에 비해 불확실성을 나타내고 있다. 승구는 앞에서의 '見'보다 좀 더 자세히 본다는 의미로서 '看'으로 표현하였으며 꽃을 봄으로써 연꽃이라는 사실과 함께 감나무가 아니라는 사실을 비로소 알게 된다. 기·승구는 동시적 사실이 아니며 연속적인 것도 아니다. 시간적 거리를 두고 있는 각각의 사실이다. 목련은 봄에 꽃이 먼저 피고 꽃이 시들면서 잎이 돋아나며 꽃이 필 때는 잎은 지고 없다. 여기에서 잎을 먼저 말하고 꽃을 뒤에 말한 것은 봄에 나무에서 피어난 목련꽃의 모습에 대한 감탄을 내포하고 있는 것이다.

　전·결구에서는 이 형상을 中道의 이치로 귀결시켰다. '可憐'은 아름답다는 감탄으로써 '無定相'의 진리를 보여주는 목련을 찬미한 것이다. '定相'은 常住不變의 相으로 일체 세간의 법은 정상이 없다고 한다. '兩頭邊'은 유무·미오·시비·득실 등의 상대적 대립적 견해를 말한다. 양두변에 떨어지지 아니함은 바로 中道를 말한 것이다. 中道는 불교의 근본적 입장을 드러낸 것으로 二邊에 치우치지 않는 中正의 道이다. 중도는 우주만유의 진실상을 나타내므로 중도는 곧 實相이다. 잎과 꽃의 부분에서 본 목련은 감나무와 연꽃이다. 그러나 전체로서 보면 감나무도 아니고 연꽃도 아닌 목련인 것이다. 이 감나무도 아니고 연꽃도 아닌 목련의 형상은, 바로 중도라는 불법의 진리가 형상화된 것이다. 위 시는 목련을 불법이 구현된 물로서의 아름다움을 예찬한 것이다.

불교적 진리를 드러내고 있는 식물로는 연꽃을 들 수 있다. 사찰의 못에 심어서 즐기는 연꽃은 석존이 가섭에게 법을 부촉한 '염화미소'의 상징성을 띠고 있다. <蓮池>101)에서는 흙탕물 속에 살면서도 더럽혀지지 않는 연꽃의 생태와 아름다움을 읊고 있다. 떨어진 꽃에서는 '영욕의 무심함'102)을, 松栢에게서는 '세한심'103)을 보며

101) 亂葉田田搖翠盖   어지러운 잎사귀 둥둥 떠 푸른 일산처럼 흔들리고
    佳花濯濯涌金仙   아름다운 꽃 눈부시어 금선이 솟아오른듯
    奇歟生在淤泥水   신기하여라! 흙탕물 속에 삶이여
    泥水何曾着得便   흙탕물이 어찌 연꽃을 더럽힐 수 있으리?

    藕花初坼墳淸香   연꽃이 처음 터질 땐 맑은 향기 솟아나고
    光色鮮明逈異常   빛과 색은 선명하여 다른 꽃보다 특이하네
    堪笑牧丹偸勝號   우스워라! 목단이 좋은 이름 훔쳐서
    被人剛嗅作花王   강한 냄새 풍기어 花王이 되었구나!
102)『한불전』6-48, 조계진각국사어록 보유, <落花>
    昨日枝頭開爛漫   어제는 가지끝에 난만히 피었더니
    今朝地面落紛紜   오늘은 어지러이 땅에 떨어졌네
    令人嗟惜翻生愧   사람을 슬프게 하다가 부끄럽게 하나니
    榮辱無心孰似君   영욕에 무심함이 누가 그대 같으랴?
103) <栽松栢>
    栽松種栢示叢林   소나무 잣나무 심어 총림에 보임
    非但炎天愛翠陰   한여름 시원한 그늘만 좋아서가 아니네

紅黃 이색의 꽃에서는 '中道와 至誠'104)의 의미를 본다. 이러한 관점은 물의 형상과 속성에 내재된 진리를 발견하고 이 추상적 진리를 구체적으로 보여주는 물에 대한 외경심의 표출이라고 보겠다.

사물의 형상이나 속성이 내포한 진리를 발견하는 것에서 나아가 특정 사물은 그 자체가 상징성을 지니게 된다. 이러한 불교적 상징물로는 달을 들 수 있다. 다음 2수의 시는 달의 상징성을 드러내고 있다.

有雲光乍晴　　구름 끼면 달빛 잠깐 멎고
無水影還空　　물 없으면 그림자 또한 없네
莫訝西沈去　　서쪽으로 잠기어 가버렸다 의심치 말라!
明霄又出東　　내일밤엔 또다시 동쪽에서 돋나니.
　　　　　　　　　<咏月>

明珠白璧在人間　　저 달같은 밝은 구슬 인간에 있다면
勢奪權爭不放閒　　힘과 권력으로 다투고 뺏기 한가하지 못하리
若使氷輪爲世寶　　저 얼음같은 달바퀴 세상의 보배라면
豈容垂照到窮山　　어찌 궁벽한 산에까지 와서 비쳐주랴?
　　　　　　　　　<中秋翫月>

<영월>에서는 달의 일상적인 운행상으로써 영원한 본체성을 말

　　直待千秋黃落盡　긴 세월 모두 낙엽지기 기다려
　　看渠獨有歲寒心　저 홀로 지닌 세한심을 보려네.
104) <崔頭陀以紅黃二色花供養作此謝之>
　　黃豔明中道　누렇게 고운 것은 중도를 밝히었고
　　紅葩表至誠　붉은 꽃은 지성을 드러내었네
　　若兼斯二者　만약 이 두 가지 겸한다면
　　何適佛難成　어찌 성불하지 못하랴?

하고 있다. 기구는 구름이 끼면 달빛이 '잠깐(乍)' 사라진다고 하였으며, 승구는 물이 없으면 달이 그림자를 드리우지 못함을 말하였다. 물이 있으면 어디라도 나타나는 달 그림자는 때와 장소에 따라, 인연에 따라 나타나는 佛의 성품을 나타낸 것이다. 기·승구에서 달빛이 멎고 그림자가 없는 상황은 전구에서 달이 지는 상황으로 고조되면서 동시에 반전을 이루고 있다. 결구에서는 달이 지면 또 다시 떠오르는 당연한 자연의 이치를 말함으로써 불변의 진리를 드러내었다. 이 불변의 진리는 佛性의 영원한 성품을 의미한다.

  달은 원만성과 청정성, 그리고 보편성과 평등성으로 인해 佛, 혹은 佛性을 상징한다. 이 시는 달을 통해서 변함없는 마음의 본체성을 말하고 있다. 구름은 잠깐 일어났다 사라지는 유동적이며 실체가 없는 것으로 無明을 의미하며 이것은 마음의 작용이다. 이 무명으로 인해 청정한 본체인 마음이 일시적으로 가리워질지라도 그 본체성은 사라지지 않으며 물이 없어 그림자가 나타나지 않더라도 물만 있으면 어디라도 나타나는 것임을 변함없이 뜨는 달로써 상징한 것이다. 이러한 달의 불교적 상징성은 <중추완월>에서는 가정법을 사용하여 세속적 현실과 대비시킴으로써 더욱 강조하였다.

  <중추완월>은 보름달의 아름다움과 덕성을 기린 것으로 초월적 공간의 달을 인간세상의 보물로 전이시킴으로써 세태상에 대비된 달의 원만한 가치와 평등성을 강조한 것이다. 보름달은 그 완전한 모습과 빛으로 인해 완전무결함을 의미한다. '明珠白璧'은 달의 비유로서 세속적 보물로서 가정하여 세속의 권력쟁탈상을 暗喩하였고 얼음같이 차고 맑은 달을 세상의 보배로 가정하여 불평등한 세태를 간접적으로 드러내었다. 이러한 가정법은 달의 완전무결한 아름다움이 상징하는 원만성과 보편성, 평등성을 대비적인 상황을 통해서 강조하는 비교적 관점을 보여준다.

달은 불변의 진리를 상징하는 물로서 친숙한 소재이다. 달을 지칭한 표현으로는 '舊隣', '好知音'으로 의인화시켜 친밀감을 나타내고 있다. 달에 대한 감상과 즐김이 표출은 이러한 상징성을 근원에 두고 있는 것이다.

> "높은 대 바람 없는 곳에 자리잡은 것은 / 밤새도록 달을 보기 위해서이네(修臺占向無風地 圖得終宵看月輪)"<留題金剛庵, 西臺卽事>.
> "처마 짧다고 소나무로 잇대지 말라 / 맑은 밤 집에 가득찬 달빛을 즐기려 함이니(短簷不許裁松補 爲愛淸宵月滿堂)"<暑月監院欲補簷作詩去之>.

명월은 맑고 밝은 달, 또는 팔월 대보름의 달을 가리키는데 선적으로는 명백한 것에 비유된다. '明月藏鷺', '明月蘆花' 등의 용어는 평등 가운데 차별이 있음을 비유한 말이다. 명월과 백로, 명월과 갈대꽃은 모두 흰빛으로서 한데 어우러지면 一如의 경계를 이루게 된다. 그러나 이러한 혼연일체가 된 가운데에서도 명월은 명월이고 백로는 백로이며 갈대꽃 또한 갈대꽃인 것이다.

하늘의 달과 함께 물에 비친 달은 중요한 시적 제재가 되고 있다. 水月, 水中之月은 물에 비친 달로서 본체에 대한 작용을 의미한다. 혜심은 『어록』에서 "부처의 참법신은 허공과 같고 물건에 응해 형상을 나타내는 것이 물속의 달과 같다."[105]라고 하여 佛의 化現을 물속의 달에 비유하였다. 水月은 또한 모든 법의 실체없음에 비유되기도 하는데 물속의 달을 잡으려 함은 실체없는 허망한 것에 대한 집착을 비유한 말이다. 이와 같은 비유성을 내포하여 하늘의 달과 함께 물 속에 비친 달은 시적 영상미를 이루고 있는 것이다.

---

105) 『한불전』 6-10. "佛眞法身 猶若虛空 應物現形 如水中月".

여기서 문학적 용어로 전용되어 시문이 조탁의 흔적없이 잘 짜여진 것을 '水月鏡花'106)에 비유하게 된 것이다.

달을 소재로 한 고려 선시인의 시로는 나옹과 태고의 것이 있다. 나옹의 <谷月>107)에서는 계곡의 물 속에 비친 달과 숲을 비추는 맑은 빛을 본체적 진리의 체용에 비유하였다. 태고의 게송으로서 명호송인 <中月>108)도 중추의 달을 불변의 진리에 비유한 것이다. 이러한 달의 상징성은 불교시의 흐름에서 볼 때 신라향가에서의 기원의 대상으로서의 달의 의미와는 차원을 달리하게 된다. 더 이상 기원의 대상으로서가 아니라 상징성을 근원에 둔 심미적 관점이 나타나게 된 것이다.

사물의 형상을 통해서 진리를 발견하는 관점은 나아가 사물 그 자체를 추상화시키게 된다. 사물 자체에 대한 시각이 전이되어서 사물과 연관된 추상적 가치와 진실로 이르게 된다. 아래의 시는 이러한 사물의 추상화를 보여준다.

紅爐新鍛爛生光	끓는 화로에서 새로 불려내어 찬란하게 빛나고
肚裡恢恢口大張	뱃속은 아주 넓고 입은 크게 벌렸네
投向華嚴三昧海	화엄삼매의 바다를 향해 던지니
看渠一吸盡滄浪	저것 보게! 한입으로 푸른 바다를 다 삼켜버리네.

---

106) 嚴羽, 『滄浪詩話』, "透澈玲瓏 不可湊泊 如空中之音 相中之色 水中之月 鏡中之象 言有盡而意無窮".
107) 萬壑幽深溪水間　만 골짝 깊고 그윽한 시냇물 속에
　　 銀蟾夜半自團團　밤중의 은두꺼비가 스스로 뚜렷하다
　　 藤蘿縈絆猿啼處　덩굴풀 우거진 원숭이 우는 곳에
　　 一片淸光歷劫寒　한 줄기 맑은 빛이 영원히 차구나.
108) 不住東西境　동이나 서의 경계에도 머무르지 않고
　　 十分淸光徹　끝까지 맑은 빛이 사무치어라
　　 獨露萬像中　모든 형상 가운데 홀로 드러났거니
　　 圓明常不滅　두렷한 밝음은 언제고 멸하지 않네.

<施白金甁隨喜>

어떤 이가 백금병을 보시함에 기뻐하며 지은 시이다. '隨喜'는 다른 사람이 행한 善에 隨順하여 기뻐하는 것을 말하는데 이는 自作者보다 훌륭하다고 한다. 기구에서는 새로이 만들어낸 백금병의 광채를 말하여 사물에 대한 감사를 표하였다. 승구에서는 모습을 말하였는데 뱃속이 넓고 입이 큰 병의 모습은 전구에서 급격히 추상화로 전환하여 화엄삼매의 바다로 이어진다. 만행과 만덕을 닦아서 불과를 장엄하게 하는 것을 화엄이라 하며 일심으로 닦는 것을 삼매라 한다. 화엄삼매는 만행과 만덕을 일심으로 닦는 것을 말한 것인데 이를 바다에 비유하여 평정함과 무한함의 의미를 부여한 말이다. 결구는 가상적인 사실로써 백금병의 의미를 극대화한 표현이다. 이 백금병이 화엄삼매의 바닷물을 한입으로 삼켜버린다는 것은 보시의 공덕을 찬탄한 말로서 백금병 속에 화엄삼매가 다 담겨있다는 것을 의미한 것이다. 보시는 六波羅蜜109)의 첫번째로서 이 보시바라밀은 남김 없이 주고 베풀면서도 주었다는 생각마저 버림으로써 자기 자신의 탐심을 끊고 집착을 떠나며 또한 타인을 도와주는 윤리적 실천이다. 재물을 베푸는 것을 말하는데 그 행위는 좋은 업보를 받는다고 한다. 탐심을 여의고 깨달음을 얻는 것을 목적으로 한 거룩한 淸淨施로서 보시는 베푸는 물건에 기준을 둘 것이 아니라 베푸는 마음을 표준으로 해야 한다고 한다.

　이 시는 앞에서 사물의 형상을 말하고 뒤에서는 사물의 의미인 보시의 공덕을 말하여, 형상에서 추상적 차원으로 비약하였는데 이러한 시적 구조는 사물의 형상을 통한 추상화의 표현방식을 의미한

---

109) 열반에 이르기 위하여 보살이 수행하는 여섯 가지의 大行으로서 布施・持戒・忍辱・精進・禪定・智慧를 말한다.

다.

사물의 형상을 통한 추상화는 다음의 시에서는 선사의 기원으로서 시화되었다.

> 數十金丸遶一枝　　수십개의 금환이 한 가지를 둘러쌓는데
> 妙圓肥大甚希奇　　미묘하게 둥글고 큼직하여 몹시 희귀하다
> 翹成奉獻微塵佛　　정성을 다하여 미진불께 봉헌하오니
> 願得多門聖果兒　　원컨대 여러 문에서 佛果를 얻으지이다!
> 　　　　<丙子十月初吉 寶城守李公 送橘一枝 長一尺許大如拇
> 　　　　指結實如峰屯 數之僅三什個 箇箇肥大 作詩獻佛>

丙子年 10월 초 吉日에 보성 태수 李公이 길이 1자 쯤 되는 귤 1가지를 보냈는데 크기가 엄지 손가락 같았으며 열매는 벌떼가 모인 듯하였고 세어보니 거의 30개나 되었는데 낱낱이 살펴서 시를 지어 부처님께 올린다고 하는 詩作의 배경 설명이 있다. 기·승구는 이 공이 보낸 귤 가지의 모양과 그에 대한 감탄을 나타내었다. 전·결구에서는 이 귤을 불전에 올리면서 드리는 기원이다. '微塵'은 미세한 먼지라는 뜻으로 물질의 지극히 작은 단위를 말하며 '微塵佛'은 미진수민큼 많은 부처로서 지극히 작은 물질로서 무한한 수량을 표시한 것이다. 의상대사의 <법성게>에서 "하나의 미진 속에 시방을 머금었고 / 일체의 미진속에도 역시 그러하네(一微塵中含十方 一切塵中亦如是)"라고 하였듯이 모든 작은 물질 속에도 다 佛이 내재되어 있는 것이다. 하나의 가지에 수십개의 귤이 매달려 있듯이 萬有에 두루 편재하는 佛에게 이 귤 가지를 올린다는 것이다. '多門'이라 함은 여러 法門을 가리킨 것으로, 불교의 가르침은 대상에 따라서 여러가지 차별이 있고 깨달음으로 들어가는 門은 여러가지가 있

다. '佛果'는 수행한 因으로 인하여 極果에 이르는 佛의 지위로서 지극 구경의 果이다. 탐스러운 귤들이 한 가지에 무성하게 달려있듯이 여러 門에서 불과를 얻기를 기원한 시로서 경건한 헌정의 마음을 표하였다.

이 시는 수 십개의 열매가 무성하게 달린 귤 가지를 대하여 일체의 작은 물질에도 모두 내재해 있는 부처님을 연상하였고 또한 수많은 法門을 통한 佛果의 기원으로 사고를 전이시켰다. 사물의 형상에서 연상을 통해 추상화시킨 것이다. 구체적 형상의 사물을 통한 추상화는 선적 진리를 전달하는 데 이르러 가장 특징적이다.

粧成寶杖盡奇工　보배로운 지팡이 기묘한 공을 다해 꾸몄고
影質幷投況意濃　그림과 함께 주니 더욱 뜻이 짙어라
早被山僧俱拗折　일찍이 산승에게 모두 꺾였는데
更將何箇倚爲節　다시 어느 것을 가지고 의지하는 지팡이로 삼을 것인가?
　　　　　　　　　<飾斑竹杖 幷畫影作詩見贈 次韻答之>

반죽의 지팡이를 장식하여 그림과 함께 시를 지어 올림에 차운하여 답한 시다. 기구는 장식한 지팡이의 공력에 대한 칭찬이며 승구는 상대방의 호의에 대한 감사이다. 기·승구는 구체적 사물인 지팡이에 대한 내용이며 전·결구는 사물인 지팡이를 소재로 하여 법을 묻고 있다. 물질 형상을 떠나 지팡이로 삼을 것에 대해, "말해보라!"로서 대답을 요구하는 질문이다. 소재는 지팡이이되 그 의미하는 바는 물의 차원을 떠나 정신적으로 의지하는 바를 가리킨다. 산승은 자칭이며 모두 꺾여버린 지팡이는 의지하는 지팡이다. 지팡이는 앞에서는 物 그 자체를 말하고 뒤에서는 物을 법으로 전이시켰

다. 사물을 추상적으로 전이시키는 매개는 사람이 의지하는 바에 있다. 이 시의 기·승구와 전·결구는 의미적 층위를 달리하고 있는데 전구에서의 비약적 전환은 애매성을 유발하고 있다.

위의 시는 물을 매개로 하여 물의 차원을 떠난 선적 질문을 제기함으로써 질문을 통해 깨달음을 촉구하는 선사의 방식을 보여주고 있다. 물을 매개로 한 선적 메시지의 전달은 <作詩送橙子 師折松枝答之>110)에서 소나무 가지를 통해서 이루어지고 있다. 한겨울에도 시들지 않는 '歲寒枝'111)는 청정성과 불변성의 상징이다. 소나무 가지를 들어보임은 선가의 특징인 비언어적 행위로서 "이 무엇인고 (是甚麼)!"하는 의문을 제기한 것이다.

사물을 통해서 선적 진리를 나타내 보임은 '以心傳心'의 기법이다. 석가 세존이 연꽃을 들어보임으로써 행위를 통하여 의미를 제시했을 때 오직 가섭만이 알아차리고 빙그레 웃었다는 것이 선의 始源이다. 이러한 비언어적 행위를 통한 교류, 법의 제시는 조사들의 어록에서도 사물을 들어보임으로써 이어지고 있다. 들어보임은 사물을 통해서 보편적 진리를 나타내려는 선가의 특징적 방식이며 비설명적, 단도직입적 표현 방식이다. 조사들의 어록에 보이는 주장자나 불자의 사용은 그 행위를 통한 의미를 갖는다. 혜심의 어록에서도 빈번한 주장자의 여러가지 사용법을 통한 선가내의 상징, 즉 주장자를 들어보임과 선상을 내려침, 주장자를 세움과 던짐 등의 비언어적 행위는 선가의 관습적인 것으로서 상징성을 갖고 있다. 이러한 법을 보이는 上堂설법상에서의 행위 외에도 선사들은 비근

---

110) 慇懃投我團欒菓　　은근히 내게 둥그런 과실을 보내주니
　　氣甚馨香色甚奇　　그 기미 몹시 향긋하고 빛깔 심히 기이하다
　　嗟我山中無所有　　아! 나 산중에 가진 것 없어
　　爲君拈出歲寒枝　　그대 위해 한겨울 소나무 가지 들어 보이노라.
111) 원문 '歲寒地'의 '地'는 '枝'의 오자이다.

한 사물 등을 통해서 제자들이나 신도들에게 가르침을 펴는데 혜심의 비문에 의하면 스승 지눌과의 부채를 매개한 선의 교류와 신발을 두고 주고 받은 선문답이 있다. 이러한 사물을 매개한 선적 교류는 그 사물의 형상을 넘어 보편적 진리를 추구하는 방식이며 사물의 추상화이다.

이상으로 物을 대상으로 한 시들에서는 사물을 대하는 관점과 인식이 드러나 있으며 이러한 점은 혜심의 개성적 시세계를 이루고 있다. 物의 관찰과 正觀은 사물에 대한 관심을 드러낸 것이다. 작은 물체의 미세한 움직임을 靜觀하여 묘사함에 있어서 극대화의 비유는 일상적인 공간적 분별성을 넘어서는 선의 역설적 진리와 관련된 표현이다. 사물을 그 자체의 고유한 존재로서 인식하는 태도는 正觀, 相看으로서 나타나 있으며 이는 망념과 선입견을 떠난 순수한 인식을 의미하고 있다. 이러한 인식을 바탕으로 하여 각각의 고유한 美를 예찬한 점은, 物을 대상적 존재나 자아 우의의 매개로 사용하는 문사들의 관점과는 다른 면을 보여주고 있는 것이다. 이러한 物 자체에 대한 인식은 개개의 物이 지닌 형상에서 진리의 발견으로 이어지며 진리의 세계로 전이되어 추상화되는 의미의 확대를 이루고 있다.

4. 인생과 현실의 수용 및 대응

혜심의 시에서 인생과 현실의 문제를 내용으로 한 시들을 살펴본다. 인생은 가장 본질적 문제이며 현실은 출가승의 경우에도 피할 수 없는 관계를 갖고 있다. 더욱이 혜심은 무신집권기 선종의 확립기에 무신정권의 후원을 받으며 수선사를 확장시킨 선사이므로, 당시 시대와의 관련은 긴밀했을 것으로 짐작된다. 혜심은 당시 집권층뿐 아니라 통불교적 교유관계를 이루어 나가면서 선종의 발전을 이룩하였으므로 타인과의 관계 속에서 지은 시를 많이 남기고 있다.

이러한 시에는 인생과 현실에 관련된 내용을 포함하고 있는데, 여기에는 인간의 삶과 시대 현실에 관련되거나 파생되는 것으로서 삶의 현장에서 일어나는 실제적인 차원의 일들이 다루어지고 있다. 이들 시에는 그의 세계관 및 현실인식적 측면이 나타나 있어 한 시대의 종교 지도자로서의 삶의 방식을 말해주고 있다. 이러한 내용의 시를 '삶의 문제와 관조적 태도', '시대현실과 거리의식'으로 나누어 혜심이 인생과 현실에 대해 가진 관점과 인식, 그리고 이에 대응하는 방식 및 지향성을 고찰해 본다.

(1) 삶의 문제와 觀照的 태도

인생에 있어서의 다양한 문제들을 소재로 한 시들을 통해서 인생을 어떻게 이해하고 있으며 어떠한 방식으로 풀어나가고 있는가 하는 면을 고찰해본다. 이러한 면은 인간의 삶에 대한 인식과 그에 대한 대응의 태도, 그리고 그것을 해소하는 방식등을 중심으로 살펴보겠다.

여기에는 인생의 '苦'의 문제로서의 죽음, 인생의 짧음과 헛됨, 인간사의 갈등상, 불우한 처지등과 '情'의 문제로서의 부모와 스승, 이별과 만남에 관한 내용이 있다. 생로병사는 四苦이다.『무의자시집』에는 늙음과 죽음에 관한 것은 있으나 태어남과 질병에 관한 것은 없다. 죽음의 문제는 삶의 문제를 포괄하고 있으며 죽음에 비추어 삶을 보게 되는 동시성이 있다. 죽음은 인생의 가장 충격적 사실이며 피할 수 없는 이 죽음이라는 사실은 타인의 죽음을 통해서 삶과 죽음이라는 인생의 근본적 문제를 제기한다.

來時先我來	올 때도 나보다 먼저 왔다가
去時先我去	갈 때도 나보다 먼저 가시는구료
珍重辨師兄	진중하신 변사형이여!
冥冥獨遐擧	아득한 길 홀로 멀리 떠나버렸네
而我豈久存	나인들 어찌 오래 머물겠는가?
浮生如逆旅	뜬 삶 마치 나그네 집 같거니
返觀去住蹤	가고 머문 자취 돌이켜 보아도
不得絲112)毫許	털끝 만큼도 얻을 수 없네.

<聞辨禪師訃>

변선사의 부음을 듣고 쓴 만시로서 人生無常의 진리가 바탕에 깔려 있다. 수련에서 태어남과 죽음을 오고(來) 가는 것(去)으로 표현하여 삶과 죽음을 연속적 선상에서의 이동으로 인식함이 나타나 있다. 나보다 먼저 왔으니 나보다 먼저 간다고 하는 인생의 당연한 이치로써 시작하여 죽음의 소식을 접함에 있어 슬픔과 놀라움의 감정이 여과된 담담한 정서를 드러내었다. 함련의 '珍重'은 찬미의 말로서 망자에 대한 그리움의 정을 토로한 것이다. 師兄은 같은 師僧의 제자로서 法兄이다. '아득한 길(冥冥)'은 삶의 길을 벗어난 죽음의 길이다. 죽음은 삶과의 단절이 아니라 다른 곳으로의 이동이므로 멀리 가버리는 것으로 표현하였으며 '홀로(獨)' 떠남에서 인간 존재의 고독감이 나타나 있다. 경련에서는 죽음이라는 사실의 보편적 필연성을 말하였으며 인생을 '뜬 삶(浮生)'과 '나그네집(逆旅)'로

---

112) 원문의 '孫'은 '絲'의 오자이다. 普濟社刊 『조계진각국사어록』 소재 부록 (權相老輯)에는 '絲'로 되어있다.

표현하여 무상감을 드러내었다. '浮生'은 사람이 세상을 사는 것을 헛되고 고정적이 아님(虛浮無定)으로서 인생을 이른 말이다. 이 말은 『장자』에서 "其生若浮其死若休"라 하였고 이백의 <春夜宴桃李園序>에서는 "浮生若夢爲懽幾何" 등 한시에서의 일반화된 표현이다. 뜬 삶은 '뜬구름(浮雲)'같이 실체가 없는 덧없는 것으로서 나그네가 잠깐 머물다 가는 여인숙(逆旅)에 비유한 것이다. 그러므로 자취가 남지 않는 것임을 미련에서 말하고 있다.

인생을 나그네로 비유함은 한시에서 일찍부터 보이는데 예를 들면 陶潛의 <雜詩> 제7수에서 "집은 여인숙 / 나는 길가는 나그네 / 가고 가고 어디로 가려는가? / 남산에 옛집이 있다(家爲逆旅舍 我如當去客 去去欲何之 南山有舊宅)"라고 했다. 인생의 과정을 길을 가고 가는 하나의 여정으로 비유하였으며 죽음은 남산의 구택으로 돌아가는 것으로 표현하였다. 남산의 구택은 고향집의 묘지이다. 여기서는 대지로 돌아가는 것을 의미하며 삶과 죽음을 순환의 원리로 보고 있다. 위 혜심의 시에서는 단지 '왔다가 가는 것(來去)'으로 표현함으로써 순환의 원리를 담고는 있으나 일정한 곳으로의 돌아감이 아니며 생사의 순환보다는 삶의 무상성에 중심을 두고 있다. 즉 사후의 일보다는 삶의 현장성에 중점을 두고 있는 것이다. 따라서 서방정토에 관한 기원이나 다시 만남에 관한 것이 없다.

위의 시는 '항상되지 않음(無常)'이라는 불가적 진리를 죽음을 통해서 드러내고 있는데, 수도자의 이상형을 얼음에 비유한 가전 <氷道子傳>[113]에서는 빙도자(얼음)의 죽음으로써 삶의 무상을 보이고 있다. 빙도자에 대한 찬시에서 "밝기는 해와 같고 높기는 산 같은데 / 물보다 차가와라 옥보다 맑아라 / 갑자기 녹아버려 無常을 보

---

113) 『한불전』, 6-64, 5.

이나니 / 이 세상을 깨우치는 노파심이 이미 흡족하여라(明似日兮 峻似山 寒於氷兮瑩於玉 忽然崩倒示無常 警世老婆心已足)"라고 하여 갑자기 물로 녹아버린 빙도자의 죽음은 무상의 진실을 몸소 보임으로써 세상을 깨우치는 노파심으로 칭송하였다. 얼음은 물로부터 생긴 것이며 얼음이 녹으면 물이 되어 그 본성은 변하지 않음을 물과 얼음의 비유로써 형상화시킨 것이다.

無常은 緣起사상에 근거를 두고 있는데 『어록』의 <下火>114)에서는 죽음과 관련하여 설한 바 있다. "인연이 합하면 妄身이 생기고 인연이 떠나면 妄身이 없어진다.(緣合妄生 緣離妄滅)", "인연이 생기는 것은 물속의 달이요 생각의 변화는 꿈속의 사람이다.(緣生水裏月 想變夢中人)" 등의 말로써, 사람의 몸은 인연에 의하여 생겨났다 없어지는 것이며 이 인연에 의한 것은 실체가 없는 허망한 것이므로 '물 속의 달'에 비유한 것이다. 모든 현상은 조건에 의해서 잠정적으로 그와 같은 모습으로 성립되어 있을 뿐인 것이다. 조건 여하에 따라서 여러가지로 변화하므로 無常인 것이다. 그러므로 "본래 태어남이 없으니 지금 죽음도 없네(本自無生 今卽無滅)"라고 하여, 그 본질에 있어서는 실체가 없고 空한 것이므로 나고 죽음도 없음을 말한 것이다.

위의 시는 속가에서는 형에 해당하는 변사형의 부고를 접하여 일으킨 정서를 드러낸 것으로서 비통함과 애절함이 절제된 담담한 모습을 보여주고 있다. 이러한 면은 삶과 죽음에 대한 인식이 앞에서 말한 무상의 진리에 근거를 두고 있기 때문이며 삶에 대한 관조적 태도를 의미하고 있다. 이 무상한 인생을 극복하는 대응의 방식은 다음의 시에서 제시하고 있다.

---

114) 『한불전』 6-23. 下火는 下炬, 秉炬라고도 하며 다비(화장)할 때에 유해를 태우기 위해 쌓아놓은 나무에 불을 붙이는 의식이다.

今之視昔如昨夢	이제 와 옛을 보니 어젯밤 꿈같고
後復思今亦應爾	훗날 지금을 생각하면 또한 그러할 것
顧此生兮能幾時	이 생을 돌아봄이여! 능히 얼마나 되리
悲夫逝者如流水	슬프다! 가는 세월 흐르는 물과 같네
悠悠奚暇涉他緣	유유히 어느 겨를에 다른 인연을 접하리
急急要須明自己	서둘러 모름지기 자기를 밝혀야 하네
己事了然明得來	자기의 일 분명히 밝혀졌는데
生死榮辱何憂喜	생사 영욕에 어찌 근심하고 기뻐하겠는가?

<示信士裵允亮>

이 시는 裵允亮이라는 在家信徒에게 서둘러 생사해탈을 해야함을 권고한 내용의 것이다. 수련은 과거, 현재, 미래의 시간적 경과를 통해서 인생을 꿈에 비유하였다. 꿈은 그 실체가 없는 것으로서 가장 보편적인 허망함의 비유이며 특히 佛家에서 人生의 無常을 깨닫게 하기 위한 표현이다. 함련은 인생의 짧음을 탄식하고 세월의 흐름을 흘러가 버리는 물에 비유하였다. 세월을 흐르는 물에 비유한 것은 <過古鄕>115)에서나 <息心偈>116)에서도 보이듯이 자주 사용하는 관습적 표현이다. 흐르는 물은 한번 가면 돌아오지 않으므로 돌이킬 수 없으며 자취가 없다. 이런 점에서 불가적 무상의 표현으로서 사용되고 있다. 경련은 이 짧은 인생이므로 서둘러 '자기

---

115) 一別家鄕十五年　　고향 한번 떠난지 십오년
　　此來懷古一潸然　　이제 와 예 생각하니 눈물 흐르네
　　逢人半是不相識　　만나는 이 절반은 알지 못하는 사람
　　嘿思悠悠嘆逝川　　말없이 생각하며 흘러가는 물 탄식하네.
116) 行年忽忽急如流　　총총히 가는 세월 흐르는 물 같아서
　　老色看看日上頭　　늙는 빛이 어느덧 날마다 머리 위에 오르네
　　只此一身非我有　　다만 이 한몸 마저도 내것 아니니
　　休休身外更何求　　쉬어버리라! 몸 밖에 또 무엇을 구하랴?

를 밝힘(明自己)'을 해야 함을 말하였다. 自己는 眞心의 異名으로서 중생의 본성이기 때문에 자기라 한다.117) 자기를 밝히는 것은 자신의 본체성을 깨달아 아는 일이다. 미련에서는 자기를 밝히면 생사 영욕을 초월하게 되며 근심과 기쁨의 감정도 없게 된다고 하였다. 生死는 윤회와 같은 말이며 열반(깨달음)의 逆이다. 業因에 의해서 六道를 윤회하게 되므로 나고 죽음을 반복하게 되는 것이며 따라서 영욕 또한 계속되는 것이다. 깨달음을 이루게 되면 생사윤회를 벗어나게 되어 그 모든 苦가 없어지는 것이다. 선가에서 깨달음의 주체와 대상은 바로 자기 자신이며 깨달음을 추구하는 목적은 바로 생사를 초월하는 것임을 말한 것이다.

위의 시는 수, 함련과 경, 미련이 대응되는 구조이다. 전반부는 인생의 무상과 짧음을, 후반부는 자기를 밝힘과 생사해탈을 말함으로써 인생의 현상적 사실에 대한 부정적인 것에서 이것을 해소하는 긍정적인 방향으로 나아가고 있다. 즉 생멸하는 가운데 불생멸의 진리를 추구한 것이다.

生死의 문제는 인간의 가장 본질적 문제이며, 生으로부터 苦樂이 생겨나는 것이다. 『어록』 중 상서 崔瑀의 祝壽齋의 小參에서는 죽음과 깨달음에 관한 寒山詩 5편을 들어 보인 바 있다. 이 중 죽음에 관한 시에 "그 누구 길이 죽지 않으랴? / 죽음이란 원래 공평하나니 / 비로소 생각하니 팔척 대장부도 / 어느새 한 무더기 흙이 되리니 / 황천에는 밝아오는 해 없다는데 / 푸른 풀 때에 따라 봄을 맞네 / 가다가 마음 상하는 곳에 이르니 / 솔바람이 사람을 근심케 하네(誰家長不死 死事舊來均 始憶八尺漢 俄成一聚塵 黃泉無曉日 青草有時春 行到傷心處 松風愁殺人)"118)라 하였다. 이 시는 길 가다가

---

117) 知訥. 『眞心直說』, '眞心異名'.
118) 『한불전』, 6-20.

무덤을 보고 일으킨 감회를 표현한 것이다. 누구나 피하지 못 할 인간의 죽음과 자연의 순환을 말하면서 무상한 인간의 죽음에 대한 비애감을 표출한 것이다. '푸른 풀(靑草)'은 무덤 위 돋아난 봄풀이며, '마음 상하는 곳(傷心處)'은 무덤이다. 고통과 즐거움의 인간사가 바로 이 生死로 인해서 파생되고 있다. <次錦城慶司祿從一至十韻>에서 "사람 / 사람 / 業에 따라 / 몸을 받네 / 苦樂의 과보는 / 선악으로 말미암는 것(人 人 隨業 受身 苦樂果 善惡因)"이라 하였듯이 지은 業에 따라서 몸을 받아 태어나며 업의 내용인 선악에 따라 고락이 있다는 것이다.

삶의 현장에서는 여러가지 문제로 반드시 괴로움이 따른다. 苦는 불교의 근본사상의 하나이며 四法印(一切行無常印. 一切行苦印. 一切法無我印. 涅槃寂靜印)의 하나이다. 인생의 苦는 心身이 괴로운 상태를 말하는데 불교에서는 이 苦를 여러가지로 분류하고 있다.119) 다음의 시에는 인생의 괴로움으로서 인간관계의 갈등을 다루고 있다.

雉有卵兮草萋萋	꿩의 알이 우거진 풀 속에 있었네
人取卵兮安栖鷄	사람이 가져다 닭의 둥지에 잘 옮겨놓았네
鷄無私兮啐啄齊	닭은 사심없어 啐啄이 동시에 되었네
雉稍長兮心意乖	꿩이 점점 자라매 마음과 뜻이 어그러지니
種性異兮卒難廻	종자의 성품이 달라 결국 돌아오기 어렵네
靜言思兮心悠哉120)	고요히 생각해보나니 마음이 쓸쓸하도다
飜憶土梟雛食母	문득 올빼미 새끼가 제어미 잡아먹는 것 기억하고서

---

119) 二苦, 三苦, 四苦, 八苦, 身苦, 心苦 등등.
120) 원문의 '成'은 '哉'의 오자이다.

謝君尙消知君懷   그대에게 감사하네 그대를 잊게 해 준 것을.
<因事有感>

위 시는 어떤 일로 인한 느낌이 있어 쓴 것으로 서사적 내용을 초사풍의 고체에 담았다. 1-7구는 어떤 일을 **寓意**한 것이며 8구는 그 일에 대한 소감의 말이다. 꿩의 알을 닭 둥지에 넣어서 부화시킨다는 것은 농촌에서 흔히 있는 사실이다. 이 흔한 사실을 예로 들어서 어떤 일에 대한 감회를 드러낸 것이다. 꿩은 **野鷄**라고 하여 닭과 서로 가까운 **種**이다. 숲 속에 있는 꿩의 알을 사람이 가져다가 닭의 둥지에 넣었더니 닭이 품어 알을 깬다. 3구의 '啐啄'은 닭이 알을 품어 병아리를 깔 때, 병아리가 안에서 쪼는 것(啐)과 닭이 밖에서 쪼는 것(啄)을 말하는데, 선가에서는 스승과 제자간의 **機**와 **鋒**을 비유하기도 한다.[121] '啐啄齊'는 '啐啄同時'로서 이 두 가지가 동시에 이루어지는 것을 말한다. 4,5구는 닭이 꿩을 나게 하였으나 꿩과 닭은 엄연히 다른 종자이므로 꿩이 닭을 떠나 버리는 사실을 말하였다. 7구는 이보다 더 심한 경우로서 낳아준 어미를 잡아먹는 **不孝鳥**인 **土梟**(올빼미)를 들었고, 결귀에서 그 어떤 일에 대한 자신의 소감을 간략하게 표현하였다. 앞 7구는 구체적 사건에 대한 간접적 진술로서 종자의 성품을 들어보인 점은 세상사, 인간사에 대한 근본적 이해를 도모하고자 함이며 결귀는 이와 같은 맥락에서 마음의 정리와 함께 그러한 사실을 깨우쳐 주어서 오히려 감사하다는 역설적 결론을 내린 것이다.

위의 시에서 꿩과 닭의 관계, 토효의 **食母**습성을 소재로 든 것으로 보아 어떤 일은 은혜를 저버린 사건으로 추측된다. 닭과 꿩의 관계는 스승과 제자, 임금과 신하에 비유되기도 하는데 여기서는

---

121) 『벽암록』 16칙, 鏡淸啐啄**機**.

스승과 제자간으로 볼 수 있다. 이 시의 작시 동기가 된 사건을 구체적으로 알 수는 없으나 제자의 背恩으로 인해 상심하다가 마음을 정리한 바로서 인간사의 괴로움의 한 단면을 드러내고 있다. 여기에서 인간사의 갈등면을 비근한 동물의 생태에 우의한 것은 구체적 사건으로부터 거리감을 두게 하는 효과를 내고 있다.

인간사의 갈등은 세속사회만이 아니라 승가내에서도 있음이 『어록』의 <因事示衆>122)에서 보인다. 여기에서는 佛法의 병을 가리는 일에 있어서 생긴 인간관계에서의 갈등을 내용으로 하고 있다. 짐작하건대 불법에 대한 견해나 行에 대하여 그 잘잘못을 가려 바로 잡는 일에 있어서 쌍방의 입장의 차이에서 오는 갈등문제를 표현한 것으로 보인다. 이러한 잘잘못의 문제를 우의나 비유적 사실을 통해서 간접적으로 표현함으로써 한 발 물러난 관조적 태도를 드러내고 있다.

삶의 현장에서 일어나는 괴로운 일들은 <답구승통> 2수와 <차김석사운> 3수 등의 시에서 내용이 되고 있다. 어떤 일로 말미암아 유배를 당해 있는 구승통에게 답한 시 <답구승통>의 한 수에서 "얻고 잃음에 어찌 기뻐하고 근심하랴? / 근심 기쁨은 생사의 바다에서는 여의지 못하네 / 스스로 받는 영욕 그림자와 메아리 같으니 / 말하고 행동할 때 입과 몸 조심해야 하네 / 확탕지옥에서도 천가지 고통 참아낼 수 있고 / 신선의 섬에서도 오히려 만곡의 시름을 품

---

122) 『한불전』, 6-19. "비유하면 어지러운 장판에서 돌을 들어 천만 사람들 속에 마구 던질 때 재앙을 받을 사람이 거기 맞으면 오랜 원한으로 원수가 되는 것처럼 불법의 병을 가리는 데에는 반드시 순수하고 정성스러워야 하나니 어찌 감히 잠깐인들 인정을 용납하겠는가? 그러므로 말하는 사람의 마음은 편벽됨이 없건만 듣는 사람의 귀가 바르지 못한 것이다.(比如鬧市颺石頭 千萬人中汎爾投 忽然有災者中此 長年怨恨成仇讎 揀佛法病要純誠 豈敢造次容人情 須知設者心無黨 自是當人耳不平)".

는다네(得之何喜失何憂 憂喜不離生死洲 自感辱榮如影響 要須言行愼機樞 鑊湯可忍千般苦 仙島猶懷萬斛愁)"123)라 하였다. 생사의 바다는 윤회를 말하며 해탈을 하지 못한 윤회의 틀 속에 있는 한 근심과 기쁨 등의 희노애락을 겪을 수 밖에 없다고 했으며 숭통이 처한 환경의 문제를 마음의 문제로 귀결시킴으로써 해소하고자 하였다.

<차김석사운>에서 김석사는 당시 이름난 시인임을 알 수 있는데 3수의 차운시는 혜심과 김석사와의 시적 교유를 나타내고 있다. 그 중 한 수에서는, "석사님의 의용 순수하고도 맑아라 / 지금 시구가 남성을 울리네 / 만난 자리에서 비로소 깨달았네 단란한 흥을 / 이별 후에야 알았네 더럽고 인색한 인생을 / 기상은 천 봉우리 바람이 노하여 진동하는듯 / 정신은 만 골짜기 비 새로 갠듯 / 그 해 어찌 수치스런 행으로 / 영세에 이름을 죽백에 남기었던고(碩士容124) 儀粹欲清 至今詩句動南城 逢場始覺團欒興 別後終知鄙吝生 氣像千峰風怒震 精神萬壑雨新晴 當年何用羞恥行 永世只垂竹帛名)"라고 하여 그의 불우한 처지를 드러내고 있다. 이 시에 표현된 김석사는 준수한 모습과 높은 기상, 맑은 정신을 지녔으며 시인으로서 명성을 얻고 있으나 어떤 잘못된 일로 인하여 처벌을 받은 것으로 보인다. 시의 내용이 김석사에 대한 칭찬, 그와의 만남과 이별의 정을 말하고 그가 행한 잘못에 대한 한탄으로 끝맺고 있어 김석사의 불우한 처지를 애석히 여기는 혜심의 우정이 드러나 있다. 다른 두 수에서도 "꿈 밖의 세상에서 그대 홀로 깨어있네(夢外乾坤子獨晴)", "기상이 그렇게도 맑으니 / 진나라 만리장성도 쳐부수겠네(也應氣像若許清 撞破秦王萬里城)" 등의 표현으로 그의 풍모와 맑고 높은 기상을 칭송하는 것으로 보아 혜심과 김석사와는 매우 각별한 사이

---

123) 다른 한 수와 같은 7언율시로서 마지막 두 구가 빠져있다.
124) 원문의 '客'은 '容'의 오자이다.

였음을 알 수 있다.

위에서 살펴본 시들은 인생의 고통을 드러낸 것으로 인간의 근본적 문제인 죽음, 인간관계의 갈등, 개인의 불우한 처지 등에 대하여 자신의 관점과 심회를 드러내었다. 이 외에 인생에 있어서 중요한 요소인 '情'에 관하여는 부모와 스승에 관한 것과, 만남과 이별에 관한 것이 있다. 부모에 관한 문제는 윤리적인 면과 결부되어 있다.

인간관계에 있어서 출가승의 경우에는 세속적 부모에 대한 문제가 있다. 부모에 대한 孝의 윤리는 출가승에게 있어서는 걸림돌이 될 수도 있는 것이다. '觀親' 또는 '省親'은 승려가 속가의 부모를 뵈러가는 것으로 이러한 근친시를 통해서 세속의 부모에 대한 입장을 파악할 수 있다. 아래 두 수의 시는 근친가는 승을 보내며 쓴 것으로서 출가승의 孝에 대한 관점을 나타내고 있다.

大舜慕於知命歲	순임금은 나이 오십에도 부모를 그리워했고
老萊戲至縱心年	노래자는 칠십이 되어서도 춤을 추었네
況今親病以書召	하물며 방금 어버이 병들어 부르시는데
何忍留連望昊天	어찌 차마 머뭇거리며 하늘만 바라보리?

<送玉上人觀親>

行盡迢迢千里路	멀고 먼 천리길 다 가고 나면
白雲兒就靑山父	흰구름은 청산 품으로 들어가네
同身共命不相知	같은 몸 같은 생명이로되 서로 알지 못하고
雲自下來山自在	구름은 절로 내려오고 산은 스스로 머무네.

<送六眉上人省親>

위 두 수의 시는 근친가는 승을 보내며 쓴 것으로서 두 수가 대조적인 의미를 담고있다. <송옥상인근친>은 순임금과 노래자의 고

사를 들어 자식된 도리로서의 효성을 드러내어 옥상인의 근친행을 당연한 일로 재촉하였다. 전구의 내용에 의하면 옥상인의 부모가 병환이 나서 옥상인을 편지로써 불렀음을 알 수 있다. 기·승구에서의 대순과 노래자는 효행의 모범적 인물들이다. 이들의 효행을 들어 말함으로써 병든 부모에 대한 자식으로서의 도리를 강조한 것이다. 순임금이 오십세가 되도록 부모를 그리워함과 노래자가 칠십의 나이에 때때옷을 입고 춤을 추어 부모를 즐겁게 했다는 사실은 보편적 윤리인 효를 불가에서도 수용하고 있음을 나타내고 있다. 전·결구는 앞에서 말한 효행의 윤리를 옥상인의 구체적 입장으로 연결시켜 근친행을 재촉한 것이다. 결구에서는 "빨리 가지 않고 어찌 머뭇거리고 있느냐?"하는 뜻으로 부모의 편지를 받고 선뜻 가지 못하는 옥상인의 태도를 간접적으로 드러내었다. 출가승으로서 세속적 부모에 대한 갈등을 일으키고 있는 옥상인에 대해 師僧으로서의 명쾌한 결정을 내려준 것이다. 옥상인의 머뭇거림은 수도에 뜻을 두고 세속을 떠난 승으로서의 본분과 속가의 부모에 대한 세속적 효와의 갈등으로 볼 수 있다. '昊天'은 부모의 은혜가 끝없는 하늘과 같이 크다는 '昊天罔極'의 의미를 시사하고 있다. 이 시는 '대순', '노래자'라는 유가적 효의 규범적 인물과 '지명세', '종심년', '호천' 등의 유가적 어휘를 시어로 사용함으로써 유가적 효의 윤리를 수용한 일면을 보여주고 있다.

<송육미상인성친>은 어버이를 뵈러가는 육미상인을 보내며 써준 시로서 앞의 시와는 다른 차원에서 부모와 자식의 문제를 제시하고 있다. 이 시는 선적 상징의 수사로써 일관되어 있는데 청산과 백운은 선시의 소재로서 선리를 표현하기 위해 사용되어 왔다. 『무의자시집』에서 청산과 백운의 상징적 표현을 통해 선적 진리를 담은 시는 <示自閑>125)과 6언의 半偈인 <送行道者歸覲本師>126)가 있

다.

 청산과 백운의 관계는 위 시 승구에서 청산부와 백운아의 비유처럼 부모과 자식을 의미한다. 이 부자관계의 선적인 의미는 스승과 제자, 본래면목과 수행자, 不動의 體와 隨緣의 用, 理와 事, 正과 偏의 상징이다. 청산의 부동적 불변성과 백운의 동적 가변성, 양자가 늘 함께 있으면서 조화를 이루는 성질과 형상으로 말미암아 不離의 관계로 표상된 것이다. 이와 같이 청산과 백운의 상징성은 문맥에 따라 다양하게 해석될 소지가 있다. 이 시는 성친가는 상좌에게 써 준 점에서 父子의 의미를 수행자와 본래면목(본체성)으로 보는 것이 합당할 것이다.

 이 시의 표면적인 해석은 승구에서의 백운아와 청산부의 비유에 의해 자식이 부모를 뵈러가는 것이 구름이 청산 품으로 들어가듯이 자연적 이치로 볼 수 있다. 그러나 선적인 상징으로 보면 수행자가 멀고 먼 수행의 노정을 다 하고 나면 여여한 본체성을 획득하는 것으로 볼 수 있다. 기구는 구름이 떠도는 형상으로써 수행의 과정을 말하였으며, 승구는 수행의 결과로 백운이 청산으로 들어가듯이 본체와 合一된 경지로 나아가게 됨을 의미한다. 전·결구는 청산과 백운의 不離의 관계처럼 수행자와 본래면목은 同身共命이며 서로가 알지 못해도 절로 一如의 경계를 이루게 됨을 말한 것이다. 同身共命은 인도의 雪山에 있었다는 一身二頭의 새로서, 머리는 따로이지만 신체와 생명은 같이한다는 설화적 새이다. 이 말은 體不離

---

125) 終日靑山在白雲 종일토록 청산엔 백운이 있고
   白雲終日在靑山 백운은 종일토록 청산에 머무네
   山不顧雲雲戀山 산은 구름을 돌아보지 않아도 구름은 산을 두르고
   山與白雲俱自閑 산과 백운이 모두 스스로 한가롭네.
126) 山不招雲自願 산이 부르지 않아도 구름은 절로 원하나니
   須不隔一絲毫 모름지기 한 터럭 끝 만큼도 사이를 두지 말라!

用, 用不離體를 의미한다.

부모를 뵈러가는 상좌에게 사승으로서 이러한 선리를 담은 송별시를 보인 것은 수행자에게 진정한 부모가 무엇인가를 깨우치려는 의도이다. 육신의 부모가 아니라 진리의 차원에서 부모를 찾는 일을 말한 것이다. 부모는 청산, 즉 본래면목인 것이다. 본래면목을 찾는 것이 수행승의 본분이며 부모를 찾는 것이며 고향으로 돌아가는 것이다. 이 시는 수행자의 본분을 일깨움으로써 세속적 부모에 대한 미련과 집착을 떨쳐버릴 것을 시사하고 있다. 현실적 문제를 진리의 차원으로 승화시킨 것이다. 이러한 선적 진리의 뜻을 담은 근친시로는 나옹 혜근의 <送休禪者廻鄕省覲>127)과 <送璉沙彌歸鄕省親>128)이 있다.

앞의 <송옥상인근친>과 <송육미상인성친>은 각기 다른 상황에서 쓰인 것으로 볼 수 있다. 전자는 부모에 대한 보편적 인륜으로서의 도리를 말하였으며 후자는 출가자의 본분상에 있어서의 도리를 말한 것이다. 불가의 효에 있어서 출가자는 부모봉양이라는 현실적 차원이 아니라 成佛이라고 하는 종교적 차원으로 승화시키고 있는 것이다. 불가의 효경이라 할 수 있는 『부모은중경』이나 지옥에 떨어진 어머니를 구제한 목련존자의 효행을 내용으로 한 『목련경』 등

---

127) 앞 글(장경각), p.131.
    赤肉團從娘血生   붉은 살덩이는 어머니의 피에서 생겨났거니
    全承父母力縱橫   그것은 오로지 부모의 힘을 이어받은 것이네
    其中一个無名者   그 가운데 하나의 이름없는 물건이 있어
    不攝陰陽歷劫行   음양에 속하지도 않고 영원히 있다.
128) 앞 글, p.132.
    數十餘州道路賒   수십여주의 길은 먼데
    飄飄黃葉送還家   누런 잎 나부끼며 고향으로 보내주네
    當堂子母相逢日   당당히 아들과 어머니가 서로 만나는 날에
    徹底忻忻大笑呵   마음껏 기뻐하며 하하 크게 웃어라!

중국찬술경전을 통해서 孝를 강조한 것은 유가적 윤리가 뿌리박고 있는 중국적 상황에 적응하기 위한 것으로 간주된다.

불가에서 '孝'의 개념은 세속적인 것에서 출가적인 것으로 대치되고 있다. 『어록』의 <답정혜장로>에서 제자인 정혜장로의 開堂을 축하하면서 "옛사람의 말에 '불효에는 세 가지가 있는데 후손이 없는 것이 가장 크다.'고 하였습니다. 나는 이미 불효는 면했으나 先師에 대해 부끄러움이 없을 수 있겠습니까?"129)라고 했다. 開堂은 주지가 새로 부임했을 때 법당을 열어 法을 說하는 행사이다. 돌아가신 보조국사에 대해 불효를 면했다는 것은 보조국사의 法의 아들인 자신의 뒤를 정혜장로가 이었기 때문이다. 法의 부모로서 스승인 보조국사에 대한 존경과 사모의 정은 각별한 것으로 보인다. 아래의 시는 이러한 그리움의 정서를 시화하고 있다.

閑房綿想我先師	쓸쓸한 방에서 우리 선사님을 생각하나니
曾此山中繭一枝	일찌기 이 산중 한 가지에 깃드셨네
扣寂每扃禪室靜	적적하여 두드려도 선실 문마다 고요하고
忘緣永背世途馳	온갖 인연 잊고 영원히 세상길 등지어 달려가셨네
能於佛祖爲眞子	佛祖에게는 참된 아들이었고
解化盲龜作大醫	눈 먼 거북 교화하는 큰 의원 되셨네
惟恨享年纔半百	오직 한스러워라! 겨우 반백을 사시어
未看吾道盛行時	우리 道가 성행하는 때를 보지 못하셨네.

<辛卯季春初吉 宿普門寺 見先國師舊隱閑房 次板上韻以悲慕之志>

신묘년 봄 초하룻날 보문사에 자면서 선사가 예전에 은거하던 방

---

129) 『한불전』, 6-47. "古人有言 不孝有三 無後爲大 愚旣免於不孝 可無愧於先師乎".

에서 현판의 시를 차운하여 그리움의 뜻을 표출한 것이다. 先師는 보조국사를 가리킨다. 보문사130)는 보조국사가 머물렀던 곳이며 현판의 시는 아마도 보조국사의 시인 듯하다. 수련은 선사가 은거한 방에 들어가 생각을 일으킨 것으로 '閑房'은 선사가 돌아가시고 없는 텅 빈 방이다. 선사의 은거를 누에고치가 집을 짓듯이 '繭'으로 표현하여 견고하고 값진 의미를 부여하였다. 함련은 선사가 가고 없는 고적함을 두드려도 응답이 없는 고요한 禪室로써 드러내었으며 사모의 정이 선실의 고요함으로 인해 더욱 증가되고 있다. 선사의 죽음을 인연을 잊고 영원히 세상길 등지어 달려갔다고 표현하였다. 특히 '영원히(永)'의 표현에서 보리의 완성인 열반을 증득한 죽음으로 높이고 있다. 경련은 선사의 생전의 업적을 기린 것으로 불조의 가르침을 이어받아 실천한 진정한 아들이며 중생을 널리 교화한 큰 의원이라고 했다. '눈 먼 거북(盲龜)'은 중생을 가리킨다. 이 말은 『열반경』의 '盲龜遇木'에서 온 것으로 사람으로 태어나 불법을 만나기 어려움을 비유한 것이다. 눈이 먼 불완전한 거북같은 중생을 교화하는 일을 의원이 병을 고치는 것에 비유하였다. 병은 미혹의 병이다. 미련은 선사의 이른 죽음에 대한 애도로서, 선사의 뒤를 이어 자신의 대에 선법을 크게 진작시킨 것을 보지 못하는 것을 한스러워하였다. 혜심의 대에 이르러 수선사는 크게 번창하였으며 이러한 번창의 기초는 보조국사가 이루어놓은 것이다. 보조국사는 세수 오십삼년에 입적하였으므로 겨우 반 백의 생을 누린 것이다. 이 구절은 자식으로서 부모에 대한 애도의 정같은 정서를 담고 있다.

 스승인 보조국사에 대한 존경심은 <보조국사찬>에서 "높고 높은

---

130) 보조국사가 1184년(고려 명종 14년)에 중창한 바 있는 경상북도 예천군 보문면 학가산의 절인 듯하다.

한 자리 대수미좌 / 한없는 풍파에 잠시도 기울지 않았네 / 광명을 널리 놓는 청정한 태양이여! / 먼저 동쪽 땅 비추어 미혹을 깨뜨리셨네(巍巍一座大須彌 無限風波不暫欹 放普光明淸淨日 照先東土破昏迷)"로써 찬탄하였다. 기·승구는 국사의 위의를 수미좌를 통하여 환유적으로 찬양한 것이다. 수미좌는 국사가 생전에 앉아 법을 설하던 법좌로서, 세상의 번뇌 속에서도 고고하였던 국사의 정신을 환유하고 있다. 전·결구는 국사의 위대한 교화의 공덕을 찬탄한 것으로 전구는 국사의 시호인 '佛日普照'의 뜻을 풀어 쓴 것이다. 이외에 국사의 원적일에 국사의 <유거>운을 차운한 <제청량굴>, 『어록』에 수록된 <국사원적일>이 있다.

삶의 과정에 있어서 만남과 이별은 보편적 문제로서 즐거움과 슬픔의 정서를 일으키며 따라서 중요한 시적 동기가 되고 있다. 『무의자시집』에는 혜심의 종교적 위치와 교화적 활동으로 인해 승속의 구별없이 다양한 사람들과의 관계에서 발로된 만남과 이별의 시가 있다. 만남의 기쁨은 다음의 시에서 잘 드러내고 있다.

水就濕兮火就燥	물은 습한 데로 불은 마른 데로 나아가고
雲從龍兮風從虎	구름은 용을 따르고 바람은 범을 쫓네
同聲相應兮同氣相求	같은 소리는 서로 응하고 같은 기운은 서로를 구하며
果是冤有頭兮債有主	과연 원한에는 시초가 있고 빚은 임자가 있네
我與師兄各在天涯	나와 사형은 각기 하늘가에 있으니
所謂西芥東針	이른바 西芥東針이요
南鱗北羽	南鱗北羽인데
偶因緣力之所牽	우연히 인연이 끄는 힘으로
不覺不知忽然相聚	나도 몰래 홀연히 서로 만났네

懽滿面笑 　　　　　　　만면에 기쁨의 미소 띠며
相看語話不能盡爾見縷 　마주 보고 하는 얘기 끝이 없네
今朝送別後相思 　　　　오늘 가신 후 생각해 보면
重夢蝶只應徒栩栩 　　　거듭 꿈속의 나비되어 반가와 하겠네.
<楡岾逈公見訪書野語送別>

　장단구의 위 시는 유점사의 逈선사가 방문하여 野語로써 송별시를 썼다는 제목의 설명이 있다. 野語는 時俗의 말이며 자신의 시에 대한 겸양의 표현이다. 형선사는 사형으로서 출가자의 형제지간이다. 1,2,3구는 형선사와 자신과의 의기가 서로 잘 통함을 드러내기 위해 시경의 흥의 기법으로써 들었다. 이 구절은 『周易』 '乾卦', <文言傳>[131])의 구절로서 萬物이 같은 종류를 따른다는 하늘의 이치를 말하기 위해 예로 든 것이다. 이러한 표현은 <送天台遍照先師應詔出山>에서 "삼백여일을 함께 하면서 / 서로 따르기 한결같아 바람이 범을 쫓는 듯했네(三十餘旬同去住 相隨一似風從虎)"에서도 보이듯이 상호 화합적인 의미이다. 이 말이 禪語로 사용될 때는 동일한 경계에 있는 사람끼리 서로 잘 통하는 것을 의미하며 同道者相知, 同道唱和와 비슷한 말이다. 이로써 볼 때 1,2,3구는 형선사와 동일한 도를 참구하는 수도자로서 정신경계의 면에서 의기투합함을 의미하고 있다. 이러한 표현은 『주역』의 말을 차용하여 선가적인 정신경계의 의미를 이면에 담음으로써 심화시킨 것이다. 4구는 두 사람의 관계를 인과적으로 해석함으로써 만남과 이별에 대한 담백한 정서를 나타내고 있다.
　5,6,7구는 형선사가 있는 강원도 유점사와 자신이 있는 전라남도

---

131) "文言曰 九五曰 飛龍在天 利見大人 何謂也 子曰 同聲相應 同氣相求 水流濕 火就燥 雲從龍 風從虎 聖人作而萬物覩 本乎天者親上 本乎地者親下 則各從其類也".

수선사와의 거리를 '하늘가(天涯)', '西芥東針', '南鱗北羽'의 극한적 표현으로써 서로 멀리 떨어져 있음과 만나기 어려움을 말한 것이다. 8,9구는 두 사람의 만남을 인연의 끄는 힘이라 하여 불가적 인연설로써 해석하며 반기는 마음을 드러내었다. 10,11구는 상봉의 기쁨으로 서로 마주보며 담소하는 정을 말한 것이다. 12,13구는 이번의 만남에서 받은 즐거움을 헤어진 후에 두고두고 생각할 것이라는 송별의 인사이다.

위의 송별시는 어렵지 않은 구어체적인 어휘의 사용과 자유로운 장단구 형식으로써 허물없는 師兄 師弟의 정을 표현했으며 주역을 인용하여 선가적 의미를 담았다. 드러난 정서는 이별의 비애가 아니라 만남이 준 기쁨으로 일관되어 있다.

상면의 즐거움에 비해 이별의 섭섭함은 빈번하지 않다. <見訪促回作詩>에서 "쌓인 눈은 길가는 사람을 막고 / 삭풍은 고목에 우네 / 머물러 하룻밤 이야기 나눌 수 있다면 / 만곡의 시름을 다 씻어버릴텐데(積雪碍行人 朔風鳴古木 留連話一霄 洗盡愁萬斛)", 그리고 <又贈別>에서 "하늘 빛 음산하게 비올 듯하고 / 산모습 참담하게 수심 띤 얼굴 / 다행히 道友이기에 헤어지기 쉽지 / 정으로 사귀었다면 눈물짓지 않을 수 없으리(天色陰沈含雨意 山容慘淡作愁顔 幸爲道友分携易 若是情交不淚難)" 등으로써 별리의 정서를 자연에의 의탁과 가정법을 사용하여 간접적으로 표현하였다.

이상의 시에서는 만남과 헤어짐의 차별적 정서를 표출하였는데 다음의 시에서는 평등한 본체성으로의 회귀를 통해서 차별적 정서를 해소시키고 있다.

   完邑春風笑相別 완산읍 봄바람에 웃으며 헤어졌는데
   利城秋日笑相逢 이성의 가을날 웃으며 다시 만났네

相逢相別一微笑　　헤어짐과 만남에 한결같은 미소
春去秋來依舊容　　봄 가고 가을 와도 예같은 모습이어라!
<宿利城縣贈完山任太守>

　이성현에 자면서 완산의 임태수에게 준 시로서, 지난 봄 완산에서 만나고 헤어졌는데 가을이 된 지금 이성현에서 두 사람이 다시 만나게 되어 써 준 것이다. 기구와 승구는 헤어짐과 만남이라는 대조적 상황을 대구를 통해서 드러내었다. 완산과 이성, 춘풍과 추일, 상별과 상봉의 字對로써 유동적 삶의 단면을 나타낸 것이다. 여기에는 또한 僧과 俗이라는 두 사람의 신분적 차이도 이면에 들어있다. 기・승구에서의 대조적 상황과 이에 동반되는 동일한 '웃음(笑)'은 전구에 와서 결합되면서 한결같은 미소를 부각시켰다. 결구는 이 한결같은 미소를 이어받아서 미소짓는 그 자체인 불변적 본체성으로 귀결시켰다. 헤어짐과 만남에 있어 한결같이 미소짓는 그 얼굴은 만남과 헤어짐, 봄과 가을의 변화에도 무관하게 如一한 모습이다. 이 여일한 모습은 바로 인간의 본래적 모습을 가리킨 것이다. 인간사에 있어서의 헤어짐과 만남이라고 하는 차별적 상황과 정서를 웃음이라는 인간적 정서를 통해서 평등한 본체성으로 귀결시킴으로써 해소시킨 것이다. 이 시는 헤어짐-만남-여일한 미소-불변의 본체성의 시적 구조를 이루면서 현상에서 본질로, 차별에서 평등으로, 가변에서 불변으로, 정에서 법으로의 전환을 보여주고 있다.

　이상으로 인생의 문제로서 삶의 현장적 모습을 드러낸 시들을 살펴보았다. 인생에 대한 불가의 근본적 입장은 '苦'로 표현된다. 이 점은 혜심의 임종게132)가 '衆苦'로 시작하여 자신의 죽음을 고통의

---

132) 衆苦不到處　　온갖 고통 이르지 못하는 곳에

세계와 대비되는 열반의 세계로의 이행으로 나타낸 점에서도 드러나 있다. 이러한 인생의 본질에 대한 이해를 바탕으로 하여 삶의 문제들에 대해 관조적 태도가 나타나고 있다. 관조적 태도는 삶에 대한 無常의 인식과, 만남과 이별에 대한 인과적 해석, 불우한 처지를 마음의 문제로 귀결시킴 등으로 드러나고 있으며 이에 따라 담담한 정서적 반응과 우의나 의탁에 의한 간접적 표현을 취하고 있다. 인생의 본질을 無常과 苦로 보는 입장에서 그 극복을 위해 여여한 본체성의 추구와 생사해탈을 촉구한 것이며 그러므로 <갱루자>에서 "모름지기 맹렬히 살피고 자세히 생각하여 / 한바탕 꿈처럼 지내지 말라!(須猛省細思量 無來一夢場)"고 한 것이다.

(2) 시대 현실과 거리의식

시대적 현실은 산림에 거하는 출세간적 승려에게도 무관한 것이 아니다. 고려 불교가 국가적 통제하에 있었으며 더욱이 혜심은 선종의 부흥기에 수선사주로서 당시의 불교계를 대표하는 위치에 있었던 점은 다른 승려들에 비해서 시대 현실과 밀접한 관련을 맺고 있었다고 볼 수 있다. 현실적 상황과 관련된 시들을 통해서 현실을 대하는 태도와 그에 대응하는 방식을 살펴보고자 한다. 이러한 시에는 시대적 상황을 드러내었거나 그와 관련된 내용의 시, 관리들에 대한 교화적 내용의 시, 자신의 처세를 드러낸 시가 있다.

아래의 시는 국가적 전쟁의 상황을 담은 특이한 게송으로서 현실에 대한 적극적 참여를 추구한 것이다.

別有一乾坤　　따로이 한 세계가 있다
且問是何處　　묻노니 그곳은 어떤 곳인가
大寂涅槃門　　크게 고요한 열반의 세계니라.

各曾初發菩提心	저마다 처음 보리심 낼 때는
不爲一身求獨脫	제 한몸 위해 해탈코자 한 것 아니다
方今干戈日競起	바야흐로 전쟁이 날로 다투어 일어나
四海人民苦相殺	사해인민이 괴로이 서로 죽이고 있건만
藏頭穩坐愛自便	숨어서 편히 앉아 홀로 편안함만 즐긴다면
有智無悲豈菩薩	지혜 있으나 자비 없으니 어찌 보살이겠는가?
敢請蕆誠力鎭兵	정성을 모아 진병에 힘쓰기를 청하노니
愛君憂國心如渴	애군우국의 마음을 목마른 듯하라!

<爲鎭兵作偈告衆>

진병을 위하여 게송으로써 대중에게 고한 이 시는 보살의 도를 사회 국가적으로 확대시킨 대승불교의 현실참여적인 성격을 보여준다. 진병은 적병을 진압하는 것이며 이 시의 대상이 되는 대중은 사원의 승려대중이다. 수련은 보리심의 발로는 일신의 해탈만이 아니라 중생을 해탈케 함에 있다는 대승적 보리심을 제시하였다. 보리심은 깨달음의 마음이며 바로 道心이다. 수련은 이 보리심의 내용인 四弘誓願[133] 중에서 첫번째에 해당하는, '모든 중생을 제도하기를 서원함(衆生無邊誓願度)'을 들어 말한 것이다. 수련의 내용으로 보아 이 게송은 승려들을 상대로 하여 발한 것임을 알 수 있다. 함련은 현재의 전쟁적 상황을 직접적으로 드러낸 것으로 전쟁으로 인한 살상의 현실을 "四海人民苦相殺"로 표현한 데서 전란의 규모가 전국적으로 확대되었음을 알리고 있다. '四海'는 온 나라를 말한 것이다.

경련은 보살의 道를 말한 것으로 보살의 도는 自利・利他의 양면

---

133) 모든 보살이 다 함께 일으키는 4가지의 큰 서원. 즉 衆生無邊誓願度, 煩惱無盡誓願斷, 法門無量誓願學, 佛道無上誓願成.

을 갖춘 것이다. 보살은 지혜와 자비를 겸비해야 하는 것으로 지혜는 선정으로써 얻을 수 있는 自利的인 것이며 자비는 利他的 행이다. 즉 上求菩提, 下化衆生을 말한 것이다. "藏頭穩坐愛自便"은 지혜를 구하는 自利的 선수행을 가리키며 "有智無悲豈菩薩"에서 보살의 실천적 행을 겸비할 것을 말한 것이다. 보살은 대승불교의 특징적 면모를 나타내며 수행승을 지칭한다.134) 경련은 대승불교의 보살의 도를 들어서 이에 따른 行을 촉구한 것이다. 미련은 진병을 위한 행동을 서두를 것을 촉구하면서 애군우국의 마음으로써 결구를 이루었다.

이 게송은 대승불교적 보살의 행으로써 국가적 위기에 궐기할 것을 공고한 격시의 성격을 띠고 있다. 따라서 직설적이며 서술적 표현과 강한 명령형의 어법으로 일관된 7언고시이다. 수행자의 보리심을 애군우국으로 직결시킨 점은 불교적 윤리관의 현실적용인 동시에 국가불교적인 고려불교의 성격을 의미한다.

함련에서의 전쟁은 추측컨대 몽고군의 침입으로 보인다. 혜심의 생애 동안 끊임없이 민란이 일어났으며 생애의 후반기는 외우내환이 극심하였다. 혜심이 수선사주로 있은 기간 동안 외적의 침입은 왜, 거란(고종 3년, 1216-同王 6년, 1219), 몽고군의 1,2차 침입(고종 18년, 1231-1232. 同王 19년, 1232-1233)이다. 그중에서도 몽고군의 침입이 가장 국가적 위기를 초래한 전쟁이었다. 진병은 전쟁이나 병란에 관련하여 기원하는 불교행사이다. 무신집권기『고려사』에 기록된 국가적 불교행사로서의 진병법석은 고종 10년(1223)에 개최되었다.135) 혜심의『어록』上堂에는 진병을 위한 법어가 3번 수록

---

134) <大人銘>, <左右銘>에서도 수행자를 지칭한다.
135) 김형우(1992). 고려시대 국가적 불교행사에 대한 연구, p.275. 동국대학교 박사학위논문.

되어 있다. 上堂이 연대순으로 수록되어 있는 점으로 볼 때, 3번의 진병법회의 시기는 1227년에서 1230년 사이, 1231년에서 1232년 사이, 1233년 7월로 추정할 수 있다. 이 중 두번째인 1231년에서 1232년 사이의 진병법회는 中使 孫元裔의 청으로 진병하였으며 세번째는 慧修棟樑이 진병법회를 개최한 것으로 되어있다. 위의 진병을 위한 게송은 제1차 몽고군의 침입이 개시된 시기에 조정에서 사신을 파견하여 행해진 진병법회와 관련된 상황에서 읊은 것으로 추정된다.

『어록』에서 행자의 출가를 위한 상당법어에서 "출가하는 사람은 제 한몸만을 위하여 해탈을 구하려는 것이 아니요, 나와 남의 이익이 원만하여 마침내 생전에 남은 원한이 없어야 진실로 출가한 사람이다."136)라고 한 후 문수보살의 말을 인용하여 말하기를,

"보살의 출가는 자신만이 머리를 깎고 가사를 입고 계행을 지니고 아란야에 살며 열반에 드는 것을 출가라고 하는 것이 아닙니다. 크게 정진하는 마음을 내며, 일체중생의 번뇌를 끊으며, 계율을 깨뜨리는 이로 하여금 깨끗한 계율에 머무르게 하고 생사에 흘러 도는 이로 하여금 해탈을 얻게 하며, 사무량심을 넓혀 중생을 두루 이롭게 하고, 중생으로 하여금 큰 열반에 들게 하여야 그것을 출가라 한다."137)

라고 하며 그렇게 하여야 무거운 四恩을 갚을 수 있을 것이라고 하였다. 이 말은 출가자의 도리와 불교의 보은사상을 나타낸 것이다.

---

136) 『한불전』, 6-5. "行者出家上堂云 夫出家者 非爲一身 獨求解脫 二利行圓 了無遺恨 如是乃名眞出家者".
137) 앞 글, "菩薩出家 非但以自身剃髮 自著染衣 自持戒行 自住阿蘭若處 自入涅槃 名爲出家 能發大精進心 能斷一切衆生煩惱 能令毀禁者 安住淨戒 能化生死流轉者 令得解脫 能廣四無量心 普利有情 能令衆生入大涅槃 是名出家".

四恩이란 부모은, 중생은, 국왕은, 삼보은이다.

승으로서 전쟁에 참가하는 것은 不殺生戒를 범하는 일이지만 우리나라에서는 호국신앙과 결부되어 국가 유사시에 출전하였다. 고려 때의 僧軍으로는 숙종대의 降魔軍이 있었으며[138] 무인집권기에는 명종 6년(1176)에 망이·망소이의 저항에 대한 진압을 위해 승군을 모집할 것을 요구한 사실[139]등이 있다. 이러한 승군의 형성은 사원의 현실적 참여의식에서 비롯된 것으로 조선시대의 임진왜란에서 가장 큰 성과를 거둔 바 있다.

앞에서의 진병의 시는 대외적 국난에 대한 현실 참여로서의 승군의 궐기를 촉구한 것으로서 고려 불교의 성격과 수선사주로서의 혜심의 위상을 드러내 주고 있으며, 불교의 법을 드러내기 위한 양식인 게송을 활용했다는 점에 특성이 있다.

위의 대외적 위기 상황에서의 적극적이며 직접적인 대응방식과는 달리 대내적 문제에 대하여는 거리를 두고서 바라보는 태도와 간접적이며 교화적 방식으로써 그 해소를 의도한다. 다음의 시에는 목전 현실의 참상을 바라보는 태도가 드러나 있다.

一層看了一層看　　한층 보고 나서 또 한층 보니
步步登高望漸寬　　걸음걸음 올라갈수록 점점 널리 바라보이네
地面坦然平似削　　바닥은 깎아 놓은듯 평탄한데
殘民破戶不堪觀　　피폐한 백성, 부서진 집 차마 볼 수 없어라!
<登黃龍塔>

경주 黃龍寺[140]의 탑에 올라 쓴 시로서 현실의 참상을 드러내고

---

138) 『고려사』 권81 兵制, 숙종 9년 12월.
139) 『고려사절요』 권12, 명종 6년 정월.
140) 皇龍寺와 같은 절이다.

있다. 기구는 황룡사의 구층탑을 밑에서부터 한층 한층 보며 올라가는 동작이며 승구는 높이 올라가는 동시에 탑에서 시선을 외부로 옮겨 바라다보는 동작을 나타냈다. 전·결구는 탑에서 바라보이는 주변의 모습이다. 전구는 탑 주위의 평탄한 지면을 말한 것이며, 결구는 지면 위의 광경으로서 피폐한 백성들의 모습과 부서진 집이다. 전구의 '坦然'은 표면적으로는 황룡사가 위치한 곳의 지형적 평탄함을 말한 것이나 탄연의 선적 의미가 '마음이 평안하여 희비고뇌가 없는 상태'임을 볼 때 이면적 의미를 읽을 수 있다. 즉 탄연함과는 대조적인 그곳의 참상을 드러냄으로써 역설적으로 비통함은 더욱 심화된다.

위의 시는 기·승구와 전·결구가 시점의 이동과 함께 대조적 상황을 드러내고 있다. 탑을 오르는 화자의 종교적 행위와 탑에서 보여진 피폐상과의 간격이 수직적 탑을 오르는 공간적 이동에 수반되어 더욱 현저해지고 있으며 또한 화자와 백성들과의 거리도 점점 멀어지는 양상을 보여준다. 황룡사 구층탑은 신라인의 불국토사상에 뿌리박은 유서깊은 사찰이다. 고종 25년(1238)의 몽고병란 때 불타버린 이 목조탑은 『삼국유사』 제3권에 수록된 <皇龍寺 九層塔>의 기술 내용에 의하면, 신라 善德王 때 자장법사가 중국에서 유학할 당시 神人으로부터 계시를 받아 돌아와서 건축한 것이다. 즉 호법용이 보호하고 있는 황룡사에 구층탑을 세우면 이웃 나라들이 항복할 것이며 九韓이 조공을 하여 왕업이 길이 편안하리라는 계시에 따라, 탑을 세우고 오대산에서 가져온 사리를 탑 기둥 속에 모셨다고 한다. 이러한 황룡사탑에서 바라본 백성들의 삶은 탑을 세워 기원했던 나라의 복업과는 정반대되는 현실이었던 것이다. 이러한 비참한 현실상은 불법으로써 나라의 복을 빌었던 신라의 황룡사탑에 올라 목격하게 됨으로써 더욱 심화되는 상황의 역설성을 보여주고 있다.

　결구의 피폐한 백성과 부서진 집이 의미하는 바는 무인집권기에 빈번했던 민란과 연관해서 생각해 볼 때 특히 경주를 중심으로 하여 일어났던 신라부흥운동의 성격을 띤 저항으로 인한 후유증으로 보인다. 경주에서 일어난 民들의 저항은 명종 20년(1190), 신종 2년(1199)의 2월과 8월, 신종 5년(1202)의 10월, 11월, 12월에 걸쳐 대규모로 일어났다. 또한 경주에서 가까운 청도에서 일어난 김사미·효심의 농민봉기(명종 23년, 1193)가 큰 영향을 끼쳤을 것이며 이외에도 경상도 지방의 진주(신종 3년, 1200년 4월), 밀성(신종 3년, 1200년 5월)에서의 저항 등[141]이 그 여파를 경상도의 주변 지방에 미쳤을 것으로 보인다. 위의 시는 이러한 빈번한 민란의 소용돌이가 지나간 흔적이 채 가시지 않은 경주의 실상을 황룡탑에 올라 바라보며 쓴 것이다.

　탑에 올라 내려다보는 화자의 위치는 종교적 초월성을 추구하는 선사의 위상을 보여주며 평탄한 지면의 '잔민파호'와 구층탑의 공간적인 구도 자체가 바로 선사와 일반민과의 거리를 상징적으로 나타내고 있는 것이다.

　위의 시에서와 같이 현실에 있어서 거리를 두고 있는 선사의 입장은 <諫臣去國圖>[142]에서는 벽화를 통하여 그 간접성을 나타나고 있으며, '산승'과 '사대부'로써 현실에 대한 태도를 비교적으로 드러내었다. "산승도 한번 보고 오히려 슬퍼지거늘 / 하물며 그 자리

---

141) 『고려사』, 『고려사절요』 참조.
142) 최자, 『보한집』 하권.

　　壁上何人畵此圖　　어떤 사람이 벽에 이 그림을 그렸는가
　　諫臣去國事幾乎　　간신이 나라를 떠났으니 일이 어찌 되겠는가
　　山僧一見尙惆悵　　산승도 한번 보고 오히려 슬퍼지거늘
　　何況當塗士大夫　　하물며 그 자리에 있던 사대부에 있어서랴!

에 있던 사대부에 있어서랴!"에서 초세간적 입장의 산승과 비교해서 더욱 비통했을 사대부의 입장을 짐작함으로써 현실세계에 대한 慧眼을 보인 것이다.

<등황룡탑>과 <간신거국도>에 나타난 바는 현실에 대한 외면이 아니라 일정한 간격을 두고서 바라보는 선사의 태도이다. 현실의 참상을 목격하고 비통한 심정을 토로한 <동황룡탑>과 무신란을 발발시킨 의왕대의 폐정에 대한 혜안을 보인 <간신거국도>는 현상적 세계의 실상을 바로 보고 이를 파악하는 통찰력을 의미하는 것이다. <등황룡탑>에서 토로한 "차마 볼 수 없어라!"의 현실을 바라보아야 하는 당대의 종교적 지도자로서 그의 현실적 접근은 관리들에 대한 교화를 통한 현실개선으로써 나타나고 있다.

憂國憂家正是時　　우국우가는 바로 지금의 일
賢臣王事不須辭　　어진 신하는 나랏일 사양해선 안되네
避暑未必眞求道　　더위 피하며 도를 구할 것이 아니라
公理淸平道在玆　　공리청평함, 바로 여기에 도가 있다네!
<贈金郎中>

위 시는 관리인 김낭중에게 준 시로서 道의 현실성을 말하고 있다. 기구에서는 '나라걱정 집안걱정(憂國憂家)'을 바로 지금 할 일이라고 함으로써 현재 상황을 강조하였으며 승구에서는 앞에서의 현재성을 신하된 자의 직무에 충실함으로써 구체적으로 말하였다. 전·결구는 도의 현실화를 제시한 것이다. 관리로서의 도는 산속에 와서 편안히 피서나 하며 구할 것이 아니라 공리청평한 직무의 수행 가운데 있는 것이라는 경계를 담은 가르침을 내린 것이다. 이 시는 도의 현실성과 현재성을 말한 것이며 우국, 현신, 왕사, 공리청평 등 비불교적 뉘앙스의 어휘를 통해서 불교적 도를 말하고 있는 점이 특징적이다.

관리에 대한 충실성의 강조는 <答崔侍郎>에서 "그대 나랏일로 날마다 바쁘니 / 나라걱정 백성걱정 마음씀이 훌륭하여라(賢勞王事日忙忙 憂國憂民用意長)"라고 하여 직무의 충실을 우국우민으로 높혀 칭찬하는 것으로 나타난다.

관리의 청렴과 충직에 대한 교화성은 특히 지방관에 있어서 의미를 갖는다. <送錦城任太守>143)는 금성의 임태수를 보내며 쓴 송별의 시로서 지방관의 선정을 치하한 내용이다. 지방관인 태수의 고결한 인품과 인자한 성품에 대한 찬사와 함께 『시경』의 '甘棠'을 들어서 선정을 치하하였다. 『어록』의 <시보성위통판>에서는 청렴결백한 패주의 원님에게 시로써 칭찬하였다.144) 위통판이 公事를 처리함에 있어서의 공평함을 치하하고 그 인품을 표현함에 있어 '가을 물에 비친 달'과 '거울 속 얼음'에 비유하여 차고 맑은 인품의 고결성을 강조하였다.

이러한 지방관에 대한 청렴결백성의 추구는 지방의 산림에 거하며 지방 중심의 활동을 펴면서 지방사회의 모순을 인식한 데에 기인하는 것으로 보인다. 무인집권기의 지방에서 일어난 봉기는 최씨

---

143) 皎皎若照人氷壑　　맑고 깨끗한 성품은 얼음 골짜기와 같고
　　溫溫然有脚陽春　　온화함은 따뜻한 봄날에 거니는 듯하네
　　全羅二牧連作守　　전주 나주 목사를 지내고 이어 태수가 되니
　　此去甘棠永更新　　여기 떠나면 그대 칭송 길이 더욱 새로와지리!
　　(원문에서 4구의 '裳'은 '棠'의 오자이다.)
144) 『한불전』, 6-39.
　　守官凡百愛公平　　관리로서 모든 일에 공평함을 사랑하여
　　獨得爲州第一名　　고을 위해 제일이란 이름 홀로 얻었네
　　月照秋江氷照鏡　　가을 물에 비친 달과 거울 속 얼음도
　　比君猶是未寒淸　　그대 비해 오히려 차고 맑지 못하네.

무인정권의 수탈과 함께 지방관과 **吏屬層**의 가혹한 수탈에 그 직접적 원인이 있었던 것으로145) 볼 때, 이들 지방관의 청렴결백성을 추구한 교화적 행은 현실의 혼란상에 대한 인식에 근거를 둔 본질적 치유책으로서 볼 수 있다.

세상의 황폐한 현상에 대해 그 원인을 사치와 不德에 두고 각성을 촉구한 시 <憫世>146)는 최씨무인집권층을 중심으로 한 당시의 지배계층에 대한 경계와 질정을 담고 있다. 추위와 기근, 역질이 만연한 현실상에 대한 책임을 지배층의 교만과 사치에 두고 탄식한 것이다.

지배층에 대한 우의적 비판은 <금성동>에서 "만리장성 진나라 겨우 2세뿐이었고 / 천금을 들인 동오 몇년 가지 못했네 / 불탑이라는 보배야말로 무진장의 보배요 / 덕으로 쌓은 성 비로소 견고하리 (萬里秦城纔二世 千金董塢未多年 不貪之寶寶無盡 以德爲城城始堅)"로 나타내었다. 진시황의 권세를 만리장성으로써, 後漢 董卓의 권세를 萬歲塢로써 각각 환유하여 그 짧은 영화를 말하였다. 이에 대해 불탑을 무진장의 보배로, 덕을 견고한 성으로 그 가치를 구상화시킴으로써 앞의 권세와 영화의 헛됨과 함께 역설적 진리를 말한 것이다. 진시황과 동탁을 소재로 한 표현은 역사적 인물과 그에 관한

---

145) 신안식(1996). 고려 무인집권기 지방사회의 동향에 관한 연구 참조. 건국대학교 박사학위논문.

146) 服食驕奢德不修   교만하고 사치하여 덕은 닦지 않고
      農公蠶母見幽囚   농부 직녀를 갇힌 죄수로 보네
      從玆擧世受寒餓   이로부터 온세상 추위와 배고픔 받나니
      爲報時人信也不   지금 사람들에게 알려주는 것임을 믿는가!

      田潛不熟已多年   밭농사 누에치기 여물지 않은지 이미 여러 해
      飢饉相仍疾疫連   굶주림 잇따르고 돌림병 연속되네
      禍本無門人所召   화는 본래 문이 없어 사람이 부르는 것인데
      不知自作怨諸天   스스로 지은 줄 모르고 하늘만 원망하네.

사실을 통해서 당시의 권력자들을 우의적으로 비판한 것이다.

위의 시들에서 나타난 바와 같이 현실은 전쟁과 민란, 기근과 역질 등으로 황폐해진 상황이며 이러한 원인은 지배계층의 사치와 탐학으로 인한 부덕에 있음을 말한 바 있다. 대승적 정신이 사회와의 관련을 불가불 맺게 됨에 있어서, 이러한 시대 속에서의 삶의 방식이 다음의 시에 드러나 있다.

使星影落曹溪水　　使星의 그림자 조계수에 떨어지니
光芒爍爍照天地　　광채 번쩍번쩍 천지를 비추네
威迫寒僧不奈何　　위세가 山僧을 겁박하지만 어쩔 수 없나니
始知禪者無巴鼻　　비로소 알았으리, 禪者는 잡을 곳이 없음을
宣喚不應故云　　　　　　　＜次黃中使韻＞

위의 시는 조정의 사신인 황중사의 시에 차운하여 쓴 것으로서 '임금의 부름에 응하지 않았으므로 이르다'라는 작시동기가 나와있다. 기구는 황중사의 파견을 말한 것으로 '使星'은 使者를 가리키며 '曹溪水'는 수선사가 위치한 산명이 조계산인 데서 수선사를 가리킨다. 수도 개경에서 왕명으로 파견한 사신의 행차를, 사성의 그림자가 조계산의 물에 비치는 것으로 천문을 빌어 간접적으로 표현함으로써 조정의 권위를 드러내었다. 승구는 조정에서 내려온 사신의 위용을 그 광채가 천지를 비춘다는 과장으로써 표현하였다. 전·결구는 자신의 초연한 태도를 드러낸 말로서 자칭 '寒僧'이라 하여 앞에서의 조정의 권위와 위엄에 대비시켰다. '巴鼻(把鼻)'는 선어로서 붙잡을 곳, 또는 근거, 요령을 뜻하는 말인데 소를 붙잡을 때 코에 밧줄을 꿰서 잡는 데서 온 말이다. '無巴鼻'는 '잡을 곳이 없다'는 뜻으로서 수행으로 인해 아무 흔적이 남지 않은 청정한 마음을

의미한다. 그러므로 권력이나 권위로 어떻게 할 수 없다는 사실을 말한 것이다. 기·승구에서의 권위적이며 과장된 표현은 전·결구에서의 '禪者無巴鼻'를 상대적으로 강조하기 위한 대비적 표현이다. 천지를 비추는 사신의 위용으로도 산승을 어떻게 할 수 없다는 말은 '禪者無巴鼻'라는 선적 용어를 통하여 세속적 권력의 범주를 초월하여 존재하는 선사의 입장을 의미한다.

위 시는 이규보가 비문에 기록한, 최우가 개경으로 여러번 초치하려 했으나 응하지 않은[147] 사실과 연관지어 볼 수 있는데 개경으로 초치하려 한 의도는 혜심을 談禪法會의 상징적 主法者로 내세우려는 최우의 사원정책에서 나온 것으로 파악한 견해가 있다. 담선법회는 고려 초기부터 선사들의 모임이었으며 개경의 보제사에서 정례적으로 개최된 국가적 법회였다. 최우는 고종 3년 거란의 침입 이후 거란 격퇴라는 국난 극복 방책의 일환으로 담선법회를 확대시키면서 선종을 이용한 국난극복을 의도함에 있어, 당시 광범위한 호응을 받고 있던 수선사의 비중을 높이 평가한 것으로 본 것이다.[148] 이러한 최우의 정치적 의도가 깔려있는 개경으로의 초청에 대해 초연한 선사의 언어로써 완곡하게 거절의 뜻을 표현한 것이다.

최우의 호의에 대한 응답을 나타내 보인 다음의 시는 선적 상상력으로써 선물의 의도를 반전시키고 있다.

智水傾來物自鎔   지혜의 물 쏟아내니 온갖 사물 절로 녹아
箇中無事可相容   그 가운데엔 가히 용납할 일이 없네

---

[147] 허홍식편(1984). 『한국금석전문』(서울:아세아문화사), p.1018. "今門下侍中晋陽崔公聆師風韻傾渴不已屢欲邀致 京輦師竟不至焉".
[148] 김광식(1995). 『고려 무인정권과 불교계』(서울:민족사), pp.136-163 참조.

從玆洗得身心淨　이에 몸과 마음을 씻어 깨끗해졌나니
利垢名塵莫我蒙　명리의 더러운 티끌 나를 더럽히지 못하리!
<次謝崔尙書靑銅甁>

　최상서가 청동병을 보내준 것에 대한 사례의 표시로 쓴 시이다. 여기에는 표면적으로는 청동병에 대한 찬사나 보낸 이의 호의에 대한 표현이 드러나 있지 않다. 선물인 청동병의 기능을 매개로 하여 자신의 청정성을 표현한 것이다. 기구는 병의 기능이 물을 담는 것임에 입각해서 최상서가 보내 준 청동병이 지혜의 물을 담은 것으로 의미를 부여함으로써 존대의 뜻과 함께 선적 차원으로 전환시키고 있다. '지혜의 물(智水)'는 여래의 청정한 지혜를 淨水에 비유한 말이며 그 병에 담긴 지혜의 물이 物을 다 녹여내었다는 말은 모든 분별심과 번뇌를 씻어 없애주었다는 말이다. 승구는 지혜의 물이 모든 번뇌를 녹여 없애버린 마음의 상태를 말한 것으로 용납하고 안하고 할 일이 없다는 것이다. 전·결구는 청정한 자신의 입장과 함께 명리의 거부를 나타냈다. 청동병의 智水로 몸과 마음을 씻어 청정해졌다고 하면서 명리의 더러운 티끌이 나를 더럽히지 못한다고 한 말은 세속의 권력자 최상서에게 종교인으로서의 자세를 천명한 의미심장한 말이다. 최상서는 당시의 권력자 최우로서 혜심과 긴밀한 관계를 유지하였다.
　이 시는 청동병 선물을 받고 이에 대한 사례의 표현으로서는 미묘한 의미를 내포하고 있다. 선물에 대한 의미의 부여를 오히려 청정한 선사의 자세로 전환시킴으로써 상대방의 의도를 역으로 뒤집은 것이다. 완곡하게 의표를 찌른 이 시에는 세속의 권력과 조화를 이루어 나가면서도 거리를 두고 초연한 종교적 입장을 견지한 혜심의 처세관이 나타나 있다.

혜심은 출세간의 방외인으로서 세간은 수행자를 시험하는 곳으로도 보고 있다. <송양상인>에서 "서리를 지나면 굳센 풀을 알고 / 물에 들어가면 키 큰 사람을 아네 / 너를 세상길에서 시험하노니 / 세상 속에서 살더라도 물들진 말라(經霜知勁草 入水見長人 試汝塵中路 埋頭莫沒塵)"라고 하여 세상을 '塵中路'로 표현하였으며 수행자에게는 시험의 장소로 본 것이다. 또한 세상에서의 삶을 자유를 속박하는 것으로 보고 있다. <和葛先生見寄>149)에서 세간적 삶을 봄누에와 초파리에 비유하여 방외의 자유로운 세계와 대조시켰다. 그 자신 삶의 방식은 승려로서의 본분에 충실하고자 한 것임을 <좌우명>150)에서 드러내고 있는데, 출가한 본뜻을 되새기며 몸과 마음이 일치하는 출가자로서의 다짐을 無明의 풀인 머리털을 깎아버린 머리를 만짐으로써 환기시키고자 한 것이다.

현실에 관련된 내용의 시에는 앞에서 살펴본 바와 같이 국가적 위기에 대한 참여와 시대상황을 직접적으로 드러낸 시, 관리에 대한 교화적 시와 지배계층에 대한 우의적 비판의 시, 세속과 조화를 이루며 거리를 유지한 처세를 밝힌 시 등이 있다. 이들 시에는 국가적 위기에는 대승적 관점에서 적극 참여했으며 국내적 정세에는

---

149) 春蠶吐絲還自纏　　봄 누에 실을 뱉아 도리어 스스로를 얽고
　　醯鷄自足甕中天　　초파리는 옹이 속 하늘에 자족하네
　　君如脫縛遊方外　　그대 속박을 벗어나 방외에 노닐고자 하면
　　火急回頭學我禪　　화급히 머리 돌려 우리 선을 배우라!
150) 菩薩子菩薩子　　　보살들이여! 보살들이여!
　　常自摩頭深有以　　항상 머리 만지는 것 깊은 까닭이 있네
　　摩頭因得審思量　　머리를 만지며 깊이 생각하라
　　出處本意圖何事　　출가한 본 뜻이 무슨 일 도모한 것인지를
　　僧其相貌俗其心　　모양은 중으로서 마음은 속인이라면
　　可不慚天而愧地　　하늘과 땅에 대해 부끄럽지 않으랴?
　　麤行狂言任爲汝　　거친 행과 미친 말을 너하는대로 둔다면
　　鑊湯爐炭何回避　　확탕과 노탄지옥 어떻게 피하리?

초연함과 완곡함의 거리의식이 드러나 있다. 관리에 대한 교화적 시에서 제시한 도의 현실성은, 불법을 현실에 적용하려 한 혜심의 현실적 사고를 의미하고 있으며 또한 현실에 대한 간접화의 대응방식을 말해주고 있다.

이상으로 인생과 현실에 관한 내용을 담은 시들을 통해서 삶의 현장적 모습과 이를 수용하여 대응하는 방식을 살펴보았다. 혜심은 선사로서 본질적으로는 인생과 모든 법을 꿈으로 보았으며 모두 비었다는 空의 사상을 꿈의 비유로서 표현하였다. 『어록』에는 『태평광기』에 실린 노생의 꿈이야기인 <침중기>를 소재로 들어서 空의 이치를 설한 바 있다.151) 이러한 인생에 대한 극복으로서 진정한 자기를 찾아 생사해탈할 것을 추구한다. 이는 空한 이치와 함께 空하지 않은 깨달음의 세계가 있기 때문이다. 인생은 이러한 부정성과 긍정성의 양면을 동시에 지니고 있는 것이다. 현실사회는 인생의 확대된 모습으로서 현상적 세계이다. 현상적 세계에 대한 수용적 측면은 불교적 세계관에 의해 달관과 관조적 태도로 나타나며 대응의 방식은 거리의식으로서 수사에 있어서 우의, 비유, 가정법 등의 간접화로 나타나고 있다. 이러한 태도는 無常과 空의 현상적 세계를 非有의 有152)로서 인식하고 수용함으로써 시대현실과 밀접한 관계를 가지고 그 몫을 담당했던 한 高僧의 삶을 보여주고 있는 것이다.

이상으로 혜심의 시세계를 전체적으로 고찰하였다. 시세계는 내용상 '선법과 수행', '자연경계의 표상과 즐김', '物에 대한 관심과

---

151) 『한불전』 6-15, <到圭峯請示衆>.
152) 세상의 모든 것은 인연에 의존하는 것으로 실체가 없는 空임과 동시에 그렇기 때문에 거짓으로 존재하는 것으로서 세간적 관용상의 세계에서는 그 존재성이 인정되는 도리이다. 이는 범부의 妄計에 의한 실유가 아니므로 妙有라고 한다. 홍법원(1988). 『불교학대사전』.

의미의 확대', '인생과 현실의 수용 및 대응'의 네 범주로 분류하였는데 이는 法과 자연과 인간이라는 총체성을 갖는다. 이 세 요소는 혜심의 시세계를 질적으로는 심오하게, 양적으로는 풍부하게 하고 있으며 종교시의 영역을 넘어 보편적 문학으로 나아가게 한다. 진리인 法은 거의 모든 시에 내포되어 있거나 이면에 작용하고 있다. 선법과 수행에 관한 시는 法을 나타내기 위한 목적적 시이다. 자연과 物에 관한 시는 법이 서정의 근원으로 작용하고 있으며 이들을 매개로 하여 法을 나타내고 있다. 현실과 인생에 관한 시는 法의 적용면을 나타낸 것으로 볼 수 있다. 이렇게 法이 그의 시세계에 본질적으로 개입되어 있으면서, 다양한 대상과 소재를 시화함에 있어서 法과 情을 융합시켜 사상과 문학이 결합된 시세계를 보여주고 있다. 이러한 면은 선의 일상화와 함께 시의 일상화를 의미하고 있으며 선과 시를 일치시킨 선시의 성격을 나타내고 있다. 혜심의 시세계에서 선시의 특징적 성격이 가장 강하게 드러난 점은 초월적 상상력이다. 일상적 사고의 범주를 넘어서는 상상력의 넓이와 깊이는 그의 시세계를 고도의 철학성을 내포한 개성적 문학이 되게 하였다. 이러한 개성적 면은 역설에서 가장 잘 발휘되고 있는바 다음 장에서 상론될 것이다.

IV. 역설의 시학

　본 장에서는 앞 장에서 혜심의 시세계를 고찰한 바를 토대로 하여 혜심 시의 시학을 정립해 보고자 한다. '시학'은 문학에 대한 체계적 연구로서 혜심의 시세계를 통괄하는 원리와 표현면을 정리함으로써 그의 시 개별 작품들이 서로 유기적인 관련성을 가지고 시세계를 이루는 양상을 고찰하는 것이다. 이러한 고찰은 그의 시세계를 이론적, 체계적으로 정리함으로써 문학성을 규명하고자 하는 것이 목적이다.
　혜심의 시세계를 총체적으로 조망해 볼 때 시세계를 통괄하는 가장 큰 특징적 맥락은 '역설'로 파악된다. 역설은 모순과 당착을 속성으로 하며, 상반된 것들을 통합시키는 '모순의 초월'을 본질로 한다. 이러한 역설은 선시의 문학성을 규명함에 있어서 가장 본질적이며 핵심적 요소이다. 禪詩는 사상과 문학이 불가분의 관계를 가지고 있어서 이 둘은 분리시켜 논할 수 없다. 사상은 표현되고 있으며, 표현의 근원은 사상이기 때문이다. 그러므로 혜심 시의 역설을 고찰함에 있어서 사상의 탐구는 필연적인 것이다.

본 장에서는 혜심의 시학을 규명함에 있어서 그의 시세계를 거시적이며 포괄적 관점에서 논하고자 한다. 시학을 정립함에 있어서 첫째로 정의되어야 할 문제는, 선종의 언어문자관인 '不立文字'와 이에 대한 혜심의 입장이라 할 수 있다. 불립문자는 선종의 모든 문자와 언어적 표현의 근저에 자리하고 있는 정신이기 때문이다. 다음으로 혜심 시의 역설성을 진리의 역설성과 그 표현 양상에서 구체적으로 고찰한 후, 이러한 역설의 의미를 총괄적으로 논하고자 한다.

1. 不立文字의 역설성과 혜심의 언어문자관

不立文字는 선종의 언어문자적 표현에 대한 근본적 입장을 천명한 말이다. 이러한 근본적 입장은 이후 선종의 특징적 언어와, 문자로 간행된 방대한 선어록 등을 두고 볼 때 단순한 의미의 불립문자가 아님을 알 수 있다. 선종의 불립문자는 문자 그대로의 의미는 아니며 그보다는 더욱 심각한 내용을 함축하고 있는 것이다. 그 내용은 언어문자에 대한 상이한 두 태도이며 서로 다른 두 관점이 공존하고 있는 상황이다. 그것은 언어문자에 대한 부정과 긍정이라는 두 태도로서, 언어의 한계성 인식에서 오는 불신과 함께 불가피한 방편성인 것이다. 이러한 근본적 입장과 상황적 필요성의 두 층위에서 서로 충돌하는 두 관점을 내포한 불립문자는 그 말 자체가 모순을 내포하고 있는 역설인 것이다. 절대적 진리는 표현될 수 없다는 명제와 표현되어야만 하는 모순된 상황을 역설적으로 드러내고 있는 것이다. 이 역설성을 혜심의 관점을 통해서 언어의 한계성과 방편성, 두 측면으로 나누어 살펴보고자 한다.

(1) 언어의 한계성과 不立文字

선종의 宗旨(핵심적인 교의)는 不立文字, 敎外別傳, 直指人心, 見性成佛이다. 문자를 세우지 않고, 敎 밖에 따로이 전하며, 사람의 마음을 곧바로 가리켜, 성품을 보아 부처를 이룬다는 것이다. 이러한 선종의 특징 가운데서도 가장 대표적인 것으로는 당대의 육조 慧能하의 남종선에서 특히 강조되었던 불립문자와 교외별전이라고 할 수 있다. 불립문자와 교외별전은, 경론의 어구나 언어문자에 의지하지 않음을 말하는데 성불을 이루기 위한 行에 있어서 언어문자에 관한 부정적 입장을 표명한 것이다. 문자교설에 의하지 않고 이심전심, 즉 마음에서 마음으로 전한다는 것으로 체험에 의한 체득을 주장한 것이다.

선종의 언어문자관을 표명한 '不立文字'의 '文字'는 일차적으로는 경전의 말씀을 가리키고 있으나 경전에 국한하지 않고 진리에 관한 언어문자적 표현을 의미하는 것으로 해석되고 있다. 문자는 언어를 기록한 것이며 따라서 언어관념을 그 내용으로 하고 있기 때문에 불립문자의 문제는 결국 언어의 문제[1]로 해석되고 있으며, 문자를 메시지의 전달을 위한 매개체라고 본다면 꼭 활자언어만을 가리킨 것이 아니라 넓은 의미에서 음성언어, 동작의 보임, 향기, 차의 맛, 등등의 일체 색경계를 지칭[2]하는 것이라는 광의적 해석도 있다.

불법의 본질은 언어문자 형식으로는 표현불가능하다는 언어적 한계성에 대한 혜심의 인식은 <混元上人請圓覺經讚>의 總頌에서 잘 드러나 있다.

---

[1] 박태원(1984). 불교의 언어이해와 불립문자, p.9. 고려대학교 석사학위논문.
[2] 정경규(1990). 선종과 언어문자, p.77. 동국대학교 석사학위논문.

老婆心切苦諄諄	노파심으로 간절히 타일러도
爭奈難傳妙斲輪	어찌하랴! 바퀴 깎는 **妙理** 전하기 어려움을
十二章章詮不及	열 두 장의 설명이 미치지 못하여
留將密付箇中人	장차 은밀히 그 사람에게 부촉하겠네.

혜심의 <원각경찬>은 14장으로서 경의 핵심적 내용을 찬하고 여기에 총송을 붙인 것이다. 총송은 12장으로 구성된 『원각경』에 대한 총체적 견해를 송한 것이다. 기구는 경전에서 설한 바를 말한 것이며 승구는 진리 전달의 어려움이다. 불법을 '묘하게 깎은 수레바퀴(妙斲輪)'라 비유한 데서 남에게 전할 수 없는 妙理임을 강조하였으며, 열 두 장으로도 了義(구경의 진리)를 다 전하기 못하여 기다렸다가 '그 사람'에게 은밀히 부촉하겠다는 것이다. 密付는 비밀스럽게 법을 전하는 방식인 이심전심을 말한다. 불법의 진실한 이치를 언어문자인 경전으로는 전하기 어려우므로 선종의 전법 방식인 以心傳心으로 부촉하겠다는 것이다. 위 송은 언어문자의 한계성과 이에 대한 선종의 방식인 이심전심을 말한 것이다. 이 총송은 원각경을 찬한 내용인 앞의 부분에 대한 총체적 송이라는 점에서 경전에 대한 관점을 요연하게 드러내고 있다. 경전에서 설한 진리 그 자체보다 전달의 어려움을 강조한 것이다. 전달은 깨달음으로 연결된다. 이 송은 경전에 대한 송으로써 불립문자, 교외별전의 선종적 종지를 부각시킨 것이다.

수행의 궁극적 목표인 깨달음을 이루는 데 있어서, 혜심은 看話禪을 최우선적으로 간주하였다. 十二時와 四威儀(行住坐臥) 안에서 항상 화두를 들 것을 권장하였는데 이 간화선수행에 있어서 경전을 비롯한 기존의 언설들이 근본적인 도움이 되는 것이 아님을 역설한 바 있다.

"들어 보이는 곳에서 짐작하려 하지 말고 마음으로 헤아리지도 말며, 의견을 붙이지도 말고 한동안 침묵하지도 말며, 작용하지도 말고 냉소하지도 마십시오. 그런 경우를 당해서는 어떻게 하여야 할까? 그 속을 향해 당장 한 번 터지면 공부가 끝났다 하려니와, 그렇게 되지 못하면 일대장교를 병에서 물 쏟듯 외운다 한들 무슨 소용이 있겠습니까? 경전과 논을 강설하고 선정과 도를 설명하여 하늘의 꽃이 땅에 떨어지고 돌들이 머리를 끄덕이더라도, 그것은 쓸데없는 일일 뿐으로서 자기 본분의 일과는 아무 상관이 없는 것입니다."3)

오직 看話(화두참구)에 의한 돈오를 주장하고 있으며 경론과 선에 관한 여러 언설들은 본분의 일인 그 자신의 깨침을 이루는 데에는 소용이 없다는 것을 가르친 것이다. 중요한 것은 각 개인 그 자신의 깨침이며 이를 위해서는 기존의 언어문자들을 버릴 것을 주장한 것이다. 또한 선에 관한 언설조차도 버려야만 할 것으로 주장하였는데, "만일 진실로 참구하고 진실로 깨치려면, 지금까지 좌선에서 얻은 것과 경전에서 얻은 것과 옛 사람의 어록에서 얻은 것과 종사의 입에서 얻은 것과 재미있고 보배처럼 아끼던 것을 한꺼번에 쓸어 다른 세계에 버리고 자세히 보라."4)라고 하였다. 진리의 당체인 그 자신의 면목을 자각할 것을 강조한 것이다. 심지어 <示智珠

---

3) 『한불전』, 6-30. <示中正上座>. "不得向擧起處承當 不得向意根下卜度 不得下語 不得良久 不得作用 不得冷笑 正當伊麼時 合怎生 若向者裏 噴地一發 許你參學事畢 其或未然 直饒誦得一大藏敎 如甁瀉水 有甚麼用處 假使講經論 說禪說道 直得天花落地 群石點頭 也是咬蚤之義 於自己本分事上 了沒交涉".
4) 앞 글, 6-45. <답노상서>. "若要實參實悟 須是從前坐禪處得底 經敎上得底 古人語錄上得底 宗師口頭下得底 有滋味寶惜處 一時掃向他方世界 好字細看".

＜上人＞에서는 '교외별전'이니 '이심전심'이니 하는 말조차 "후세 사람들이 억지로 지은 것이며 납승의 숨결을 꿈에도 보지 못한 사람들"5)이라고 비판하고 있다. 깨달음에 있어서 경전을 비롯한 모든 언어문자를 부정하는 이와 같은 태도는 다음의 시에서 더욱 강조되고 있다.

> 大千經券出毫芒　　대천의 경책이 붓끝에서 나와
> 鐵畵銀鉤各放光　　획마다 구절마다 광명을 놓네
> 若會當頭這一着　　만약 이 하나 곧바로 알아버리면
> 龍宮海藏未爲多　　용궁의 대장경 별것 아니다.
> 　　　　　　　　　＜悅可上人 手寫華嚴經 作偈贊之＞

열가상인이 『화엄경』을 필사한 데 대해 찬한 게송이다. 『화엄경』은 방대한 경전으로서 용수보살이 용궁에서 誦出해온 것이라 한다. 용궁해장은 모든 경전 즉 팔만대장경을 가리킨다. 이 게송은 화엄경을 필사한 것을 칭찬하면서 오히려 경전보다 더 중요한 선적 깨달음을 강조한 점에서 상황적 역설성을 띠고 있다. 모든 경전을 통괄하는 진리는 바로 그 자신의 성품에 대한 깨달음이라는 것을 강조한 것이다. '이 하나(這一着)'는 지극한 진리인 각 개인의 근본 성품인 것이다.

경전에 대한 부정적 관점은 ＜次看經貧道者韻＞에서 "옛 종이를 뚫느라 나귀해가 가니 / 종래의 길 달리하여 곧장 가시오(鑽他古紙驢年去 撞着從來路便行)"라고 하였다. 경전을 옛 종이에 비유하였으며, 경전을 보고 있다가는 깨칠 수 없음을 열두해에 없는 나귀해

---

5) 앞 글, 6-38. "且道 傳个甚麽 惜乎後人不識好惡 強喚作教外別傳 以心傳心 都未夢見納僧氣息".

로써 말한 것이다. <常看藏經故云次前韻示淵深上座>에서 "종래로 無相하며 또한 無明인데 / 무엇하러 억지로 정을 일으키는가?(從來無相亦無名 何用安排强起情)"라고 하여 경전을 보아서는 깨달음을 얻을 수 없음을 말한 바 있다. <奉和地藏一僧統>6)에서는 "세간의 문자와 聲名은 / 정에 통하거나 정에 속한 데 맡겨졌네(世間文字與聲名 任是情通也屬情)"라고 하여 세간적 문자언어는 진실을 벗어난 것이라 하였으며, 덕산이 금강경소를 불태워버린 사실을 들어 경론 등에서 얻은 알음알이를 배제하고 수행할 것을 '暗中行'으로 비유하여 권고한 바 있다.

위 시는 경전에서 가르치고 있는 바의 진리를 곧바로 지적한 것으로서 선종의 사상적 핵심을 말하고 있다. 이러한 선가의 전통적인 입장을 잘 보여주는 게송으로 "그대 반야경을 읽음에 / 반야는 경전에 있지 않다네 / 반야경이 반야에서 나온 것인데 / 반야가 반야를 읽고 있네 (君讀般若經 般若不在經 經從般若出 般若讀般若)"가 있다. 반야는 지혜이다. 여기서 반야는 세 가지의 의미를 지니고 있다. 즉 三般若로서 文字반야7)·觀照반야8)·實相반야9)이다. 이 게송은 실상반야인 사람이 반야경이라는 문자반야를 읽고 있는 데 대해 반야는 경전에 있지 않고 그 자신에게 있음을 지적한 것이다. 중요한 것은 진리의 당체인 마음인 것이다.

그러므로 "부처나 조사, 선지식의 말이 모두 중생들의 마음을 가

---

6) 본고, p.86.
7) 문자로 나타낸 반야경으로서 반야경이 반야의 지혜는 아니나 반야를 나타내는 방편이므로 이름한 것이다.
8) 모든 법의 실상을 관조하는 것으로, 이는 반야 지혜의 작용이므로 이름한 것이다.
9) 모든 법의 진실하고 절대적인 모습. 이는 반야가 아니나 반야의 지혜를 내는 것이므로 이름한 것이다.

리킨 것이니 진실로 마음만 깨우치면 불법이 다 이루어지는 것"10) 이며 "한자도 기억하지 않으면서 일체의 경전을 다 생각"11)하게 되는 것이다. 따라서 수행에 있어서 多聞을 경계하였으며 오직 스스로 지닌 마음의 본체성을 깨닫기를 촉구한 것이다.

이러한 언어의 한계성에 대한 자각은 깨달음의 경계를 표현하는 데 있어서도 여실하다. 말하기 어려움은 <우거전물암>12)에서 "나이 암자에서 살아가나니 / 그저 하하 웃을 뿐 말하기 어려워라(我栖此庵作活計 只可呵呵難吐出)"한 것은 내면적 살림살이인 정신의 경계를 말한 것이다. 이러한 정신경계의 표현불가능은 『벽암록』을 편찬한 宋의 圓悟克勤선사(1063-1135)의 悟道頌인 "비단 장막에 밤이 깊어 향은 다 타고 / 취한 몸 얼싸안고 풍악소리 속에 돌아가네 / 소년의 각별한 풍류의 일은 / 오직 아름다운 그녀만이 혼자 알리라(金鴨香銷錦繡幃 笙歌叢裏扶醉歸 少年一段風流事 只許佳人獨自知)"에서, 깨달은 마음은 깨달은 자만이 알 수 있으며 이것은 말로 할 수도 없고 한다고 해도 알지 못하는 것임을 자못 풍류사에 비유하여 표현한 바 있다.

이러한 언어문자에 대한 부정과 관련하여 침묵과 바라봄(相看.相視)이 의미를 띠게 된다. 조사 어록에서 법을 설하는 도중의 良久는 잠깐 잠자코 있는 것으로 설법할 때 법을 표현하는 한 방법이다. 침묵은 언설로써 표현할 수 없는 言外의 종지를 나타내는 방식이며 相看은 대상을 대하는 태도이다. 『어록』示衆에서 경청과 설봉의 대화를 들어 이심전심과 불립문자를 말하면서 설봉의 침묵과

---

10) 『한불전』, 6-37. 示白嵓備長老. "凡佛祖善知識 廣略言句 無不指歸衆生心地 若實悟心地 佛法皆現成".
11) 앞 글, 6-7. "不用記一字 念塵一切經".
12) 본고, pp.132~3.

경청의 사례를 들어 "천번 말하고 만 번 말하는 것이 한 번의 침묵 만 못하고, 한 번 듣고 만 번 듣는 것이 스스로 보는 것만 못하다."13)고 하였다.

침묵의 강조는 <示了嘿>에서 "마음은 또렷이 입은 묵묵히 하라 (心常了了口常嘿)"고 한 바 있다. 어록에서 "침묵하고 침묵하고 침묵하라. 위 없는 보리를 여기서 얻는다. 눈속의 못을 뽑고 머릿골 뒤의 쐐기를 빼고는 만길 벼랑 위에 외발로 서리라. 침묵하고 침묵하고 침묵하고, 동서와 남북을 묻지 말라. 조계도 모른다 하였고 달마도 모른다 하였거늘 익지도 않은 범부로서 어찌 헤아릴 수 있겠는가?"14)라고 하여 말이 끊어진 침묵을 통해서 무상의 보리를 증득할 것을 가르치고 있다. 이러한 침묵은 三祖 僧璨의 <信心銘>에서 "말이 많고 생각이 많으면 / 더욱 더 상응치 못함이여 / 말이 끊어지고 생각이 끊어지면 / 통하지 않는 곳 없느니라(多言多慮 轉不相應 絶言絶慮 無處不通)15)라고 하였듯이 깨달음을 위한 수행에 있어서는 말과 생각을 떠나야 한다고 하였다.

相看은 침묵과 결부되는데 <對影>16)에서 "잠자코 웃으며 바라보나니 / 그대 대답 없을 줄 알았네(嘿嘿笑相視 知君語不應)"로써, 그리고 <小池>에서 "많은 말 기다려 무엇하리? / 바라봄에 뜻이 만족한 것을(何必待多言 相看意已足)"으로써 언어를 초월한 默不二의 경계를 드러내었다. <파초>17)에서는 "어찌 작은 뜨락 안개비 속에서 / 쓸쓸히 앉아 냉정히 바라봄과 같으랴?(爭似小庭煙雨裡 蕭然靜

---

13) 『한불전』, 6-15. "故曰 千言萬言 不如一默 千聞萬聞 不如自見".
14) 앞 글, 6-4. "上堂云 默默默 無上菩提從此得 眼裏抽釘 腦後拔楔 萬仞崖頭獨立 默默默 無問東西與南北 曹溪不會 達摩不識 造次凡夫其可測".
15) 선림고경총서1 『禪林寶典』(서울:장경각), p.354. 불기2532.
16) 본고, p.112.
17) 본고, pp.144~5.

坐冷相看)"라고 하여 '바라봄(相看)'을 통해서 파초의 진실된 모습(實相)을 바르게 보고자 하였다. 바라봄은 시각적인 차원이 아닌 청정한 마음의 바른 눈으로 사물의 진실을 직관하는 것이며 이러한 태도가 곧 '바르게 봄(正觀)'이다. 침묵은 지극한 진실의 표의이며 침묵과 결합된 상간은 진실의 직관인 것이다.

이상에서와 같이 언어의 한계성에 대한 투철한 자각은 진리의 절대성에 대한 것으로 혜심의 어록에서 교리적 해석을 지양하고 주장자·부채 등 사물을 통한 행위나 비논리적인 임기응변적 문답을 통한 대중접화방식이 잘 보여주고 있다. 이러한 방식이 物에 대한 시에서 반죽장이나 소나무가지로써 시화되어 있음을 살펴본 바 있다.

(2) 언어의 방편성과 不外文字

앞에서의 언어문자에 대한 불신과 부정과는 모순되게 혜심은 경전에 대한 찬으로 금강경찬과 원각경찬을 남기고 있다. 이들 경전은 선종에서 애호하는 경전이다. 또한 『어록』에서 경전과 논을 인용하고 있는데 『화엄경』·『금강경』·『원각경』·『능엄경』·『법화경』·『열반경』·『사익경』·『반야심경』·『유마경』 등의 경전과 『화엄론』·『기신론』·『대지도론』 등이다. 뿐만 아니라 『선문염송』을 편찬함으로써 공안집을 집대성하였다. 이러한 면모는 엄격한 의미에서는 선종의 불립문자 정신에 위배되는 것으로 볼 수 있다.

작은 고리(少環) 속에 금강경을 베껴 쓴 것을 찬한 <小字金剛經贊 幷序>에서 "지금 이 작은 바퀴가 三般若를 갖추었으니, 이 글자 가운데 한 눈을 얻으면 뗏목을 타고 흐름을 건너 문득 저 언덕에 이르리라!(今此小輪具三般若 於文字中着得箇眼 乘筏超流 便登彼岸)"고 하였다. '작은 바퀴(小輪)'는 '소자금강경'을 말한다. '바퀴

(輪)'는 부처님의 설법으로, 부처님의 교법이 일체 중생계를 회전하여 모든 번뇌를 굴복시키므로 이른 말이다. 공력을 들여 작은 글씨로 쓴 금강경이 삼반야(문자반야, 관조반야, 실상반야)를 모두 갖추었다고 했으니, 문자반야 속에 관조반야와 실상반야를 포용시킨 것이다. 즉 문자로 된 금강경으로써 반야(지혜)를 터득할 수 있다는 것이다. 문자 중에서 눈을 얻는다면 열반의 저 언덕에 이를 수 있다고 하여, 경전의 문자를 피안에 이르는 '뗏목'에 비유한 것이다. 이러한 비유는 경전 및 언어적 수단을 '달을 가리키는 손가락'이나 어린 아이를 달래는 '黃葉'으로 보는 것과 동일한 관점으로서 문자의 방편성을 인정하고 수용한 것이다.

혜심의 언어문자관이 가장 잘 드러나 있는 자료는 <선문염송서>이다.

"상고하면, 세존 가섭 이후로 대대로 이어 등불이 끊이지 않고, 서로 비밀히 부촉한 것으로써 正傳을 삼았다. 그 바르게 전하고 비밀히 부촉한 것은 말로써 표현치 못할 바는 아니나, 말로는 미치지 못하는 바가 있기 때문에 비록 가리켜 보이는 일이 있어도 문자를 세우지 않고 마음으로써 마음에 전했을 뿐이었다.

그런데 일을 좋아하는 사람들이 굳이 그 자취를 기록하여 책에 실어 지금까지 전하니, 그 거친 자취는 원래 귀중히 여길 것이 아니다. 그러나 흐름을 더듬어 그 근원을 얻고 끝머리에 의거하여 근본을 아는 것도 무방하리니, 그 본원을 얻은 사람은 비록 만 갈래의 다른 말이라도 맞지 않는 것이 없고, 이를 얻지 못한 사람은 말을 끊고 침묵을 지키더라도 미혹 아닌 것이 없다.

그러므로 여러 조사님들은 문자를 버리지 않고 자비를 베풀어 徵하고, 拈하고, 代하고, 別하고, 頌하고, 歌해서 그 심오한 이치를 드러내어 후인에게 준 것이다. 그러므로 바른 눈을 뜨고 玄機를 갖추어 三界를 둘러싸고 四生을 구제하려는 사람으로서 이것을 버리고 무엇으로 하겠는가?

더구나 본조의 조성님이 삼국을 통일한 뒤로는 禪道로써 국가의 운수를 늘이고 지론으로써 이웃 나라 군사를 진압하였으니, 종지를 깨우치고 도를 논할 자료가 이보다 급한 것이 없다.… 18)"

이 서문은 『염송』 간행의 필요성을 말한 것으로 선종의 불립문자 정신에 위배되는 선서의 간행에 대한 입장을 밝힌 것이다. 서두에서는 불립문자의 근본 정신을 거론하였고 중반에서는 불립문자에 대한 자신의 견해를 밝히고 있다. 중요한 것은 근본을 아는 것, 본원을 얻는 것이므로 말과 침묵만으로써 논할 바가 아니라고 하여 언어문자를 수용할 수 있는 가능성을 보여주고 있다. 후반에서는 선종 조사들이 법을 표현한 방식인 徵·拈·代·別·頌·歌등을 종지를 깨우치고 도를 논할 자료로서 가치를 부여하고 있다. 徵은 물음이며, 拈은 남의 말을 들어 보임이며, 代는 남의 대답을 대신하는 것, 別은 남과 다르게 말하는 것, 頌은 게송, 歌는 긴 노래 형식이다. 여기서 '불립문자'의 문자는 경론이나 교법만이 아니라 불법에 관한 언어적 표현임을 알 수 있다. 위 서문은 선종에서 조사들의 어록이나 선서의 간행이 계속되어 왔다는 사실을 알려주며 언어

---

18) 『한불전』, 5-1. "詳夫自世尊迦葉已來 代代相承 燈燈無盡 遞相密付 以爲正傳 其正傳密付之處 非不該言義 言義不足以及苦 雖有指陳 不立文字 以心傳心而已 好事者强記其迹 載在方冊 傳之至今 則其蠡迹 固不足貴也 然不妨尋流而得源 據末而知本 得乎本源者 雖萬別而言之 未始不中也 不得乎此者 雖絶言而守之 未始不惑也 是以諸方尊宿 不外文字 不悋慈悲 或徵或拈或代或別 或頌或歌 發揚奧旨 以貽後人 則凡欲開正眼具玄機 羅籠三界 提拔四生者 捨此 奚以哉 況本朝自祖聖會三已後 以禪道延國祚 智論鎭隣兵 而悟宗論道之資 莫斯爲急故 … ".

문자적 방편성을 수용하고 있다는 점을 말하고 있다. 책에 실어 전하는 자취를 "원래 귀중히 여길 것은 아니나"라는 말은, 뒤에 가서 "이보다 급한 것이 없다"는 데서 완전히 반전된다. 또한 조사들의 어록이나 선서들이 '不外文字(문자를 버리지 않음)'로서 이러한 것을 조사들의 자비로 받아들이고 있는 것이다.

여기에서 불립문자는 결국 '불외문자'가 되고 있는 역설을 보여주며 불립문자는 문자 그대로 실현되고 있지 않다는 선가의 사정을 알 수 있게 한다. 이러한 언어적 표현의 불가피성은 어록에서 법을 설할 때에도 말로 표현할 수 없음과 표현해야만 하는 딜레마를 노출하고 있다.

"허공을 그리려는 사람이 붓을 들면 이로써 이미 끊어진 모양에 어긋나고, 바닷물을 퍼내려는 사람이 물을 병에 담으면 가이 없음을 잊어버리거늘, 하물며 이 종문의 일을 어찌 말하는 붓으로 원만히 그리고 앎으로나 헤아리는 병으로 완전히 알 수 있겠습니까? 비록 부처님이 꽃을 들어 보일 때 가섭이 빙그레 웃고, 달마가 벽을 향해 앉을 때 신광이 머리를 끄덕였더라도 그것은 쇠로 된 낯짝으로서 부끄러움을 모르는 것입니다.

그런데 하물며 책을 가지고 부질없는 말의 갈등을 구하여, 눈 먼 개와 나귀를 희롱함이겠습니까? 저 두 사람의 죄인은 각각 서른 대의 주장자를 맞아 마땅할 것입니다. 그러나 그대가 이미 거짓으로 미혹하여 법어를 청하였으므로 나도 거짓으로 어리석은 척 말하는 것입니다."[19]

---

19) 앞 글, 6-31. <示空藏道者>. "畫大虛者落筆 已乖於絶相 挹滄海者盛瓶 且失其無涯 而況此个宗門中事 豈可以語言之筆 而能圓邈 識量之瓶 足以承當耶 直饒世尊拈花迦葉微笑 達摩面壁 神光點頭 猶是鐵裏面皮 不識羞耻 況復將卷軸 求閑言長語 打葛藤 弄瞎狗盲驢 却是兩个罪人 各合喫三十柱杖 然汝旣詐或於求語 我亦佯癡而發言".

법을 설함에 있어서 불가피하게 언어적 방편성을 수용해야만 하는 이러한 갈등은 "사람은 평하면 말이 없고 물은 평하면 흐르지 않습니다. … 불평으로써 그대의 불평을 다스리겠습니다."나 "착오를 가지고 착오로 나아간다." 등의 표현에서도 드러나 있듯이 장황한 서두로써 언어적 표현에 대한 해명을 하고 있는 것이다.

이러한 불립문자의 근본 정신과 언어표현의 불가피성에서 생겨난 선종의 특별한 언어가 바로 '活句', '一句', '末後句'라고 하는 것이다. 말로 표현되었으되 일상적 차원의 말이 아니며 말로 표현할 수 없는 것을 드러낸 格外(일반적인 말, 또는 격식, 규격을 벗어난 말)의 말인 것이다. 이들은 언어를 초월한 진리의 표현으로 해석된다.

선문에는 活句와 死句가 있다. 공안을 참구하는 간화선을 활구참선이라고 한다. 活句란 일체의 정식망상과 분별의식을 초월한 佛祖의 간명직절한 기연, 언구를 말한다. 여기에는 말과 생각이 끊어지고 이치의 길, 말의 길, 뜻의 길이 끊겼으며(沒理路 沒語路 沒義路), 아무 재미도 없고 만져볼 만한 아무 단서도 없는 것이다(沒滋味 無摸索底巴鼻). 또한 마음의 길(心路)마저 끊어진 이 활구에는 팔만장경의 모든 교리로서도 미치지 못한다. 死句는 말과 생각이 작용하며, 원돈문의 교리로서 이치의 길, 뜻의 길, 말의 길이 있고 들어서 헤아리는 알음알이 생각(聞解知見思想)이 작용하는 것을 말한다.[20]

그러므로 혜심은 재미있는 말을 경계하였으며 "다만 활구만 참구하고 사구는 참구하지 마십시오. 활구에서 깨치면 영원히 잊지 않겠지만 사구에서는 깨우친더라도 제 자신도 구제하지 못할 것입니다."[21]라고 하여 활구참선을 적극 권장한 것이다. 그러나 활구도 사

---

20) 원융(1993).『간화선』(서울:장경각), pp.76-77.
21) 『한불전』, 6-30. <示居悅上人>. "夫參學者 但參活句 莫參死句 活句下薦得

량분별심을 가지게 되면 사구에 떨어져 버리는 것으로 중요한 것은 그러한 언구에 걸리지 않고 언구가 발해진 근본적 세계를 보는 것이다.

末後는 '최후의', '구경의' 뜻으로 末後句는 대오철저한 극치에 이르러 나오는 지극한 말이다. 一句도 같은 말이다. 혜심은 말후구를 "만리를 뭉친 한 가닥의 쇠(萬里凝然一條鐵)"[22]라는 말로써 시공간에 꽉 찬 순수한 본래의 세계를 비유적으로 드러내었다. 一句는 말이나 침묵 밖에 있는 것[23]이라 함으로써 언어적 유무의 차원을 떠난 것임을 말한 바 있다.

이와 같은 선종의 특징적 언구는 말과 침묵이라는 유와 무를 다 여읜 지극한 진리의 표현이며, 문자와 불립문자라는 양극을 벗어난 데서 발해지는 궁극적 진실을 말한 것이다. 이 언구들은 깨달음의 경지에서 우러나온 체험적 말이며 이 말을 통해서 그것이 발해진 본래의 세계를 체득하게 함이 목적인 것이다. 그러므로 수행의 방편으로 제시하고 있다.

"말은 사실을 나타내지 않고, 심기에 투합하는 것이 아니다. 말을 따르는 이는 근본을 잃고 언구에 걸리는 이는 미혹해진다.

永劫不忘 死句下薦得 自求不了".
22) <혼원상인청원각경찬>, 普賢章. "欲知末後句 萬里凝然一條鐵".
23) <육잠. 舌>
  不貪法喜羞 법희의 (진수) 차담도 탐하지 말아야 하거늘
  況嗜無明酒 하물며 무명의 술을 즐기랴
  莫說野狐禪 야호선을 지껄여
  終日虛開口 온종일 부질없이 입을 벌리지 말라
  嘿入獅子窟 침묵할 때는 사자굴에 들어가야 하고
  語出獅子吼 말할 때는 사자처럼 외쳐야 한다
  誰知語嘿外 누가 알랴? 말이나 침묵 밖에
  更有那一句 다시 한 글구 있음을.

그러므로 그대들은 지극한 글귀(말후일구자)를 낸 것을 보고, 소리를 내기 전의 적나라한 그것을 향해 가라. 적나라한 그것은 원만하여 꿰맨 흠이 없다.24)"

이와 같은 언어는 언어를 완전히 버릴 수 없는 상황에서 나타난 것이다. 불립문자가 언어의 전면적 부정이 아님은 육조 혜능의 『육조단경』에서 불립문자에 대한 집착을 경계하여 한 말에서 단적으로 나타나 있다. "문자를 쓰지 않는다면 말도 하지 말아야 할 것이니 이 말이 곧 문자의 모양이다. '불립문자'라고 말하나 곧 이 '불립'이란 두 글자도 또한 문자이다."25)라고 하여 불립문자에 대한 집착을 '空'에 집착하는 것이라 하여 비판하였다. 이러한 면은 분별 자체인 언설문자를 떠나서 따로 해탈을 말할 수 없으며 언설문자가 곧 해탈의 相26)이라는 유마경의 언어관과 부합되고 있다. 무와 유, 공과 색의 한쪽에 치우치는 것은 곧 집착이 되는 것이므로 중도의 진리를 벗어나는 것이다.

위에서 살펴본 언어에 대한 모순된 입장은 종교적 진리의 세계에서 출발하여 문학의 세계로 연결되고 있다. 혜심의 시 <차김석사운. 又>27)은 문학행위에 대한 양면성을 시사하고 있다. 시작품을 나무

---

24) 『한불전』, 6-3. "上堂云 言無展事 語不投機 承言者喪 滯句者迷 君看末後一句子 直向聲前露倮倮 倮倮團團無縫罅 雖然如是 句能發聲 聲能現句 句外無聲 聲外無句".
25) 『육조단경』. 대정장, 48권, p.360. 박태원 p.83에서 재인용. "執空之人有謗經. 直言不用文字. 既云不用文字. 人亦不合語言. 只此語言. 便是文字之相. 又云. 直道不立文字. 卽此不立兩字. 亦是文字. 見人所說便卽謗他言著文字. 汝等須知. 自迷猶可. 又謗佛經."
26) 『維摩經』觀衆生品. "天曰 耆年解脫 亦何如久 舍利弗默然不答 天曰 如何耆久 大智而默 答曰 解脫者 無所言說 故吾於是 不知所云 天曰 言說文字 皆解脫相 所以者何 解脫者 不內不外 不在中間 文字 亦不內不外 不在中間 是故 舍利弗 無離文字說解脫也 所以者何 一切諸法 是解脫相". 이영무역해(1993). 『유마경강설』(서울:한국불교출판부), p.313.

열매와 같은 하찮은 것으로 보면서도 애써 읊는 행위, 침음괄석하며 읊고 나서는 부끄러움을 느낀다는 말은 앞에서 보아왔듯이 언어에 대한 양면적 태도를 나타낸 말이다. 혜심의 시문학은 이러한 모순성 위에서 창작되어진 것으로 볼 수 있다.

이상으로 혜심을 통하여 선종의 불립문자에 대한 언어의 한계성과 방편성을 살펴보았다. 불립문자는 고정성 및 동일성을 부여하는 속성을 지닌 일상언어적인 오류를 비판한 것28)이며 불립문자의 참된 정신은 언어 사용 자체를 부정한 것이 아니라 사용하되 언어에 집착하여 근본에 어두워짐을 경계한 데 있는 것이다.29) 그러므로 문자와 불립문자라는 두 말에 집착하지 말아야 되는 것이다. 문자에 대한 경계와 함께 불립문자에 대한 경계를 내포한 불립문자는 그 말 자체가 이러한 역설성을 내포하고 있는 것이다. 이 역설 속에서 선종의 특별한 언어들이 생겨나게 되었고 각 개인의 체험에서 우러나온 그들만의 개성적인 언어를 구사하게 된 것이다. 불립문자는 역설적으로 활발함과 독창성을 지닌 선어를 발달시켰고 이 선어는 일상적 언어의 질서를 벗어난 역설로 가득 차게 된 것이다. 그러므로 不立文字는 즉 不離文字가 되고 있는 것이다.

선어의 역설은, 시는 궁극적으로 언어를 통해서 언어로부터 해방

---

27) 靑衫骨格以之淸　　푸른 도복 걸친 골격 맑기도 하여
　　早晩鶴書下遠城　　조만간 학서가 먼 성으로 내려가리
　　望北鶴鴒皆世漢　　북쪽 바라보는 뱁새들 모두 세속의 무리
　　圖南鵬搏樂吾生　　남녘으로 날개치는 붕새는 우리를 즐겁게 하네
　　人間富貴僧何念　　인간부귀를 중이 어찌 생각하랴?
　　夢外乾坤子獨晴　　꿈 밖의 세상에서 그대 홀로 깨어있네
　　雲水詩篇看木果　　운수객은 시편을 나무열매로 보나니
　　沈吟刮席愧虛名　　애써 읊은 시로 헛된 이름 얻은 것 부끄러워 하네.
28) 박태원(1984). pp.79-80.
29) 정경규(1990). p.83.

되려는, 언어를 씀으로써 언어를 쓰지 않는 언어가 되려는 불가능하고 모순된 노력이며 따라서 시적 언어는 비정상적인 뒤틀린 언어로 되게 마련이라는30) 점에서 시적 언어로서 문학성을 획득하게 된다. 시의 언어와 선의 언어, 시적 역설과 선적 역설은 이러한 동질성을 가지고 언어의 세계를 확장시킨 것이며 선가의 문학은 이러한 긴장과 갈등의 성격이 바탕이 되고 있는 것이다.

2. 진리의 역설성과 그 표현 양상

진리는 실체를 알 수 없는 것으로 그 자체가 일상적 논리의 세계를 벗어나 있는 것이다. 이 알 수 없는 진리의 표현은 역설로 나타나고 있다. 불교, 특히 선사상은 모순을 통합하는 특성이 강하며 따라서 그 표현면에도 역설이 극단적으로 드러나 있다. 이러한 선의 역설은 선의 진리 자체가 내포하고 있는 역설성에 근거한 표현 방식인 것이다. 역설적 진리의 역설적 표현으로서 사상과 표현이 일관되어 있다.

혜심의 시에 나타난 역설의 양상을 '無의 역설', '부정의 역설', '極大와 極小의 역설', '色과 空의 역설'로 분류하여 고찰해 보기로 한다.

(1) 無의 역설

불교 어휘에는 無가 많다. 無念, 無事, 無相, 無生, 無始無終, 無

---

30) 박이문(1983). 시적 언어. 정현종저『시의 이해』(서울:민음사), p.51.

心, 無我, 無爲, 無住, 無作, 無學, 등등 無로써 불교적 개념을 나타내고 있다. 이러한 사실은 단순한 표현의 차원이 아니라 사상성을 나타낸 것으로서 불교 사상의 無에 대한 지향성을 의미하는 것이다. 이 無는 불교적 진리의 표현으로서 有無의 대립관계로서의 無가 아니다. 단순히 없음만을 뜻하는 것이 아니라 道의 성품, 또는 궁극적으로 추구하는 마음의 상태로서 무한함, 차 있음, 있음과 없음을 초월한 절대성을 의미하기도 한다. 이와 같이 無의 심층적 의미는 역설성을 내포하고 있는 것이다. 이러한 無의 역설성은 다음의 시에서 직설적으로 드러나 있다.

  石人無面目 돌사람이 면목이 없어
  功德叵思議 공덕을 헤아릴 수 없네
  海墨書難盡 바다로 먹을 삼아도 다 쓰지 못하여
  惟標沒字碑 오직 沒字碑로 표시하였네.
      <路畔見無面目石人 傍立沒字碑 因感古人之意 有作>

길가에서 무면목 석인상과 그 옆의 글자 없는 비석을 보고 고인의 뜻을 느끼어 지었다는 시이다. 무면목 석인은 눈코귀 없이 두상만 있는 석상이다. 몰자비는 글씨가 없는 비석으로 白碑라고도 한다. 이 석상의 얼굴 없음과 비의 글자 없음에 대한 혜심의 해석은, 석인의 무면목은 헤아릴 수 없는 공덕이며 이 헤아릴 수 없는 공덕은 글로 다 쓰지 못하여 몰자비로써 표시하였다는 것이다. 없음은 표현할 수 없음이며 불가사의, 무한의 의미를 함축하고 있는 것이다. 석상과 비를 세운 옛사람의 뜻을 이 역설적 의미로서 파악한 것이다.

 無에 대한 역설성은 없는 것이 있는 것보다 낫다는 일상적 가치의 전도성으로도 연관되고 있다. 기능을 경계한 <계기능>[31])에서 "有能은 항상 無能의 부림을 받나니 / 모름지기 無能이 有能보다 나음을 믿어라"고 하여 유능은 무능에 종속되는 것으로 보고 유능을 경계한 것이다. 또한 "설법할 법이 없음을 참 설법이라 하고, 얻을 법이 없음이 진실로 법을 얻는 것"[32]), "깨달음이 없는 깨달음을 묘한 깨달음"[33]), "좋은 일도 일 없는 것만 못하다." 등의 역설도 동일한 성격이다.

이러한 無에 대한 지향성은 道의 표현에서 가장 잘 드러나 있다.

가. 道의 표현

없음은 道의 표현이다. 특히 선가에서는 '無(沒)絃琴(줄 없는 거문고)', '無孔笛(구멍 없는 피리)', '無根樹(뿌리 없는 나무)', '無影樹(그림자 없는 나무)', '無生歌(남이 없는 노래)' 등의 어휘가 있으며 無極翁, 無位眞人 등으로 의인화하기도 한다. 이러한 無는 상대성을 초월한 절대적 경지를 의미한다. 무의 절대성을 가장 잘 보여주는 것은 혜심이 널리 유포시킨 공안인 '조주의 <無>'이다. 이 無자 화두는 조주선사의 깨달은 마음의 경계를 '無'자 하나로써 단적으로 드러낸 것이다.

다음의 시는 無의 어휘로써 道를 나타내고 있다.

---

31) 大德無爲絶技能　　대덕은 함이 없어 기능이 끊어졌나니
　　不須工巧學多能　　모름지기 다능을 배우는데 공교로이 하지 말라
　　有能常被無能使　　유능은 항상 무능의 부림을 받나니
　　須信無能勝有能　　모름지기 무능이 유능보다 나음을 믿어라.
32) 『한불전』, 6-9. 上堂. "無法可說 是名說法 無法可得 是眞得法".
33) 앞 글, 6-17. "無覺之覺 名之妙覺".

無根菜子滿園栽	뿌리 없는 채소를 밭에 가득 심었다가
無底籃兒採得來	밑 없는 바구니에 캐어 와
無口禪和喫得飽	입 없는 선승들은 배부르게 먹나니
藥山家話最奇哉	약산의 그 말이 가장 신기하여라!

<栽菜話>

이 시는 『선문염송』 제9권, 330화 '栽菜'에 대하여 혜심이 송한 것으로 『어록』의 부록에 수록되어 있다. 위 게송에서 '뿌리 없는 채소(無根菜子)', '밑 없는 바구니(無底籃兒)', '입 없는 선승(無口禪和)'은 공통적으로 無로써 수식되어 있다. 물질적 세계를 떠나 있는 도를 일상사에 비유함에 있어서 無로써 표현한 것이다. 뿌리 없는 채소는 생멸이 없는 것으로 道의 표현이며 기구는 보리심을 발한 修道를 가리킨다. 승구는 無念, 부분별의 경계에서 깨침을 의미하며, 전구는 禪悅爲食으로 도에 노니는 것이다. 도는 입으로 먹는 것이 아니므로 禪和(수행승)는 입이 없다고 한 것이다. 道를 길러서 道를 거두어서 道로써 생활하는 수행의 과정을 역설적 비유로 나타낸 것이다. 없음은 진리의 절대성을 의미한 것이다.

위 게송은 모순어법으로 일관되어 있다. '뿌리 없는 채소'와 '밭에 가득 심음', '밑 없는 바구니'와 '캐어 옴', '입 없는 선승'과 '배불리 먹음'은 그 관계가 모순되는 역설이다.

'비어 있음'은 '없음'의 한 표현으로서 볼 수 있다. '비어 있음'을 나타내는 '虛'와 '空'은 '無'의 범주에서 이해될 수 있다.[34] 아래의 시는 대나무의 '虛心'을 통해서 도를 드러내고 있다.

---

[34] 불교철학적 전문성으로는 이 단어들이 구별되지만 어휘와 문맥상의 표현에 따라서는 유사성을 갖는다. 본고에서는 철학적 입장에서보다 표현면을 위주로 해서 보고자 한다.

帶雪舞風形可愛　　눈을 띠고 바람에 나부끼는 그 모습 사랑스럽고
虛心有節道非輕　　속은 비어있고 마디 있어 그 道가 가볍지 않네
老師頭角當呈露　　노스님의 두각이 드러나시었으니
不待香嚴擊竹聲　　향엄의 격죽성을 기다리지 않겠네.
　　　　<辛巳二月初五日　由月燈寺謁堂頭大老時　與昇平郡使
　　　　君品坐夜話　話及竹軒留咏　蓋白雲子倡於前　而二公和
　　　　於後 堂頭命予以賽韻 卒織蕪辭 姑賽嚴命>

　위 시의 작시 배경은 당시 선가에서의 시작 모습과 선사와 문사와의 시적 교유를 보여주고 있다.35) 기·승구는 대나무를 형용한 것으로 기구는 외형을, 승구는 대의 형상을 불교적 가치관으로 전이시켰다. 전구는 대나무의 도를 노스님의 도에 비유하였으며 결구는 노스님의 도를 칭송한 것으로 이미 悟道하였음을 말한 것이다. '향엄격죽성'은 『전등록』에 수록된 향엄 선사의 悟道의 기연이다.36)

　대나무를 들어서 월등사 주지스님의 도를 칭송한 이 시는 대의 형상을 통해서 도의 체성을 드러내고 있다. 승구의 "속은 비어있고 마디 있어 그 도가 가볍지 않네(虛心有節道非輕)"에서 '허심유절'을 곧 도의 체성으로 본 것이다. 비었으나 약하지 않은 대의 속성이 불교적 진리에 부합되고 있는 것이다. 여기서 속이 비어있음은 도가 있음을 의미하게 되며 도는 텅빈 것이라는 것을 말하고 있다. 즉 없음이 바로 있음인 것이다. 대의 '虛心'은 <죽존자전>의 찬시37)에서도 "서리 겪을수록 더욱 절개 가다듬고 / 날이 다하도록 절로

---

35) 본고, p.284 참조.
36) 『전등록』 권11, '香嚴智閑'조에 수록된 내용이다. 향엄이 潙山靈祐화상의 禪會에 있을 때 깨달음을 얻지 못하여 위산을 하직하고 남양 忠국사의 옛 터에 머물면서 어느날 산에서 잡초를 베다가 기왓쪽을 던진 것이 대나무에 부딪쳐 소리가 나는 찰나에 확연히 깨달았다고 한다.
37) 본고, p.149.

마음 비운다(經霜彌勵節 終日自虛心)"라고 하여 찬하고 있으며 <사문선배이죽>38)시 등에서 보인 대나무에 대한 애호는 이러한 불가적 도의 형상화에 기인한 것이다.

나. 마음의 표현

없음의 道는 불법의 핵심인 마음의 표현에서 역설성을 잘 드러내고 있다. 혜심은 마음의 궁극적 지향으로서 無心을 강조하고 있는데 '無心이 眞心'39)이라 하여 없는 것이 진정한 본래의 마음임을 설하고 있다. 일체의 분별과 망념을 여읜 마음의 본체성을 '없음(無)'으로써 표현한 것이다. 무는 절대적 경지로서 그 내포적 의미는 단지 없는 것만이 아닌 것이다. 이러한 무의 내포적 의미는 다음의 무상과 공적영지를 통해서 드러난다. 아래의 시는 <소자금강경찬>의 서두로서 無相의 진리를 말하고 있다.

實相無相　　진실된 참모습은 모습이 없는 것이며
體自圓虛　　본체는 스스로 원만하면서도 비어있다
虛不失照　　비어도 비춤을 잃지 않고
照無遺餘　　남김없이 비춘다.
…………

實相無相은 진실된 상은 상대성, 차별적 相을 초월한 것으로 우주만법의 본체적 진리이다. 또한 사람의 마음을 가리킨다. 마음을

---

38) 본고, p.148.
39) 『한불전』, 6-24. <상강종대왕심요>. "內若無心 外卽無事 無事之事 是名大事 無心之心 是名眞心".

가리킬 때, 相은 마음의 여러 형상들 즉 쾌락이나 욕망·증오·사랑 등을 말한 것이다. 마음의 근원에서는 이러한 상을 여읜 **無形無狀**인 것이다. <示中使庚珪>40)에서 "머물되 머문다는 상이 없고 행하되 행한다는 상이 없는(住無住相行無相)"이라 한 것은 이 **無相**의 마음을 가리킨 것이다. 위 찬은 이러한 마음의 본체와 작용을 말한 것이다. 본체는 비어 있으며 작용은 비춘다는 것이다. 원만하면서도 비어 있다고 한 것은 단지 비어 있기만 한 것이 아니라 비어 있으면서도 충족한 것이라는 역설이다. <차응율사구법운>41)에서 '텅 비어 의지할 곳도 모양도 없는 몸(廓落無依無相身)'이라 하여 텅 빈 본체를 말하였고 '**虛明地**'로서 비고 밝은 성품을 표현하였다. 밝음은 비추는 작용을 나타낸 것이다. 이러한 마음의 체성에 대한 말은 어록에서 빈번하다.

> 마음에 일이 없으면 **虛**하면서 신령하고 **空**하면서 **妙**하다.42)
> 생각이 없는 마음의 본체는 비어 있으나 신령하고, 고요하나 비추어, 만법을 꿰뚫고 시방에 두루 미치며 고금을 통해 끊어지거나 멸하지 않는다.43)
> 마음은 본래 비고 고요하여, 고요하면서 항상 비추고, 비추면서 항상 고요하다.44)

---

40) 我住一庵行遍界 　나 한 암자에 머물되 온 세계를 다니고
　　君行萬里住安身 　그대 만리를 다니되 몸을 편안히 함에 머무네
　　住無住相行無相 　머물되 머문다는 상이 없고 행하되 행하는 상이 없으니
　　仔細看詳是甚人 　자세히 보아 살펴라, 이 어떤 사람인고!
41) 본고, p.74.
42) 『한불전』, 6-23. "德山和尙云 但無心於事 無事於心 虛而靈 空而妙".
43) 앞 글, 6-47. "但人人無念心體 不借緣生 不因境起 虛而靈寂而照 貫通萬法 透徹十方 亘古亘今 無斷無滅者是也".
44) 앞 글, 6-17. "心本空寂 寂而常照 照而常寂".

깨끗한 지혜는 묘하고 원만하며 본체는 스스로 텅 비고 고요하다.45)

위의 법어에서 마음의 본체성은 虛, 靈, 空, 妙, 그리고 空, 寂, 照로서 표현되었다. 虛, 空, 寂은 비어 있는 본체를 가리키며 靈, 妙, 照는 비추는 작용이다. 이는 바로 空寂靈知를 가리킨 것으로 텅 비고 고요한 마음의 체와 영묘한 지혜의 작용을 말한다. 이는 텅 빈 마음에서 지혜가 솟아난다는 역설적 의미를 담고 있다. 공적영지의 마음은 거울, 못, 허공으로 비유되어 나타난다. 선시에서 자연경계의 맑은 못을 읊은 것은 이러한 마음의 비유로서의 형상화인 것이다. 못의 맑음은 비어있는 體의 형상화이며 사물을 비추는 것은 묘한 작용인 것이다. 못이 맑아서, 혹은 바람이 없이 잔잔해서 사물이 그대로 비치어 보인다는 것은 즉 비었으므로 차 있는 역설을 낳고 있는 것이다.

<淸潭>46)에서 "단지 한 맛 맑음을 가지고 / 천가지 그림자로 잘 응한다(只將一味淸 善應千差影)"라고 하였으며 <盆池>47)에서는 동이만한 작은 못에 천간벽옥과 만리청천이 원만히 담겨있다고 하였다. 그리고 <小池>48)에서 바람 없는 잔잔한 못에 삼라만상이 다 들어있다고 한 것은 비었으므로 차있는 역설적 진리의 형상화인 것이다. 허공은 비어있음과 무한한 포용력을 의미하는 것이다. 眞如(사물의 본체)는 無이기에 온갖 有를 낳는 것이다. <篆香>49)에서 "찬

---

45) 앞 글, 6-21. "淨智妙圓 體自空寂".
46) 본고, p.108.
47) 본고, p.108.
48) 無風湛不波   바람 없어 잔잔히 물결 일지 않으니
    有像森於目   삼라만상이 완연히 나타나 보이네
    何必待多言   많은 말 기다려 무엇하리?
    相看意已足   바라봄에 뜻이 만족한 것을.

재 불꽃을 발하여 붉네(寒灰發焰紅)"는 식은 재에서 불꽃을 발한다는 역설로서, 일체의 생각이 끊어져 버린 식은 마음의 상태에서 지혜의 광명이 솟아난다는 진리를 표현한 것이다. 이 비유 또한 공적영지를 나타낸 것으로 못의 비유와는 다른 계열이다.

이러한 마음의 본성은 '無得失', '無迷悟'임을 "어룡이 물 속에 있으되 물인 줄 알지 못하고(魚龍在水不知水)"라 하여 어룡과 물의 관계로써 비유한 바 있다.50) 마음은 선법의 핵심이며 수행의 목표이다. 따라서 마음은 선법과 수행에 관한 시에 있어서 구심점이 되고 있는 것이다.

없음의 역설은 결핍이나 청빈, 가난 등을 통해서도 나타나고 있다. <우거전물암>51)에서는 道人의 내면경계를 생활상으로써 드러내었는데 결핍된 사물로써 충만한 마음을 드러내고 있다. "입술 이지러진 바리와 다리 부러진 솥으로 / 죽 끓이고 차 달이며 애오라지 날을 보내고(缺脣㿻絶脚鐺 煎粥煎茶聊遣日)"에서 '입술 이지러진 바리'와 '다리 부러진 솥'은 깨달은 마음의 원만함을 역설적으로 의미하고 있다. 또한 <소요곡>에서의 "야윈 지팡이와 헤진 누더기(瘦筇殘衲)"와 <송승>에서의 "바리때 하나 누더기 한 벌(一鉢一殘衲)"은 물질적 세계로부터의 자유로움을 나타내고 있는데 이러한 **無所有**는 수도자의 청빈을 의미하기도 하지만 물질적 결핍을 통해서 텅 빈 마음의 충만함을 의미하고 있는 것이다. 무소유는 空의 다른 이름인 것이다.

물질의 없음인 가난으로써 마음의 경계를 드러내 보인 것으로는 香嚴智閑 선사의 게송이 있다. "작년의 가난은 가난이랄 것 없고 /

---

49) 본고, p.138.
50) 본고, p.78. <以詩呈悟處 依韻答之> 참조.
51) 본고, pp.132~3.

금년의 가난이야 비로소 가난이네 / 작년엔 송곳 꽂을 땅도 없더니 / 금년엔 송곳조차도 없네(去年貧未是貧 今年貧始是貧 去年無卓錐之地 今年錐也無)"52)는 가난으로써 텅 빈(空) 마음의 경계를 비유적으로 보인 것이다. 가난하여 없을수록 마음의 경계는 더욱 공해지며 공할수록 더욱 텅 빈 본체적 진리에 다가가게 되는 것이다.

다. 無中有

앞에서 살펴본 도와 마음의 본체는 텅 빈 것이다. 그러나 없기만 한 것이 아니라 없으면서도 있는 것이다. 없으면서도 있는 진리는 바람이나 향기 등 감각적 자연현상으로써 詩化되고 있으며 無中有의 경계로 나타나고 있다. 『어록』에 수록된, 스승 보조국사 원적일의 상당에서 읊은 아래 게송53)은 이러한 無中有의 경계를 드러내고 있다.

春深院落淨無埃　　봄 깊은 절 깨끗하여 티끌 하나 없는데
片片殘花點綠苔　　조각조각 지는 꽃 이끼 위에 아롱지네
誰道少林消息絶　　그 누가 소림소식 끊어졌다 하는가?
晚風時送暗香來　　저녁 바람 때때로 그윽한 향기 보내오는데.

국사가 돌아가신 날 가고 없는 국사를 추모하는 정을 담은 시이다. 기·승구와 전·결구는 각각 無中有의 경계이다. 기구는 청정한 사원의 경이며 승구는 푸른 이끼 위에 점찍으며 떨어지는 꽃이다. 전구의 소림소식은 선종의 初祖인 소림사 달마의 선법을 의미하며

---
52) 이원섭(1992). 『선시-깨달음의 노래』(서울:민족사), p.48.
53) 『한불전』, 6-3. 上堂.

여기서는 스승의 법을 우의하고 있다. 결구는 저녁 바람에 실려 오는 그윽한 향기로써 스승의 자취를 말하였다. 육신이 사라진 스승의 풍모를 향기를 통해서 감지하는 것이다. 이 시는 없는 듯하면서도 있는 暗香에, 보이지는 않으나 사라지지 않은 법을 의탁하여 나타 내었는데 먼저 선명한 시상을 들어서 보인 것이다.

바람과 향기는 볼 수 없는 것이다. 또한 바람은 항상 부는 것이 아니라 때때로 불어온다. 향기 또한 항상 나는 것이 아니다. 바람에 실려오는 향기는 때때로 느낄 수만 있게 하는 것으로 없으면서도 있는 진리를 드러내는 데 적합한 것이다. 실체는 알 수 없으나 느낄 수 있는 감각을 통하여 무중유의 진실을 보인 것이다.

대비보살을 꿈에 보고 지은 찬시54)에서 "몸 또한 찾을 곳 없네 / 그러나 항상 이곳을 떠나지 않나니 / 맑은 바람이 대숲에 불어오네"라고 하여 관세음보살의 몸은 보이지 않으나 항상 이곳을 떠나지 않고 있음을 맑은 바람으로써 감지하는 것이다. 이러한 무중유의 경계는 없음 가운데 있음, 없는 듯하면서도 있는 진리의 표현으로서 무와 유의 조화와 공존을 보여주고 있다.

無의 역설은 없음의 표현이 의미하는 역설이다. 無는 有無의 無가 아닌 진리의 절대성을 나타낸 것으로서 무한과 불가사의를 내

---

54) <予夢見大悲菩薩 爲予曰 子能正印否 予應應曰 將印來 菩薩擧手作提勢 通身放光 遍照天地 逐步虛而往 予亦從之 及覺乃作贊曰>
  稽首觀世音   관세음보살님께 머리 조아리오니
  大悲老婆心   크게 자비로우신 노파심이여!
  手提無文印   무늬 없는 인으로
  印我鼻孔深   내 콧구멍 깊숙히 인을 치셨네
  豈唯印無文   어찌 인에만 무늬 없으리
  身亦無處尋   몸 또한 찾을 곳 없네
  而常不離此   그러나 항상 이곳을 떠나지 않나니
  淸風散竹林   맑은 바람이 대숲에 불어오네.

포하고 있으며, 없음에 대한 지향성은 道와 마음의 표현에서 잘 드러나 있다. 道는 비어있는 것이며 비어있는 도는 특히 마음의 표현에서 공적영지의 역설을 보여주고 있다. 이러한 없음과 있음이 공존하는 진리는 無中有의 경계를 통해서 시화되고 있는 것이다.

(2) 부정의 역설

불교에서 부정적 표현은 진리를 드러내는 특징적 표현 방식이다. 이 부정적 표현은 不·非 등의 부정사의 사용이나 비판·비하로 나타나는 부정적 어법으로서 특히 선가의 특징적인 역설이 되고 있다. 이러한 부정은 표면적으로 나타난 단순한 부정이 아니라 긍정의 또다른 표현이거나, 긍정과 부정을 함께 내포한 심층적 역설이다.

부정의 어법은 어록에서 잘 구사되고 있는데 대표적으로 <示空藏道者>를 보면 "이 일은 안에도 있지 않고 밖에도 있지 않으며 중간에도 있지 않지만 안이나 밖이나 중간을 떠난 것도 아니요, 안이나 밖이나 중간에서 얻는다거나 얻지 못한다는 것도 없습니다."로서 '않고', '아니요'의 계속적인 사용으로 일관된 논리를 전개하고 있다. 이 논리는 "A는 B가 아니며 B가 아닌 것도 아니다"의 중첩으로서 모순성을 지닌다. 이러한 부정적 어법의 방식으로써 다음의 게송은 마음에 관한 문제를 드러내고 있다.

主人公諾心耶佛　　주인공아! 예! 마음인가 부처인가?
非佛非心亦非物　　부처도 아니요 마음도 아니며 또 물건도 아니다
畢竟安名喚作誰　　그러면 필경에 무엇이라 불러야 하는고?

喚作主人早埋沒 呵 주인이라 불러도 벌써 틀렸느니라 쯧쯧!
                                                              <求法擧瑞巖主人公話作偈, 제6수>

  위 게송은 서암의 주인공 화두[55]를 들어 자문자답의 형식으로 이루어져 있으며 부정의 어법을 통해서 마음을 나타내었다. 마음에 대한 표현으로서 기구는 긍정적 표현인 '卽心卽佛'을 의문문으로 나타내었으며 승구와 결구는 '非心非佛'에서 더 나아가 '物'·'주인'까지도 모두 부정하고 있다. 여기에서 佛·物·주인은 모두 마음에 관한 표현들이며 이 표현들을 모두 부정함으로써 표현할 수 없는 마음의 본체성을 가리키고 있다. 즉심즉불과 비심비불은 중요한 선의 주제로서 어록에서 자주 다루어지고 있다.

    "마음이 곧 부처라 하면 돌에 눌린 죽순이 비스듬히 나오고, 마음도 아니요 부처도 아니라 하면 언덕에 매달린 꽃이 거꾸로 핀다. 이것은 마음도 아니요 부처도 아니며 물건도 아니라 하면 사방의 바다에 물결이 없고 달이 높이 밝을 것이다."[56]

  위에서는 긍정적 표현인 즉심즉불에서 비심비불로, 그리고 또 비심비불비물로 나아가는 점층적 부정의 과정을 보여주고 있다. 선의 요체인 마음에 대한 이와 같은 표현은 부정을 거듭함으로써 부정을 통한 깨달음을 추구하는 방식을 보여주고 있다. 이러한 부정적 표현의 의미는 고정화를 거부하는 데 있다. "마음이 곧 부처요 마음이 곧 부처 아니다 / 두 손으로 열고 막는 것이 어떤 물건인가? /

---

55) 瑞巖화상이 매일 스스로 주인공을 부르고 스스로 답하였다는 공안. 주인공은 眞心의 비유이다.
56) 『한불전』, 6-13. 上堂. "卽心卽佛 石壓笋斜出 非心非佛 岸垂花倒生 不是心不是佛 不是物 四溟無浪月輪孤".

한 말뚝으로 허공에 못박지 말라 / 그 허공이 원래 말뚝이니라"57) 라고 하여 마음이 곧 부처이면서 또한 부처가 아니라고 하였다. 즉 심즉불이니 비심비불이니 하는 말에 집착하는 것을 허공에 못 박는 행위로 비유한 것이다. 이미 표현되어진 말은 개념화되고 고정화되어 순수한 본래의 마음에서 멀어지는 것으로, 기존의 어구에 대한 부정을 통해서 개념화되지 않은 본래적 마음을 가리키려고 한 것이다. 따라서 긍정과 부정의 표현은 근원적으로 동일한 정신에서 나온 것이 된다. 이러한 부정의 역설성은 다음의 말에서 드러나 있다.

> "어떤 중이 남전스님에게 물었다. '마음이 곧 부처라 해도 안되며, 마음도 아니요, 부처도 아니라 해도 안됩니다. 스님은 어떻게 생각하십니까?', 남전스님은 말했다. '다만 마음이 곧 부처임을 확실히 알았다면, 또 무슨 되고 안되는 것을 말하겠는가?' 하였다."58)

즉심즉불(마음이 부처)이나 비심비불(마음도 아니요 부처도 아니다)을 모두 부정한 데 대해 즉심즉불을 확실히 알면, 되고 안되고가 없다고 하였다. 이 말은 즉심즉불이나 비심비불이 표현면에서는 서로 모순되는 말이나 근본정신은 동일하며 그 말들의 진정한 의도가 다르지 않음을 나타낸 것이다. 이 말은 부정의 의도가 부정 자체에 있는 것이 아니라 깨달음을 추구하는 하나의 방식에 불과한 것이며 표현상의 문제임을 단적으로 말해주고 있다. 어록에서 설한 내용들과 연관시켜 볼 때 위 주인공 화두의 게송에 나타난 부정은 심층적

---

57) 앞 글, 6-31. <示居悅上人>. "乃作歌曰 卽心佛非心佛 兩手開遮是何物 莫將一橛釘虛空 只此虛空早是橛".
58) 앞 글, 6-30. "僧問南泉和尙 卽心卽佛又不得 非心非佛又不得 師意如何 泉云 但信卽心卽佛便了 更說甚麼得與不得".

으로 긍정과 다르지 않음을 알 수 있다.

위 게송의 맨 끝에 붙어있는 '咄'은 대부분의 번역에서 '쯧쯧'으로 되어 있다. 이 말은 앞에서 한 말을 부정하는 '아니야'의 뜻으로서 '괜한 말을 했다', '쓸데없는 말을 했다'는 뜻을 함축한 감탄사격이다. 이 말은 어록에서는 관용적 표현화되어 있으며 게송이나 시에서도 사용되고 있다. <담령상인구육잠>에서 진리를 말한 뒤 "돌돌돌! 허물이 적지 않구나(咄咄咄漏逗也不少)"(眼), "악악악! 삼십방을 조이 맞아라(噁噁噁好與三十棒)"(耳), "하하하(呵呵呵)"(鼻) 등으로 끝맺고 있다. '악악악'이나 '하하하'도 앞의 말에 대한 부정의 의미로서 발해지는 것이다. 咄은 '<思惱寺罷會施主等相送至還謝之>59)에서는 7언고시의 자수와 운에 맞추어 사용함으로써 詩語化되고 있음을 보여준다. 이 시는 법회를 파하고 시주들에게 감사하는 뜻으로 쓴 것으로서 화두인 '이 무엇고(是甚麼)'를 제시한 후 '咄'로써 맺은 것이다.

이 부정의 의미는 진리를 드러낸 데 대해 그 말 자체가 진리화되는 것을 경계한 것이다. 언어적 표현이 고착화, 고정화되면 진리에서 멀어지는 것으로 '開口卽失(입을 열면 뜻을 잃는다)'의 위험성을 일러주는 것이다. 앞 부분에서 긍정적 표현으로 말해진 것에 대해 이를 다시 부정해 버리는 이러한 부정 또한 단순한 부정이 아니며 전면적 부정도 아니다. 그러므로 '咄'이 구말에 첨가됨으로써 긍정

---

59) 籠羅龍蛇數千衆　　용사 수천 무리를 그물질하여
　　蝗壹桂玉半百日　　금옥 같은 반백일을 소비했네
　　顧予何足尊爲師　　나 어찌 스승으로 높일 만 하랴만
　　諸子相從奉如佛　　여러 사람들 서로 좇아 부처님 같이 받드네
　　徒勞屈指于再三　　부질없이 손가락을 꼽아보아도
　　無計報恩之萬一　　은혜의 만분지 일도 못 갚겠네
　　只有一事報君知　　다만 한가지 일 있어 그대에게 알리노니
　　伊麼兮是何物咄　　이것은 무슨 물건인고 돌!

과 부정의 이중성을 내포한 역설이 되고 있다.

이러한 긍정과 부정적 어법의 공존이 표면적으로 드러난 역설은 "不問問 無說說(묻지 않고 묻다. 말하지 않고 말하다)"이다. <배선사장실설다연>과 <죽존자전>에 들어 있는 이 말은 不問과 問, 無說과 說의 모순된 결합을 보여주고 있는데, 묻고 설하되 언어 표현의 차원을 초월함을 의미하고 있다.

부정적 표현이 심화된 역설은 <出山相讚>60)이다.『무의자시집』에 실린 宋人 이참정의 이 송은 강력한 禪機를 표출한 뛰어난 역설로써 衆生卽佛의 진리를 표현한 시이다. 혜심의 시집에 실려있는 것으로 보아 혜심이 평소 애송했던 것으로 추측된다. 이 송은 석가모니의 出山相을 사람을 속이는 짓으로 비하시키면서 강한 부정의 명령문(靑天白日莫謾人)으로써 '중생즉불'의 진리를 천명하였다. 석존에 대한 이같은 부정적 표현은 본체적 평등성에 대한 투철한 자각에서 우러나온 것으로서, 석존의 가르침을 진정하게 깨달은 경계를 나타낸 역설이다. 따라서 부정이 강하면 강할수록 더욱 더 석존이 깨달아 전한 진리에 투철함을 역설적으로 의미하게 되는 것이다. 그러므로 부정이 곧 진정한 讚이 되고 있다.

석존의 출산에 대한 시는 혜심 이후 태고 보우의 <釋迦出山相>61)과 나옹 혜근의 <讚出山像>62)이 있다. 찬탄의 방식이 보우의

---

60) 본고, p.81.
61) 巍巍落落兮赤洒洒　　높고 높음이여! 아무 것도 없고
　　密密恢恢兮淨裸裸　　깊고 넓음이여! 있는 그대로이네
　　春風爛熳水悠悠　　　봄바람은 난만하고 물은 흘러가는데
　　獨步乾坤誰伴我　　　건곤에 우뚝하니 누가 나를 짝하랴
　　若也山中逢子期　　　만약 산중에서 종자기를 만났던들
　　豈將黃葉下山咄　　　어찌 누른 잎 가지고 산을 나왔으랴, 돌!

　　德高無上讚不及　　　덕이 높아 위 없으매 칭찬할 수도 없고

시에서는 긍정으로써, 혜근의 시에서는 부정으로써 표현되었다. 이 중 <출산상찬>과 의미상, 표현상 맥락을 같이하는 것은 혜근의 시이다. 혜근의 시에서 '부질없이 말하다(謾言)', '입의 허물을 이루다(成口過)', '자손들 깜깜하게 눈멀다(兒孫從此眼昏盲)'는 석존의 교화행위에 대한 부정적 표현으로서 평등한 본체적 입장에서 말한 것이며 내면적으로는 칭송의 의미를 담고있는 역설이다. '人人鼻直兩眉橫'은 지극히 당연한 사실을 들어서 人人具足의 위대한 성품을 표현한 것이다. 이 말은 <출산상찬>에서의 '개개장부'와 같이 '靑天白日'같은 평등한 진리를 의미한다. 이와 같은 부정적 표현은 <示眞上人>63)에서는 부처와 조사들에 대한 비판으로 확대되고 있다.

摩竭掩關藤滿地　마갈에서 관문 닫으매 등넝쿨이 땅에 찼는데
少林面壁浪滔天　소림에서 벽을 향해 앉으매 물결이 하늘에 닿았다
德山臨濟風顚漢　덕산이나 임제 그 미치광이들
棒喝徒誇一着玄　방망이와 호통으로 부질없이 그 하나를 자랑했네.

慈深無量毁不得　자비 깊어 한 없으매 비방할 수도 없다
經無量劫勤修微妙行　한량없는 겁을 지나며 부지런히 닦은 미묘한 행은
以恒河沙等恒河沙不測　항하의 모래수 같되 항사로도 헤아릴 수 없네

　　　　　　　　설서편, 김달진 역주(1991).『태고집』(서울:세계사), p.229.
62) 雪嶺六年 吞飢忍餓　雪山에서 육년동안 굶주림 참다가
　　走出山來 只要做大　산을 달려나옴 큰일하기 위해서였는데
　　謾言成道轉法輪　도 이루어 법륜 굴린다 부질없이 말했다가
　　言滿天下成口過　그 말 천하에 퍼져 입의 허물 이루었다.

　　人人鼻直兩眉橫　사람마다 코는 우뚝, 입은 가로 찢어졌는데
　　何事饑寒雪嶺行　무슨 일로 주리고 떨려고 설산으로 갔던가
　　一見明星云悟道　한번 샛별 보고 도 깨쳤다 말한 뒤로
　　兒孫從此眼昏盲　그때부터 자손들 깜깜하게 눈멀었네.
　　　　　　선림고경총서 22,『나옹록』(백련선서간행회, 불기 2535), p.166.
63)『한불전』, 6-39. 어록.

위 게송의 기구는 석존에 대한 비판이다. 마갈은 마갈타국으로서 석존이 설법한 땅이다. '마갈엄관'은 석존이 마갈타에서 성도 후 37일간 설법하지 않았다는 사실을 가리킨 것으로 진실한 불법은 언어로써 나타낼 수 없다고 하여 문을 닫았으므로 선림에서 언어도단을 표시하는 말이다. 이 송의 문맥에서는 석존의 성도를 가리킨다. 등 넝쿨은 번잡한 말들의 비유로서 기구는 석존의 성도가 쓸데없는 말들을 야기시켰다는 비판이다. 승구는 달마대사의 면벽수행이 번뇌의 물결만 온 세상에 일으켰다는 것이다. 기·승구는 불교의 교조인 석가모니와 선종의 초조인 달마대사의 위업에 대한 부정으로서 종교적 위상을 격하시켜 버린 표현이다. 즉 이들은 공연히 평지풍파를 일으킨 격이 되고 있다. 전·결구는 선종의 대가들인 덕산과 임제선사를 매도하고 있다. '덕산의 棒'과 '임제의 喝'은 학인(수행자)들을 깨우친 그들의 개성적인 방식으로 이후 선가에서 계승되고 있다. 이 대가들의 행위 역시 부질없는 것이라고 비웃은 것이다. 전구의 風顚漢은 일반어로는 격식을 벗어난 사람을 가리킨 말이나 선에서는 능란한 대가를 의미한다.

<시진상인>은 전체가 3수로 이루어져 있는데 위의 것은 마지막 송이며 앞의 2수에서는 色과 空의 역설을 나타내고 있다. 이와 연관해서 볼 때 위 게송은 현상적 세계에 대한 긍정성으로 귀결된 선의 궁극적 경지에서 바라본 佛祖들의 실상인 것이다. 진리를 체득한 후 본분의 입장에 서고 보면 이미 모든 교법이나 가르침들이 아무런 의미가 없게 되며 이러한 차원이 바로 선의 궁극적 지향점인 것이다. 그러나 이 비판은 곧 그들이 가르친 바의 진실을 깨달은 충실한 후손임을 반증하고 있는 의미에서 역설이 되고 있다.

이러한 역설은 <시각운상인>에서는 "그것을 알고 나면 포대존자가 똥덩이를 들고 <이것이 극락세계다>하고, 마른 생선 조각을 들고는 <이것이 도솔천궁이다>하는 뜻을 알 것이다. … 만일 그것을 알면, 방앗공이에 꽃이 피고 부처의 얼굴이 몹시 추함을 알 것이다."64)로써 해탈의 경계를 나타내었다. 신성한 것에 대한 불경스런 언사인 이 말은 곧 초월을 의미하고 있다. 깨달음의 궁극적 경지는 그들이 지향하던 부처나 조사들까지도 뛰어넘어야 하는 것임을 말한 것이다. <題淸凉窟>에서 "국사님의 한 요결을 그대는 아는가 / 비로자나 이마 위를 높이 밟고 가셨네(國師一訣君知否 高蹈毘盧頂上行)"는 이러한 초월을 의미하고 있다. 비로자나부처는 佛의 眞身이다. 이 비로자나부처의 정수리 위를 밟고 가는 것은 부처까지도 넘어서야 하는 向上의 극치를 나타낸 것이다. 위 게송에서와 같은 불조에 대한 비판성은 조선시대 청허 휴정의 시 <희롱으로 흰옷 입은 중에게 준다>65)에서는 석가모니와 달마대사가 법을 전파한 것에 대해 천하에 비린내를 가득하게 했다는 것으로 나타나고 있다.

　이러한 부정적 표현은 역설이며 선종 특히 祖師禪 특유의 표현이다. 이러한 표현 방식은 조사어록이나 『벽암록』·『무문관』·『선문염송』 등과 같은 禪籍에서 빈번한데 예를 들면 석가모니를 '老胡(늙은 오랑캐)', '黃面老子(얼굴 누른 늙은이)'로 지칭한다거나 佛祖

---

64) 『한불전』, 6-29. 어록. "既會得者个 便會得布俗尊者 拈屎塊子云 者个是極樂世界底 拈乾魚片云 者个是兜率天宮底 … 若會得者个 便會得碓觜生花 佛面百醜".
65) 釋迦如來初出世　　석가여래 처음 세속에서 벗어나
　　雪山六年欺朦眛　　설산에서 여섯 해 눈멀어 속았고
　　達摩祖師更西來　　달마 조사 다시 서쪽에서 와서는
　　九年虛做小林功　　아홉 해를 소림에서 헛공부했네
　　自此腥膻滿天下　　이로부터 비린내 천하에 가득 찼고
　　雲山多老落髮翁　　머리 깎은 중들 산 속에서 많이 늙었다.

　　　　　　　　　한글대장경『청허집』(동국역경원), p.445.

에 대한 비칭을 통해서 근본적 명제를 밝히고 있다. 한 예로써 無門慧開가 편찬한 『無門關』 45칙 <他是阿誰>의 본칙과 頌을 들어 본다.

"동산 연사조 말하기를, 석가나 미륵이 오히려 그의 종이다. 말해 보라. 그는 누구인가? (東山演師祖曰 釋迦彌勒 猶是他奴 且道 他是阿誰)"
"남의 활을 당기지 말고 / 남의 말을 타지 말라. / 남의 잘못을 말하지 말고 / 남의 일을 알지 말라.(他弓莫挽 他馬莫騎 他非莫辯 他事莫知)"

위의 공안에서 본칙의 '그(他)'는 석가나 미륵보다 훨씬 위대한 그 어떤 성품 혹은 존재이다. 무문의 송을 보아 헤아린다면 그것은 바로 '자기 본분'이며 '자기 자신'이다.

이와 같은 표현이 예사로운 것은 선종이 기존의 권위를 초월하여 진실을 추구하는 정신과 맥락이 닿아있다. 임제의현선사의 '殺佛殺祖(부처를 만나면 부처를 죽이고 조사를 만나면 조사를 죽여라)'[66]는 부처와 조사를 초월한 경지를 의미한다. 佛祖에 대한 집착을 버리고 오로지 스스로 시방세계의 주인이 되는 절대적 정신경계를 말한 것이다. 이러한 인간의 본성에 대한 투철한 확신은 '天上天下 唯我獨尊'[67]에서 잘 드러난다. 석가모니의 誕生偈로 알려진 이 말은

---

66) 『臨濟錄』, 示衆, "逢佛殺佛 逢祖殺祖 逢羅漢殺羅漢 逢父母殺父母 逢親眷殺親眷 始得解脫".
67) 석가세존이 처음 탄생했을 때 두루 일곱 걸음을 걷고 눈으로 사방을 빙 둘러보고는 한 손으로는 하늘을 가리키고 한 손으로는 땅을 가리키면서 "하늘 위 하늘 아래 오직 나만이 존귀하다."고 한 이 이야기는 『普曜經』에 있다. 이것은 공안으로 성립되었는데 이에 대해 선종의 여러 선사들이 들어서 보인 염과 송이 『선문염송집』 제1권 제2칙 '周行七步'에 수록되어 있다.

인간의 존엄성을 천명한 것으로 '唯我'는 보편적 존재로서의 인간을 의미한다.

기존의 권위에 대한 부정의 정신은 초월을 의미한다. 선종의 용어인 超宗越格[68], 超佛越祖[69]는 이러한 초월성을 잘 드러낸 말이다. 선불교가 다른 종교와 구별될 수 있는 특질 중의 하나는 불교 그 자체의 사상적 권위와 사유구조를 스스로 비판하고 부정할 수 있는 반권적 가치체계를 갖고 있다는 점이다.[70] 위 혜심의 게송이나 이참정의 송은 이 반권적 가치체계에 의해 교권체제나 교의적 사슬에 얽매이지 않는 선불교의 근본정신을 표출한 것이다.

최근에 입적한 조계종 宗正 退翁堂 性徹(1912-1993) 大宗師의 열반송[71]은 이러한 선가의 역설을 계승한 것이다.

> 生平欺誑男女群　　평생동안 남녀의 무리를 속였으니
> 彌天罪業過須彌　　하늘에 넘치는 죄업이 수미산을 넘는다
> 活陷阿鼻恨萬端　　산채로 아비지옥에 떨어져 그 한이 만갈래나 되는지라
> 一輪吐紅掛碧山　　한 바퀴 해가 붉게 푸른 산에 걸렸도다.

위 열반송은 임종에 이르러 승으로서의 생애를 돌아보며 내린 게송이다. 평생 동안 남녀의 무리를 속였다는 기구의 표현은 자신의 교화행을 역설로써 말한 것으로 '속이다(欺誑)'는 말은 <출산상찬>

---

68) 宗은 大法의 근원이며 格은 格式.格令이다. 宗匠의 수단은 진여.불성 등의 수단을 세우지 않음을 超宗이라 하고 격식에 의하지 않음을 越格이라 한다.
69) 부처와 조사를 초월함이다.
70) 柳山聖山 著, 一指 옮김(1988). 『임제록』(서울:고려원), p.40.
71) 백련선서간행회편(1994). 성철스님 법어집 『영원한 자유의 길』(서울:장경각), p.170.

에서의 '속이다(謾)'와 같은 맥락에서 이해해야 할 것이다. 즉 본분의 입장에서 볼 때는 중생이 모두 깨친 부처이므로 교화할 필요가 없으며 따라서 교화할 사람도 교화될 사람도 없는 것이다. 그러므로 교화한다는 것이 속임수에 불과한 것이다. 승·전구의 표현은 衆生本佛이라는 투철한 깨달음이 더욱 강조되는 역설성을 띤다. 중생의 위대함에 비례해서 자신의 죄업이 더욱 커지며 이 극대적 죄업에 대한 고백은 깨달음의 마음을 반증하고 있는 것이다.72) 결구는 육신의 소멸을 오히려 생생한 감각적 표현을 통해서 불생불멸의 본체성을 강조하였다. 죽음을 소멸적 심상이 아니라 선명한 색채 대비가 이루는 강렬한 심상으로 드러냄으로써 生死를 넘어선 진리를 표현한 것이다.

위 성철 대종사의 열반송은 자신에 대한 비하적 표현으로써 깨달음의 경지를 드러낸 역설이다. 자신의 내면경계를 이러한 부정적 표현으로 드러내는 방식은 아래 혜심의 시에서 알 수 있다.

號我金毛何大錯	나를 금모사자라니 어인 착각인가?
元來只是病猫兒	원래 단지 병든 고양이일 뿐
狂獹趁塊猶難及	미친 개 흙덩이를 쫓아가는 데도 이르기 어려운데
獅子飜身又豈知	사자의 번신을 또 어찌 알리오?
飽食無憂如有道	배불러 걱정 없으니 道가 있는 듯하고
困眠終日似忘機	곤하여 종일토록 자니 분별심을 잊은 것 같네
忽因人逼啼聲急	홀연 사람에게 쫓기면 우는 소리 급해지고
老鼠遙聞特地疑	멀리서 늙은 쥐 소리만 들려도 크게 의심을 내네.

---

72) 이 열반송에 대한 세인의 잘못된 이해로는, 깨달음에 이르지 못한 한이나 고백이라고 하는 것이다.

<차운답지>

　위 시는 풍악산의 逈선사가 혜심의 <開堂錄>을 보고 축하한 시73)에 대해 차운하여 답한 것이다. 개당록은 혜심이 처음 수선사 주로서 開堂했을 때 설한 法門을 기록한 것이다. 이 법문을 보고 형선사가 혜심을 금모사자로 비유하여 그 위풍당당함을 찬양한 것에 대해 혜심이 자기 비하로써 답한 것이다. 사자는 용맹과 지혜의 상징으로 금모사자는 수행이 원숙한 뛰어난 인물의 비유이며 사자의 翻身은 轉迷開悟의 뜻이다. 혜심의 차운시는 형선사의 시와 내용의 전개를 같이 하면서 각 연을 대응시켜 부정하고 있다. 수·함련에서, 자신을 병든 고양이에 비유하였으며 미친 개에게도 이르지 못한다고 하며 자신을 비하시켰다. 병든 고양이는 금모사자의 위용과 대비시킨 것이며, 흙덩이를 쫓는 미친 개는 흙덩이를 던진 사람을 물어버리는 사자의 지혜와 대비시킨 비유이다. 특히 경련은 형선사가 '사자후'와 '祖佛의 기틀'로써 칭찬한 데 대해 "배불러 걱정 없고 곤하여 종일토록 잔다"와 "마치…인 듯하다"로 자신의 道를 드러내었다. 이 표현은 표면적으로는 부정하는 듯하면서 긍정성을 엿보이고 있다.

　이러한 표현은 '但知不會 是卽見性'을 암시하고 있는 것으로 <우

---

73) <楓岳逈禪師見予開堂錄 以詩賀之曰>
　　文殊變化妙難測　　문수보살의 신통변화 묘하여 헤아리기 어렵나니
　　牛産金毛獅子兒　　소가 금모사자 새끼를 낳네
　　露地全威誰敢覷　　노지의 온전한 위풍을 누가 감히 엿보랴!
　　翻身大用自相知　　몸을 뒤집는 대용을 스스로 알 뿐
　　吼時裂破千魔膽　　부르짖을 땐 천마의 쓸개가 찢어져 버리고
　　行處圓廻祖佛機　　다니는 곳에는 祖佛의 기틀을 원만히 돌이키네
　　堪笑野干空逐迹　　우습구나 야간은 부질없이 자취를 쫓고
　　謾勞開口轉生疑　　쓸데없이 입을 열어 더욱 의심만 내게 하네.

거전물암> 제2,3수에서도 나타나 있다. "게을러 쓸지도 않고 베지도 않아 / 뜨락 풀은 구름 마냥 무릎까지 빠지네 / 늦게 일어나매 새벽 인시도 모르고 / 일찍 자매 저녁 술시를 기다리지 않네 / 머리도 깎지 않고 경도 보지 않으며 계율도 지키지 않고 / 향도 사르지 않고 좌선도 하지 않고 조사나 부처에 예불도 않네"는 게으름과 잠자는 것으로 날을 보내고 탈규범적 생활상으로 자신의 내면경계를 드러내었다. 아무 일도 하지 않는 나태한 범부와 같은 생활상은 그 모든 것을 뛰어넘은 해방의 경지를 의미한 것이다. 이와 같은 자신에 대한 부정적 표현은 유명한 唐代의 대선사 趙州 從諗(787-897)의 <十二時歌>에서의 초라한 신세타령과 같다.74) 그리고 원감 충지75)나 태고76) 등의 시에서도 지속적인 흐름으로 나타나는 역설이다. 이 역설은 자신을 비하시키거나 부정적 표현을 통해서 부처도 떠나고 법도 떠나 아무런 흔적도 남지 않은 구경의 경지를 의미하고 있는 것이다.

위에서 논한 부정의 역설은 부정의 어법이나 불조에 대한 비판과

---

74) 十二時別로 나누어 禪旨를 서술하는 게송으로 조주의 것을 백미로 친다. 예를 들면 "어쩌다가 요청 받아 시골 중 되었더니 / 굴욕과 굶주림에 죽을 지경이다 / 키다리 장삼과 검둥이 이사 / 그들은 눈꼽만큼도 나를 존경한 적이 없다(無端被請作村僧 屈辱飢悽受欲死 胡張三黑李四 恭敬不曾生些子)", "선도 닦지 않고 도리도 논하지 않고 / 헤진 멍석 깔고 대낮에 누워 잔다 (不習禪不論義 鋪箇破席日裏睡)". 이원섭(1994). 『선시-깨달음의 노래』, pp. 158-170.

75) <自戲>에서 "부처님께 예배도 게으르거니 / 경전을 어떻게 외울 수 있겠는가?(佛尙忄耽禮 經奚要諷宣)", "음식을 만나면 곧 배불리 먹고 / 밤이 되면 곧 누워 자나니 / 내게는 조사의 뜻 묻지 말라 / 나는 본래 선을 모른다(逢餐輒飽送 值晩郞橫眠 休問祖師意 從來不會禪)". 『원감국사집』 p.67.

76) <산중자락가>에서 "수염도 깎지 않고 머리고 깎지 않았으니 / 마치 귀신 머리에 마찰 같구나 / 미련하고 어리석기 돌대가리 같고 / 어리석고 멍청하기 말뚝 같구나(不剪須不剪髮 好箇鬼頭羅刹 憨憨癡癡也似石頭 愚愚魯魯也如木橛)". 『태고집』, p.98.

격하, 그리고 자신의 비하 등으로 나타나 있으며 표면적 진술과 이면적 의미가 서로 모순되고 있다. 이러한 모순성에 대해 혜심은 다음과 같이 말하였다.

> 어록에서 "불법의 대의는 풍간이 말하기를 어떤 때는 '이렇다'하고 어떤 때는 '이렇지 않다'하며, 어떤 때는 '이렇다'하는 것이 도리어 '이렇지 않다'가 되고, 어떤 때는 '이렇지 않다' 하는 것이 도리어 '이렇다' 함이 되며, 어떤 때는 '이렇다' 하거나 '이렇지 않다' 하거나를 모두 할 수 없는 뒤에야 아무 관계가 없다 하였다.77)

위 혜심의 말은 선어의 역설성을 단적으로 드러내고 있다. '이렇다', '이렇지 않다'는 긍정과 부정의 두 가지 표현 방식을 말한 것이며 이들 표현이 어떤 때는 상반된 의미를 갖는 역설이 되고 있음을 밝힌 것이다. '어떤 때(有時)'라는 단서가 붙어 있음으로써 이는 문맥에 따라 해석되어져야 하는 것이며, 따라서 선사상의 사유구조와 언어적 표현에 대한 이해가 요구되는 것이다. 선의 독특한 표현방식이 낳은 이러한 역설은 애매성을 유발한다. 불조에 대한 과격한 비난의 언사나 자신에 대한 비하적 표현은 상식적 견해를 벗어난 것으로 고정화된 일상적 사고방식과 충돌을 빚게 되는 것이다. 불조의 폄하는 불조의 위대함에 고정화된 의식에서 볼 때 신성모독적이다. 또한 자신의 비하나 탈규범적 일탈성의 표현은 그들이 각고의 수행을 거친 선사라는 위상으로 볼 때 의문을 초래한다. 이러한 점은 최근 성철 대종사의 열반송에 대해 世人들이 일으킨 당혹감과 오해를 들 수 있다. 이같은 해석상의 혼란이 바로 부정의 역

---

77) 『한불전』 6-4. 상당. "師乃云 佛法大義 豊干道底 所以有時伊麼 有時不伊麼 有時伊麼不伊麼 有時不伊麼却伊麼 有時伊麼不伊麼惣不得 然後沒交涉."

설이 지닌 애매성인 것이다.

　불교의 전통적 논리로서의 부정적 표현 방식으로는 遮詮과 百非가 있다. 遮詮은 사물의 의미를 부정적으로 진술하는 방식이며,[78] 百非는 부정을 거듭하는 것으로 온갖 것을 다 아니라고 하는 부정의 극치이다. 부정의 논리는 특히 반야계통 경전의 주된 표현 방식이다.[79] 이러한 불교적 부정의 논리가 자유롭고 활발한 기풍의 선종에 이르러 심화되면서 더욱 파격적이고 개성적인 언어로 발달하였으며 이로 인해 선시의 독창적 역설을 창출하게 된 것이다.

(3) 극대와 극소의 역설

　大와 小는 상대적이며 분별적 세계에서의 인식이다. 이러한 인식은 절대적 세계에서는 그 분별성을 초월하게 된다. 大와 小의 개념을 초월한 극대화와 극소화, 그리고 이 양자의 상호융합은 시공과 大小의 무분별적 경계를 나타낸 역설이다. 이 역설의 시공적 초월성은 시적 공간을 무한히 확대시키는 상상력의 근원이 되어 선시의 특징을 이루고 있다.

　앞 장에서 살펴본 혜심의 시에서 <氷燈詠>[80]과 <施白金甁隨喜>[81]는 하나의 작은 사물을 극대화된 비유로써 표현하였다. <빙등영>은 작은 초이다. 이 작은 초가 타들어가는 것을 바라보며 그 형상을 묘사함에 있어서 극도의 확대된 시각과 역동성을 보여주고 있

---

78) 遮詮과 대조적인 것으로 表詮은 긍정적으로 진술하는 방식이다.
79) 대표적으로 <반야심경>에서의 "舍利子 是諸法空相 不生不滅 不垢不淨 不增不減 是故空中 無色 無受想行識 無眼耳鼻舌身意 無色聲香味觸法 無眼界乃至無意識界……"로서 無의 연속적 사용으로 서술되어 있다.
80) 본고, p.140.
81) 본고, pp.161~2.

다. 흰 빛의 밀랍초를 氷山에 비유하였으며 촛농이 흘러내리는 형상을 거령신이 화산을 나누는 듯, 가섭이 계족산을 찢는 듯하다고 비유하였다. 거령신은 화산을 나누어 옮겨 놓았다는, 중국의 신화적 거인이다. 작은 초에서 촛농이 흘러내리며 초를 가르는 모습을 거대한 신화적 세계로 끌어와 비유한 것이다. 이 거령신의 비유는 다른 시에서는 주로 거대한 형상에 대한 묘사에서 나타난다. 청허 휴정은 <망동해>에서 망망한 동해바다의 물결치는 모습을 "거령신이 만산을 쪼개어 / 옥을 뿜어 동해로 보내네(巨靈擘萬山 噴玉射東海)"라고 하였다. 광활한 바다, 끊임없이 일어나는 무수한 물결을 묘사함에 있어 거령신 신화를 들어 비유한 것은 거대함과 웅장함이라는 동질성을 갖는다. 이러한 비유와 비교해 볼 때 혜심의 시는 작은 사물을 극대화한 점에서 역설적이다.

<시백금병수희>는 보시의 공덕을 찬양한 것이다. 보시한 백금병이 화엄삼매의 바닷물을 한입으로 다 삼켜버린다고 하여 백금병을 추상적 공간에서 무한히 확대시켰다. 화엄삼매의 바다는 만행과 만덕을 일심으로 닦는 것을 바다에 비유한 말이며 이는 추상적인 세계이다. 백금병에 내포된 보시의 공덕을 극대화시킴에 있어서 추상적 세계로 전이시켜 의미를 극대화한 것이다.

사물에 있어서 이러한 비유의 극대화는 주장자와 반자추 소재의 시에서도 드러나 있다.

輪囷鹿縮狀如龍	꼬불꼬불 울툭불툭 마디진 그 모습 용과 같고
入手令人氣轉雄	손에 가지면 사람의 기운을 더욱 용맹스럽게 하네
呑吐乾坤無不可	하늘과 땅을 삼키고 토해냄을 마음대로 하여
忽然雷雨忽晴空	홀연 천둥치고 비오다가 홀연 개이게 하네.

<謝人惠柱杖>

　　위 시는 주장자를 준 데 대해 감사의 뜻으로 쓴 것이다. 주장자는 선사들에게 가장 친근한 일상적 사물이며 또한 법을 보일 때 사용하는 도구이다. 주장자의 구부러지고 마디진 모습을 용에 비유하였으며 이어서 용으로 活化시켰다. 전·결구는 주장자를 活化시킨 용의 위력이다. 용은 천지를 주재하는 근원으로서 비유된 것이다. 위 시의 제재는 선가의 공안이다. 『벽암록』 제60칙 <雲門拄杖化龍>의 본칙82)에서 운문선사가 "주장자가 용으로 변해서 천지를 삼켜버렸다. 산하대지는 어디로부터 오는 것이냐?"는 내용을 제재화한 것이다. 위 시는 공안의 제재를 사용하여 사물에 선적 의미를 부여하였다.

　　이러한 극대성이 희작의 경향을 띠게 되면 수사학적인 과장으로 나타나게 된다. <宗鈍上人造飯子槌求頌>83)는 이러한 과장법이 유머를 동반하여 희화되어 있다. 반자추는 사원에서 식사 때를 알리기 위해 치는 방망이같은 것이다. 이 반자추 치는 소리를 하늘과 땅을 울리고 놀라게 하는 것으로 과장하였으며 '모든 살아있는 사람(萬聖)'과 '모든 죽은 영(千靈)'이 이 소리를 듣고 길이 배불리 먹는다고 하여 사물의 기능과 효과를 극대적으로 표현한 것이다.

　　위의 시들에서 작은 사물을 무한히 확대시킨 관점은 大와 小에 대한 일상적 개념을 벗어난 것으로서 大小의 無碍性에서 표출된 것이다. 이러한 대소의 무애성은 '壺中天地'에서는 표현상 극소화된

---

82) "擧 雲門 以拄杖示衆云 拄杖子化爲龍 呑却乾坤了也 山河大地甚處得來".
83) 朝朝飯熟粥成時　　날마다 밥이 익고 죽이 끓을 때
　　動地驚天下一槌　　땅을 울리고 하늘을 놀라게 하는 방망이 한 소리
　　萬聖千靈隨手　　　만성과 천령이 손가는 대로 퍼먹으니 (일자결락)
　　飽飽駒地永忘飢　　숨 가쁘도록 배불러 길이 배고픔 잊네.

양상을 보이고 있다.

"속세의 티끌 닳아 없어진 곳에서 그대 의지해서 보니 / 특지 건곤이 옥항아리 속에 들어있네(塵消磨處憑君鑑 特地乾坤在玉壺)". <혼원상인청원각경찬, 원각장>
"항아리 속의 한 천지요 / 겁 밖의 사위의 나라(壺中一天地 劫外四威儀)". <담령상인구육잠, 身>
"겁 밖의 천지는 예 그대로 넓디 넓고 / 병 속의 해와 달 점점 새로이 밝아오네(劫外乾坤依舊濶 壺中日月漸新明)". <제청량굴>

特地乾坤은 특별한 세계이다. 옥항아리 속에 들어있는 이 특별한 세계는 곧 깨달음의 세계이다. 호중천지는 신선고사에서 仙境·仙界를 의미하는데 이를 선에서 차용하여 속계와는 다른 선적 깨달음의 초월적 세계를 비유하고 있다. 작은 항아리인 '壺'는 一心을 의미한다고 한다.[84] 一心은 우주의 근본원리가 되는 절대 無二의 심성으로 세계와 만유는 모두 이 일심으로부터 생겨나는 것이라고 한다. 그러므로 '호중천지'는 이 일심에 대한 깨달음을 의미하고 있는 것이다. 우주를 일심으로 수렴시킨 의미를 지닌 '호중천지'는 천지를 항아리 속으로 응축시킴으로써 극소화된 표현으로 나타나게 된 것이다.[85]

이러한 소재는 후대의 선시에서도 빈번하게 사용되고 있다. 圓鑑冲止의 "방 안에는 신선 항아리 있고 / 가슴 속에는 구름산을 간직했네(坐中有仙壺 胸次藏雲山)"[86]에서 '仙壺'는 '호중천지'의 의미를

---

84) 平田精耕저, 林慶旺역. 『禪語經典』 下, pp.160- 170.
85) 극소화는 표현상을 말한 것이며 천지가 축소된 것은 아니다. 천지는 그대로 있으면서 항아리 속으로 수렴되는 것이다.
86) 동국역경원(1995). 『원감국사집』, p.173.

띠고 있다. 逍遙 太能의 <暮春>에서 "항아리 속의 별다른 봄소식을 / 꾀꼬리 아니면 뉘와 얘기하리오(壺中別樣春消息 不得黃鸝說與誰)" 라고 하여 호중천지에다 봄을 부가하여 깨달음의 세계를 중첩된 비유로써 표현하였다.

위에서의 극대화, 극소화의 표현은 대소에 대한 초월적 의식을 나타낸 것이다. 이러한 대소의 초월성은 다음의 시에서 극대와 극소의 원융무애성으로 나타나 있다.

迷風動覺海	미혹의 바람이 깨달음의 바다를 움직이니
覺海生空漚	각해에 허공인 물거품이 생겼네
空漚着三有	허공인 물거품에 세계가 붙어있으니
三有暫停留	세계는 잠시 멈추어 있는 것
風怗浪自靜	바람 고요하니 물결 절로 고요하고
漚滅無從由	물거품 사라지니 그 생긴 까닭도 없네
湛湛絶涯涘	각해는 맑고 고요하며 가없어
顧之浪悠悠	돌아보니 물결만 유유하여라.

<시자사인구송, 示玄湛>

위 시는 『능엄경』[87]의 게송을 시화하여 법을 보인 것으로 시 전체가 비유적 표현이다. 『능엄경』의 게송은, 本覺(마음의 본성은 본래 청정한 覺體임)의 성품은 맑고 원만하지만 迷妄(無明)으로 말미암아 허공이 생기게 되고, 이렇게 생겨난 허공을 의지하여 세계가 성립되었으며, 참된 이치(眞)를 알아 근원으로 돌아가면 시방 허공이 모두 소멸된다고 하는 내용이다. 이 경전의 게송을 위의 시는

---

87) 이운허 주해(1974). 『수능엄경』(서울:동국역경원), p.257, "迷妄有虛空 依空立世界 想澄成國土 知覺乃衆生 空生大覺中 如海一漚發 有漏微塵國 皆從空所生 漚滅空本無 況復諸三有 歸元性無二 方便有多門".

더욱 비유적 표현으로 詩化한 것이다.

迷風은 미혹을 바다에 잠시 일어나는 바람에 비유한 말이며 覺海(깨달음의 바다)는 깨달음의 성품이 매우 깊고 湛然하므로 바다에 비유한 말이다. 空漚는 허공인 물거품으로서 세계가 의지하고 있는 허공을 바다에 일어난 작은 물거품에 비유하였다. 이 물거품에 욕계·색계·무색계인 三有가 붙어서 잠시 멈추어 있는 것이라 하였다. 그러므로 미혹의 바람이 멎으면 허공인 물거품도 사라지고 오직 대각의 성품만이 법계에 가득하게 된다는 내용이다. 여기서 空漚(허공인 물거품)는 극대와 극소의 비유적 결합이다. 무한한 허공을 일시적이며 작은 물거품에 비유하였으며 이 물거품에 세계가 잠시 붙어있는 것이라는 비유는 공간상으로 극대적인 허공과 세계를 물거품으로 극소화시켜 표현한 것이다.

극대와 극소가 통합된 이러한 역설은 어록의 게송에서 명료하게 나타나 있다. <示覺雲上人>[88])은 화엄사상의 理事無碍와 事事無碍를 선의 언어로써 표현한 것이다.

....
芥子納須彌　　겨자씨 속에 수미산이 들어가고
毛端舍刹海　　한 터럭 끝에 온 세계가 들어있다
蝦蟆上梵天　　두꺼비는 범천에 뛰어오르고
螂蛆呑魚蟹　　지네는 물고기와 게를 삼킨다.
....

위 게송은 겨자씨와 터럭이라는 극미의 물질 속에 수미산과 찰해를 함장시키고 있다. 수미산은 세계의 중심에 솟아있는 거대한 산

---
88) 『한불전』, 6-30. 어록.

이며 刹海는 水陸과 동의어로서 전세계를 말한다. 위 게송의 "芥子納須彌 毛端含刹海"는 『유마경』不思議品에서 유마힐이 '불가사의 해탈법문'을 설한 내용에 전거를 둔 것이다.89) 불가사의 해탈에서는, 수미산을 겨자씨 안에 들여 놓아도 겨자씨가 더 커지거나 수미산이 줄어들지 않고 그 본 모습은 예전과 같다고 하였으며, 四海를 하나의 털구멍에 들여 보내어도 바다의 성품은 그대로라고 하였다. 이는 해탈이라는 절대적 세계에서는 대소의 상대성이 소멸되어 버림을 나타낸 말이며 大卽小, 小卽大의 역설적 진리를 표현한 것이다. 이는 『임제록』90)에 "毛呑巨海芥子納須彌"로서 실려있으며 禪語로 회자되어 오고 있다. 이러한 대소의 무분별적 사고는 화엄경의 교의를 요약한 義湘의 法性偈91)에서 직설적으로 표현되어 있다. 一과 一切(多), 微塵과 十方으로써 공간적 일체화를 나타내었으며 무량원겁과 일념으로써 시간적 일체화를 나타내어 서로 융합하여 걸림이 없음을 밝힌 것이다. 이는 時空을 극대와 극소의 상즉상입관계로서 나타낸 역설이다.

이러한 역설은 선시의 특징을 이루는 보편적 성격이 되고 있다.

---

89) 『유마경강설』, p.281, "若菩薩 住是解脫者 以須彌之高廣 內芥子中 無所增減 須彌山王 本相如故 … 乃見須彌 入芥子中 是名不可思議解脫法門 又以四大海水 入一毛孔 … 本性如故".
90) 선림고경총서 12(장경각, 불기 2533), 『임제록』, p.107. "師問 毛呑巨海 芥子納須彌 爲是神通妙用 本體如然 普化踏倒飯牀".
91) 一中一切多中一　　하나 안에 일체 있고 많음 안에 하나 있으며
　　一卽一切多卽一　　하나가 일체이고 많음이 하나이라
　　一微塵中含十方　　하나의 티끌 속에 시방을 머금었고
　　一切塵中亦如是　　일체의 티끌 역시 그러하네
　　無量遠劫卽一念　　한량없는 긴 세월이 곧 짧은 찰나이고
　　一念卽是無量劫　　짧은 찰나가 곧 한량없는 세월이라
　　九世十世互相卽　　구세와 십세가 서로 융화되는데
　　仍不雜亂隔別成　　그래도 혼잡없이 따로따로 존재하네

태고 보우는 "시방은 이 자리에서 생기고 / 모든 법은 이 종에 모인다 / 백억 겹의 큰 바닷물이 / 한 겨자씨 안에 감추어진다.(十方從此位 萬法會斯宗 百億重溟水 能藏一芥中)"⁹²⁾고 하여 극대적인 것을 극소적으로 수렴하였다. 원감 충지의 시에서 "다시 생각하면 대천 세계가 한 티끌에 있거니 / 거기 어찌 동서남북이 있겠는가(飜思大千在一塵 安有東西與南北)"⁹³⁾라고 하여 공간적 무분별의 경지를 말하고 있다.

위에서의 표현은 주로 공간적인 것이다. 그러나 공간은 시간을 함께 내포하고 있다. 이러한 시공간적 초월성은 다음의 게송에서 법으로 보이고 있다.

普光明殿是吾家　　보광명전이 바로 나의 집이니
三法一源初睡起　　세 법의 한 근원에 첫 잠이 깨다
百十由旬一念收　　백십 유순을 한 생각에 거두니
世間時劫徒爲爾　　세간의 시간이야 다만 그러할 뿐.
　　　　　　　　　　<消華嚴論次>⁹⁴⁾

위 게송은 李通玄⁹⁵⁾의 『화엄론』을 해설하면서 그 내용을 소재로 하여 자신의 悟境을 드러낸 것이다. 보광명전은 석존이 설법하였던 곳으로 마갈타국 보리도량에 있다. 기구는 이 보광명전이 나의 집이라고 하여 시간과 공간을 뛰어넘어 석존과 동일한 시공을 이루고 있다. 이 말은 작자가 깊은 불성자리에 들어서 보광명전의 대보살들과 함께 하고 있음을 의미한다. 승구는 마음·중생·부처인 三法

---

92) <中海>. 雪栖 편, 김달진역주(1991). 『太古集』(서울:세계사), p.180.
93) <予素聞楓岳奇勝……>. 한글대장경 『원감국사집』(동국역경원, 1965), p.318.
94) 『한불전』, 6-18. 어록.
95) 당나라 화엄종의 거사로서 생몰연대는 635-730.

의 한 근원에 대한 깨달음을 말한 것이다. 전구는 깨달음의 경계에서 백십 유순의 공간이 一念에 거두어지는 공간의 수렴을 보여준다. 유순은 거리로서 사십리에 해당한다고 한다. 백십 유순은 『화엄경』입법계품에서 선재동자가 구도를 위하여 오십삼 선지식을 참방함에 있어서 백십 城을 다닌 것을 가리키고 있다. 一念은 찰나의 시간으로 현재의 순간, 이 순간의 마음을 가리킨다. 이 구절은 구도의 보살 선재가 110城의 53선지식을 찾아다니며 깨달음을 얻은 그 시간과 공간을 일념에 수렴함으로써 그와 동일한 깨달음의 경계를 나타낸 것이다. 결구는 세간적 시간의 허상을 말한 것이다. 이 게송은 시공이 모두 일념 가운데 있음을 말하고 있다. 마음을 깨치고 나면 과거·현재·미래의 삼세가 모두 일념에서 벌어진 것이라는 유심론적 사상으로서 현재의 이 一念이 우주의 중심이며 현재 이 자리에서 생각하는 그 자체 속에 모든 시공간이 다 들어있는 것이다. 그러므로 시공이 한꺼번에 일념으로 수렴되는 초월성을 보이고 있는 것이다.

이러한 초월성은 『어록』의 법어 중에서 "잠깐 사이에 팔만의 법문을 원만히 이루고, 찰나 동안에 삼아승지겁을 없애버렸다.(彈指圓成八萬門 刹那滅却三祇劫)"96)에서는 시간적 차원으로 나타내었으며 "두루 나타나면 항사 만큼 많은 세계를 모두 휩싸고, 거두어 들이면 한 손가락 끝에 있다.(徧現俱該沙界 收攝在一指頭)"97)에서는 공간적 차원으로 나타낸 것이다.

<검원두구송>98)에서 "문득 삼천세계를 쳐부수다(忽然打破三千界)"는 悟道의 표현으로서 선의 파격적 언어 구사를 드러내고 있다.

---

96) 『한불전』, 6-5. 上堂.
97) 앞 글, 6-9. 上堂.
98) 본고, p.102.

삼천세계는 천의 삼승인 세계로서 온 우주를 말한다. 이 거대한 세계를 한 순간에 때려 부수는 것은 바로 세계의 근원을 깨달았음을 의미하는 것으로 극대적 세계가 극소의 시간 속에 소멸되어 버린 것이다. 이러한 시공적 인식의 맥락에서 <서회증하중사>에서 "시방엔 이별의 길이 없어 / 천리 또한 이웃이 되네(十方無別路 千里亦隣)"라고 하여 시방과 천리의 공간이 이웃으로 축소되면서 이별을 초월하고 있는 것이다.

이러한 시공의 초월성은 시적 공간을 무한히 확장시키고 있다. <인월대>99)는 시적 자아가 북두칠성과 은하수, 달과 동일한 공간에 머무는 극대적 상상력을 보여주고 있다. 북두칠성으로 은하수 물을 길어 밤차를 달이는 그 연기가 달 속 계수나무를 에워싸는 시적 상황은 공간적 초월성이 서정성과 융합되어 호방함과 청담함의 분위기를 이루고 있다. 방외의 미를 표출한 <雪>에서는 내리는 눈의 유래를 광대한 공간으로 확장시켰다. "하늘 바람이 차가운 겨울 하늘을 휩쓸어 / 은하수의 파도를 뒤집어 사방으로 흩날려서 / 끝없는 허공에 흩어져 내리다가 / 도중에 삭풍을 만나 어지러이 떨어지는 것일까?(或恐天風蕩天寒 漢水飜波飛四散 散下長空絶涯岸 中遭朔吹吹零亂)"하여 시공이 광대한 천상의 공간으로 확대되는 상상력을 보여주고 있는 것이다.

이러한 시공의 확장은 시에 있어서 호방한 시풍을 이루게 되어, <題靜莊庵 次眞樂公韻>에서 "만 길 바다로 띠를 매고 / 만첩 산으로 병풍을 둘렀어라(帶束千尋海 屛爲萬疊山)", <幽居>에서 "하늘은

---

99) 巖最屹屹知幾尋　　높고 높은 바위들 몇 길인 줄 아느냐
　　上有高臺接天際　　그 위에 높은 대 있어 하늘끝에 닿았네
　　斗酌星河煮夜茶　　斗星으로 은하수 길어다 밤차를 달이니
　　茶煙冷鎖月中桂　　차 연기 싸늘하게 달 속 계수나무를 에워싸네.

장막, 땅은 자리삼고 / 산은 병풍 바윗돌은 벽이 되네(天幕地爲席 山屛石爲壁)" 등의 표현을 낳고 있다. 조선시대의 청허 휴정은 특히 호방한 기풍의 시를 남기고 있다. <登香爐峯>에서 "만국의 도성은 개미집이요 / 고금의 호걸들은 하루살이라(萬國都城如蟻垤 千家豪傑若醯鷄)", <望高臺>에서 "푸른 바다는 술잔보다도 작네(滄海小於 盃)" 등의 호방함은 앞에서 본 극대와 극소의 무애성에 근거한 초월적 인식의 표현인 것이다. 이러한 선시의 호방함은 문사들의 시적 풍격인 호방함과는 그 근원을 달리하고 있는 것이다.

극대와 극소의 역설은 작은 것을 극대화하며 큰 것은 극소화함으로써 일상적 개념을 초월하고 있다. 이러한 초월성 속에서 시간과 공간은 무한히 확장되고 있으며 이 점은 禪詩에 있어 상상력의 극대화를 낳게 되어 중요한 시적 특성을 이루고 있다.

(4) 色과 空의 역설

色과 空의 역설은 현상적 물질의 세계와 본체적 진리의 세계가 하나로 통합되는 이치를 말한 것이다. 色은 넓은 의미에서 물질적 존재의 총칭으로서 변화하고 부서지고 일정한 공간을 점유하는 것을 가리킨다. 空은 비었다는 뜻으로, 물질적 존재는 인연법에 의해 서로 관계를 가지면서 변화하고 있는 것이므로 실체나 주체로서 또는 자성으로서 포착될 아무 것도 없는 것을 말한다. 色은 가변적이며 차별적인 현상세계, 空은 불변적이며 평등한 진리의 세계를 의미한다. 그러므로 色과 空은 서로 대립적 관계로 볼 수 있다.

혜심의 시세계에 있어서, 가시적이며 가변적 현상 속에서 진리를 보는 관점과 현실과 도의 일치면은 이러한 대비적 두 세계인 현상적 세계와 본체적 세계를 통합시킨 사고에서 표출된 것으로서 이러한 통합은 상대성과 대립성을 초극하여 융합시킨 역설의 진리가 시적 원리가 되고 있다. 이러한 시에는 불변의 본체적 진리(空)의 추구와 물질적 현상(色)의 세계가 서로 별개의 것이 아니라 상즉상입적으로 나타나고 있는 것이다. 특히 현실주의적 선사상이 강한 혜심의 시에 있어서 이 둘은 서로 융합하여 통합됨으로써 상대성을 초월하고 있는 양상을 보여주고 있는데 이러한 양상은 내용상 자연과 진여, 차별과 평등, 현실과 道로서 구분해 볼 수 있다.

가. 자연과 진여

앞 장에서 살펴본 바 있는 자연 소재의 시에는 자연의 모습 속에서 진리를 발견하고 있으며 자연의 의미를 세속을 넘어선 것으로 부여하고 있다. 자연도 色이다. 자연 경계에서 眞如(사물의 본체로서 진실로 영원불변한 것)를 인식하는 태도는 곧, 色경계에서 空의 진리를 관하는 것이다.

<능운대>[100]에서는 표일한 기운과 자연의 신비한 조화가 범속함을 벗어났다고 했으며 <유제청암사>[101]에서는 자연경계의 物에서 '物外家風'을 맘껏 포참한다고 하여 산수자연을 통한 수행의 의미를 나타내었다. <유서석산>에서는 바위와 대의 신령함은 道情을 도우며 無生의 도리를 깨닫게 한다고 하여 변화하는 물질적 형상을 통해서 생멸이 없는 진여의 이치를 말한 바 있다. <제소소래차진락공운>[102]에서는 오고 가는 파도의 역동적 모습(吐去呑來) 속에 내

---

100) 본고, p.116.
101) 春遊選勝到精藍　　봄놀이차 승경을 가려 이 가람에 이르니
　　　物外家風得飽參　　물외가풍을 맘껏 보게 되었네
　　　境靜人閑無俗界　　경계 고요하고 사람은 한가로와 속세 아니거니
　　　命名眞箇是淸庵　　그 이름 진실로 청암이어라!

포된 의미를 말하여 가변적 현상을 통해서 불변적 진리를 말하였으며 <미륵암>103)은 미륵암이란 바위 자체를 미륵불과 동일시하여 미래의 시공을 '지금 여기'로서 현재화하였다. 산수 자연 속의 생활은 구할 것이 없는 충족된 삶으로 나타나고 있다. 특히 <禪堂에서>104)는 바로 여기가 열반의 경지라고 표현함으로써, 궁극적 목적인 생사를 넘어선 깨달음의 경지로까지 승화시킨 것이다. 이러한 자연 경계에 대한 표현은 자연 그 자체가 진여이며 해탈의 경계임을 나타낸 것으로서 세상 속에 있으면서도 세속을 벗어난 곳으로 묘사되고 있다. 세속을 벗어났다는 것은 공간적 차원에서가 아니라 자연이 진여의 실상을 현현하고 있다는 인식적 차원인 것이다. 그러므로 청정성의 추구와 고소, 격리된 공간으로의 지향성은 공적한 진리에 대한 지향과 합일로 파악된다. 만법의 본체적 성품인 맑고 텅 빈 공적성은 인적이 끊어진 깊숙하고 그윽한 곳, 허공을 향한 높은 곳 등의 공간적 지향을 보여주고 있는 것이다.

이러한 의미로 인식된 자연경계는 見聞를 통해서 흥과 시정을 일으키게 되며 여기서 또한 자연과의 합일로까지 이어지게 된다. 견문의 대상이 바로 진리이며 깨달음의 당체인 것이다. 이러한 점은 색진경계를 통한 깨달음의 길을 제시한 <육잠>에서 잘 드러나 있다.

   塵中有大經 티끌 속에 큰 경전이 있는데
   如何看不了 어찌하여 보고 깨닫지 못하는가?
   速撥律陀眼 얼른 아나율타의 눈을 뜨고

---

102) 본고, p.117.
103) 본고, p.120.
104) 본고, p.107.

早開迦葉哭	빨리 가섭의 웃음 웃어라
鬱鬱渭邊松	울창한 시냇가의 소나무
靑靑原上草	푸르른 언덕위의 풀
咄咄咄	쯧쯧쯧!
漏逗也不少	허물이 적지 않구나.

<湛靈上人求六箴. 眼>

　티끌은 眼根의 대상으로서 미세한 물질이다. 이 작은 물질에 크나큰 진리가 함장되어 있다는 것은, 삼라만상 모두가 진리라는 의미이다. 아나율타는 장님으로서 천안통을 얻은 석존의 제자이다. 아나율타의 눈은 지혜의 눈이며 가섭의 웃음은 道의 희열을 의미한다. 지혜의 눈이 열릴 때 가섭의 미소가 나오는 것이다. 지혜의 눈으로 보면 시냇가의 소나무와 언덕 위의 풀 등 지금 보고 있는 現前 세계가 모두 진리 자체인 것이다. 시각적으로 보되 '아나율타의 눈'을 뜨고 보아야 하는 것이다. 위 시 6수 중 '耳'에서는 "경쇠 소리는 맑은 달에 메아리치고 / 다듬이 소리는 흰구름 너머 오르내린다(磬搖明月響 砧隔白雲春)"는 구절로써 경쇠 소리와 다듬이 소리로 표현된 현상계의 소리가 진리를 깨닫게 하는 것임을 말하고 있다.

　자연을 즐기는 홍취를 드러낸 시들은 이러한 見聞을 통해서이며 시의 발함은 경계와의 합일을 이루게 된다. <池上偶吟>105)은 맑고 먼지 한점 없는 외경과 식은 재같은 마음은 경계의 청정성과 합일되는 마음의 상태를 보여주고 있으며, <雨後松巒>의 "눈여겨 바라보고 정다운 시를 읊조리니 / 온몸이 차고 푸르게 되었네(熟瞪發情吟 渾身化寒碧)"는 主客의 구분이 사라진 무분별의 일체를 이루고

---

105) 본고, pp.125~6.

있다. 시의 읊조림은 경계와의 一如에서 우러나오는 것임을 알 수 있다. 一如의 경지는 특히 눈 내린 경치를 읊은 시 <雪>, <陪先師丈室煮雪茶筵>106)에서 심미적 감상으로 미화되어 있다. 눈의 순수미와 사물이 일체화된 정경이 일여의 경지로서 형상화된 것이다. 이러한 자연의 서정성을 표출한 시들에서 그 서정의 근원은 자연현상이 곧 진여라는 선적 깨달음에 있는 것이다.

나. 차별과 평등

현상세계에 존재하는 각 사물들의 차별상은 본체적 진리상에서는 평등하다. 평등은 차별이 없는, 主客과 能所가 사라진 상태이다. 만물이 다 평등하다는 이치는 다음의 시에서 말하고 있다.

君去城市我靑山   그대는 성시로 나는 청산으로 가네
相見無虧頃刻間   서로 봄에 잠시도 이지러짐이 없었네
夜暗日明空色界   밤은 어둡고 낮은 밝은 이 세상에서
誰非居士老僧顔   어느 것인들 그대와 나의 얼굴 아니리오?
                    <答田祿事>

전녹사와의 헤어짐에 있어 법을 보인 것으로서 그대와 나의 차별적 존재는 이 세상 만유의 동일한 본체적 진리 안에서 사라지고 있다. 승구는 道를 말한 것으로 道는 항상 완전무결하게 있어서 잠시도 떠나 있는 것이 아님을 말한 것이다. 전구의 空色界는 空卽是色으로 풀이될 수 있다. 평등한 본체성이 차별적 현상으로 드러나는 이 세상을 가리킨 것이다. 결구는 그 모든 차별적 현상의 본체

---

106) 본고, pp.128~9.

는 주객의 차별성을 떠난 절대적 평등의 세계임을 말한 것이다. '誰'는 萬有를 가리킨다. 위의 시는 본체적 관점에서의 평등성을 말한 것이다. 이러한 평등성의 진리는 현상세계를 중심으로 할 때 차별상을 인정하게 되며 '차별이 곧 평등'이라는 역설적 진리가 성립되고 있다.

> 大鵬風翼幾萬里　　대붕은 바람타고 몇 만리를 날고
> 斥107)鷃林巢足一枝　메추리는 숲속 한 가지에 만족해 사네
> 長短雖殊俱自適　　길고 짧음 비록 다르나 유유자적하나니
> 瘦節殘衲也相宜　　야윈 지팡이 헤진 누더기야 내게 마땅하여라.
> <逍遙谷>

위 시는 대붕과 메추리를 대비시켜 서로 다른 삶의 유유자적함을 보여주고 있으며 자신 또한 승으로서의 삶이 분수에 알맞다고 하였다. 대붕과 메추리가 비록 다르나 모두가 유유자적하게 살아감은 각기 다른 사물들의 차별상을 그대로 긍정하는 관점으로 바라본 세계상이다. 이러한 차별의 세계 속에서 산승은 산승, 속인은 속인이라는 구별도 성립된다. 그러므로 자신은 승려로서 세속적 삶과의 거리를 유지할 수 있는 것이다. 결구는 승과 속의 차별성을 암시하고 있다.

물의 차별상에 대한 의문과 철학적 고뇌는 <孤憤歌>108)에서 표출되어 있다. 여기에는 인생의 빈부·귀천·미추, 그리고 범·소·모기·등애·학·오리·새·물고기·수달·용·뱀·거북·하루살이 등을 비교하면서 그 차별적 상과 생태에 관한 의문을 외로운 울

---

107) 원문의 '斤'은 '斥'의 오자이다.
108) 본고, p.154.

분으로 토로하였다. 이에 대한 해답은 <代天地答曰>에서, 모든 차별은 망상에서 생긴 것이며 분별심을 여의면 모든 물이 평등할 것이라고 한 바 있다. 즉 망상에서 생기는 분별심을 떠나면 차별상이 곧 평등상이라는 것으로 있는 그대로의 현상적 세계가 곧 평등한 본체성을 획득하게 된다는 것이다.

 이러한 평등성은 사물에 대한 개성의 존중으로 나타나고 있으며 특히 物에 대한 시에 있어서 특징적으로 부각되어 있다. 혜심의 시에 있어서 특징적 국면을 이루는 사물에 관한 세심한 관찰과 개성의 표현은 이러한 차별성의 수용에 기인하고 있다. 사물에 대한 개성의 존중은 <和鄭郞中賦竹>에서 "하늘이 준 성품 절로 다른데 / 천림은 나를 다투지 말라(天與性自異 千林莫我爭)"고 하여 성품의 차이를 인정하고 있으며 <常看藏經故云>에서 "학의 다리를 잘라 오리 다리에 잇는 것 자적 아니요 / 못을 채우고 언덕을 고르는 것 참평등 아니다 / 길고 짧은 대로 맡겨서 내 분수를 달게 여기고 / 낮고 높음에 따라 잘 살펴라(截鶴續鳧非自適 實淵夷岳未眞平 任長任短甘吾分 隨下隨高着眼明)"고 하여 物의 차별성이 곧 평등한 것임을 말하였다. 학과 오리의 비유는 혜심이 평등의 세계관을 나타내는 데 있어서 빈번하게 사용하는 표현이다. 혜심이 말하는 참평등(眞平)은, 각 사물들이 각각 고유한 가치를 지니고 있으므로 각자의 생긴 대로 살아가는 다양성 속에 있는 것이다.

 그러므로 <題洗心亭>에서 "이상한 과실 이름난 꽃 저마다 기이하고 / 무성한 숲 긴 대 모두 서로 어울리네(異菓名花各自奇 茂林脩竹摠相宜)"와, <山中四威儀. 山中住>에서 "여윈 학과 우뚝한 소나무는 그 종류가 같지 않으나 / 산뜻이 그윽히 사는 정취를 절로 얻네(瘦鶴翹松類不齊 洒然自得幽居趣)" 등의 표현은 서로 다른 사물들이 어울려 이루는 조화로움을 말한 것이다.

이와 같은 사물의 개성에 대한 존중은 物에 대한 관심을 불러 일으키게 되며 관찰과 예찬으로 나타나고 있는 것이다. <篆香>[109]은 物을 관하는 靜觀의 태도를 보여주는데 고요한 방에서 모락모락 피어오르는 향연기를 미세한 시각으로 포착하고 있다. 목련·대·연꽃에 대한 형상의 묘사와 찬미는 이러한 태도에서 발해지는 것이다. 특히 여뀌꽃, 부처손 등 숨어서 자라는 작은 식물에 대한 각별한 관심과 미의 발견은 물의 차별상에 대한 인정과 수용에서 발로된 것이다. 이러한 시에서 물을 대하는 태도는 망념으로 인한 분별심을 여읜, 무분별의 경지에서 물을 수용하는 '무분별의 분별'이다. 따라서 일반 문사들의 시에서 나타나는 자기와의 동일시적인 투사는 개입될 여지가 없다. 자아와 세계와의 갈등이 배제된 순수 의식 가운데 나타난 현전사물로서 그 자체의 순수성과 명료성을 보여주고 있는 것이다.

다. 현실과 道

인생과 세월은 흐름과 去來로써 무상을 나타내고 있으며 이 무상의 극복으로서 깨달음을 제시한다. <過故鄕>[110]의 "말없이 생각하며 흘러가는 물 탄식하네(嘿思悠悠嘆逝川)", <息心偈>의 "총총히 가는 세월 흐르는 물 같아서(行年忽忽急如流)", <聞辨禪師訃>[111]의 "올 때도 나보다 먼저 왔다가 / 갈 때도 나보다 먼저 가는구료(來時先我來 去時先我去)" 등의 표현은 가변적 삶의 無常性을 보인 것이

---

109) 본고, p.138.
110) 본고, p.171.
111) 본고, p.168.

다. 이러한 삶에서 벗어나기 위하여 '자기를 밝혀 아는 일(明自己)'을 권유하였으며 이는 生死 속에서 生死를 해탈하는 길인 것이다. 서방정토에 대한 기원이나 미래에 대한 희원이 없이 '지금 여기'를 강조하는 혜심의 현실적 사고방식은 현실적 상황에서 도를 추구하는 도의 현실화, 도의 일상화로 나타나고 있다. 이러한 현실과 도의 합일 지향은 색과 공의 통합적 원리에서 파생된 것으로 볼 수 있다.

도의 현실화는 재가자들을 대상으로 한 교화적 시에서 주로 나타나고 있다. <贈金郎中>[112)에서 "공리청평, 바로 여기에 도가 있다네(公理淸平道在玆)"는 단적으로 도의 현실적용면을 보여주고 있는데 관리로서 직무 수행의 공리청평을 도의 작용으로 본 것이다. 이와 같은 관점에서 관리의 충실성을 강조하고 있으며 <答崔侍郞>의 "나라걱정 백성걱정 마음씀이 훌륭하여라(賢勞王事日忙忙 憂國憂民用意長)", <示寶城魏通判>의 "가을 물에 비친 달과 거울 속 얼음도 / 그대 비해 오히려 차고 맑지 못하네(月照秋江氷照鏡 比君猶是未寒淸)"와 같은 격려와 찬사로 나타나고 있다. 지방관의 청렴을 치하한 <送錦城任太守>[113)에서는 "여기 떠나면 그대 칭송 길이 새로와지리(此去甘棠永更新)"라고 하여『시경』의 '甘棠'을 들어 임태수의 선정을 치하하였다. '甘棠'은 周나라 召公의 선정에 감격하여 백성들이 그가 쉬었던 팥배나무를 소중히 여겼다는 노래이다. 이러한 시는 '애군우국', '우국우가', '우국우민' 등의 유가적 어휘와 더불어 현실적 도의 추구를 보여주는 것으로 내용과 표현면에 있어서 불교시적 성격이 그다지 드러나 있지 않다.

당시 무신집권계층에 대한 비판은 위에서와 같은 道의 不在에 대

---

112) 본고, p.194.
113) 본고, p.195.

한 비판인 것이다. 다음의 시는 현실적 도로서 불탐과 덕을 제시하면서 비판성을 담고 있다.

萬里秦城纔二世　　만리장성 진나라 겨우 이세 뿐이었고
千金董塢未多年　　천금을 들인 동오 몇 년 가지 못했네
不貪之寶寶無盡　　불탐이라는 보배야말로 무진장의 보배요
以德爲城城始堅　　덕으로 쌓은 성 비로소 견고하리.
　　　　　<金城洞>

위의 시는 지배층에 대한 비판을 우의적으로 담으면서 경계한 시이다. 기·승구는 만리장성을 쌓은 진시황과 후한 동탁의 만세오를 말한 것이다. 권세를 누린 진시황과 동탁은 무신난으로 집권한 무인지배층을 우의한 것이다. 이 시는 금성동이라는 마을의 이름을 소재로 하여 '金'자로는 물질적 탐욕을, '城'자로는 물리적 권력을 비유하여 경계한 것이다. 권력과 탐욕의 부질없음을 말하기 위해 각 구절마다 대비적 관계를 들고 있다. 萬里와 纔二世, 千金과 未多年, 不貪과 無盡, 德과 견고함으로써 상반되는 실상과 진실을 들어 탐욕과 부덕을 경계한 것이다. 지배층에 대한 비판은 <憫世>[114]에서 직설적으로 표현되어 있다. 이 시에는 추위와 기근, 역질이 만연하고 있는 현실상황은 당시 지배층 인사들의 교만과 사치, 부덕 때문이며 이로 인해 화를 자초한 것이라고 하여 비판하였다.

　수행에 있어서 일상성을 강조한 점 또한 현실과 도의 합일적 지향을 의미한다. 일상생활을 떠나서 선을 추구하는 것은 물결을 버리고 물을 구하거나 그릇을 버리고 금을 구하는 것이므로 더욱 멀어질 것이라고 하였다.[115] <儉園頭求頌>에서 원두에게 괭이로써 깨

---

114) 본고, p.196.

달음의 길을 제시한 것은 일상생활 속에서의 선수행을 말한 것이다. 괭이는 원두에게 있어 채마밭을 가꾸는 실제적 도구인 동시에 心田을 가는 화두의 의미를 내포한 이중의 의미를 지닌 것이다. 이 점은 원두의 직분을 강조하면서 수행상의 지침을 내린 것이다.

도의 현실적용이 극단적으로 드러나 있는 시는 <爲鎭兵作偈告衆>116)이다. 이 게송은 수행 대중들에게 적병을 진압하는 현장으로 나아가기를 촉구한 내용으로서 보살의 도를 현실 상황에 직결시킨 것이다. 시의 함, 경련인 "바야흐로 전쟁이 날로 다투어 일어나 / 사해인민이 괴로이 서로 죽이고 있건만 / 머리 감추고 편히 앉아 홀로 편안함만 즐긴다면 / 지혜 있으나 자비 없으니 어찌 보살이겠는가?(方今干戈日競起 四海人民苦相殺 藏頭穩坐愛自便 有智無悲豈菩薩)"는 현실과 보살도를 不離의 관계로써 연관시킨 것이다. 보살은 대승의 수행자를 가리킨다. 보살의 도는 자리와 이타행을 겸비해야 하는 것으로 보살의 이타행을 깨달음의 차원에서부터 현실적 문제로 확대시킨 것이다. 이러한 맥락에서는 불살생계도 넘어설 수 있는 타당성을 갖게 된다. 제목에서 '게'라고 하여 불교적 법을 내용으로 하는 게송이라 한 점은, 이 또한 법으로서 보인 것이다.

위에서 보아온 현상과 본체의 통합상을 보인 色과 空의 역설은 자연과 진여, 차별과 평등, 현실과 도의 다양한 측면에서 시화되어 나타나 있다. 이러한 시창작의 근원이 되는 역설적 진리는 다음의 게송에서 보여주고 있다.

天地地天天地轉　　하늘이 땅이요 땅이 하늘이매 하늘과 땅이 바뀌고
海山山海海山空　　바다가 산이요 산이 바다이매 바다와 산이 비었다

---

115) 『한불전』, 6-25. <시종민도인>.
116) 본고, p.188.

空空空處非他物　공하고 공하고 공한 것은 다른 물건 아니라
全是全州全體翁 咄　그것은 완전히 온 고을 전체의 늙은이다. 돌!

天天地地何曾轉　하늘은 하늘이요 땅은 땅인데 언제 바뀌었으며
海海山山甚處空　바다는 바다요 산은 산인데 어디가 비었던가
法法本本依位住　법과 법은 본래 제자리에 머물거니
婆婆元不是翁翁 咄　노파는 노파요 원래 첨지 아니다. 돌! 117)
<示眞上人>

위의 게송 제1수는 空의 이치로서 현상의 부정이며, 제2수는 色의 이치로서 현상세계로 돌아온 궁극적 진리를 나타낸 것이다. 제2수는 현상 그대로를 진리로서 인정하는 긍정적 세계관을 나타내고 있는데 이는 결국 현상적 세계로 귀결되는 선적 진리로서, 눈 앞에 실재하는 현상세계를 두고서 따로 진리의 세계가 없음을 말한 것이다. 이러한 진리는 독립적으로 가능한 것이 아니라 앞에서의 空의 도리를 깨친 후에야 가능한 차원이다. 제2수의 의미는 앞 제1수의 전제가 있음으로써 진정한 의미를 띠게 되는 것이다. 이러한 원리 위에서 현상적 세계는 있는 그대로가 곧 본체적 진리가 되는 긍정성을 획득하게 되는 것이다.

위 혜심의 게송은 靑原惟信선사가 설한 깨달음의 단계인 '見山是山 見水是水' '見山不是山 見水不是水' '見山祇是山 見水祇是水'118)의 삼단계에서 제2, 제3단계와 동일한 경계를 보여주고 있다. 청원유신의 "산은 산이 아니요, 물은 물이 아니다"는 空의 진리를, 그리고 "산은 다만 산이요, 물은 다만 물이다"는 色경계로 환원한 선의 궁극적 경지인 것이다. 이 궁극적 경지는 空의 단계를 거침으로써

---

117)『한불전』, 6-39. 어록.
118) 고형곤(1976).『禪의 세계』(서울:삼영사), pp.16-79 참조.

비로소 도달된 깨침의 세계이다. 이러한 선의 진리는 『반야심경』에서 설한 바, "색이 공과 다르지 않고 공이 색과 다르지 않으며, 색이 즉 공이요 공이 즉 색(色不異空 空不異色 色卽是空 空卽是色)"이라는 불교의 근본적 교리에 근원을 두고서 보다 현실화한 것이다. 위에서 살펴 본 혜심의 시들은 이러한 색과 공의 역설적 진리에 사상적 근원을 두어 표출되어진 것으로 보겠다.

이상으로 혜심의 시세계에 나타난 역설의 양상을 살펴보았다. 이러한 역설의 시들은 앞 절에서 고찰한 불립문자의 정신을 근본으로 하고 있으며 불립문자의 역설성 위에 존재하고 있다. 이러한 시들을 진리 자체의 역설을 표현한 시와 여기에서 파생된 시들을 포괄적 원리로 묶어 정리하여 無의 역설, 부정의 역설, 극대와 극소의 역설, 色과 空의 역설로 분류 고찰하였다.

無의 역설에서는, 道와 마음의 표현을 중심으로 하여 無가 有無의 대립적 無가 아니라 진리의 절대성을 나타내고 있음을 보았다. 부정의 역설에서는 부정적 표현방식이 긍정, 또는 부정과 긍정을 함께 내포한 것으로서 개념화되지 않은 본래의 마음을 가리키려는 의도에서 발해지고 있으며, 나아가 衆生卽佛의 위대함을 드러내기 위함이거나 해방의 정신적 경지를 표현하는 데에 이르고 있다. 극대와 극소의 역설에서는 대소의 분별이 해체된 절대적 세계를 드러내고 있는데, 사물의 극대화나 세계의 극소화, 극대와 극소의 상호 융통성, 과거 현재 미래의 삼세가 모두 一念으로 수렴되는 시공의 초월성이 나타나 있다. 이는 해탈이라는 절대적 세계에서는 大小의 상대성이 소멸되어 버림을 나타낸 것으로서 大卽小 小卽大의 진리를 구체화한 것이다. 色과 空의 역설은 현상과 본체의 통합성의 원리로서 자연과 眞如, 차별과 평등, 현실과 道의 융합으로 나타나 있다. 이는 현상의 수용으로서 현실주의적 선사상이 강한 혜심의 시에 있어서 모든 사물을 수용하는 포괄적 원리로 작용되고 있다. 이상과 같은 역설의 양상은 道와 마음의 표현으로부터 자연과 사물 및 현실로 확대되어 가면서 선적 진리를 드러내고 있으며, 이러한 역설은 모순의 초월과 통합성을 추구하는 禪의 정신을 구현하고 있는 것이다.

3. 反常合道와 해탈지향성

앞에서 살펴본 '진리의 역설성과 그 표현양상'에서 선시의 역설은 구체적으로 그 모습을 드러내었다. 이러한 역설이 의미하는 바는 무엇이며 무엇을 궁극적으로 지향하는 것인가에 대한 규명은, 혜심의 시세계를 통괄하고 있으면서 그 특징적 맥락을 이루는 역설의 실체를 드러냄과 동시에 시정신을 밝히는 일이 될 것이다.

앞 절에서 진리를 드러낸 역설들은 일상적 질서에 고정화된 사고에서 볼 때 파격적이다. 있음과 없음, 긍정과 부정, 대와 소, 색과 공의 관계는 일상의 통념을 깨뜨리고 일상적 사고를 전도시키고 있다. 無心이 眞心, 無能이 有能보다 나음, 차별이 평등이라는 전도성에서 나아가 佛祖에 대한 비난, 介子納首彌 등 파격적인 선시의 역설은 反常合道[119]의 원리로서 설명될 수 있다. 反常合道는 常理와는 상반되나 道에 합치되는 점을 말한 것이며 "벗어나는 상식이 오히려 진리와 부합"[120]된다는 점에서 선적 역설의 성격을 극명하게

---

119) 吳喬의 『圍爐詩話』 제1권에 "子瞻曰 詩以奇趣爲宗 反常合道爲趣 此語最善 無奇趣 何以爲詩 反常而不合道 是謂亂談 不反常而合道 則文章也". 이종찬(1985). 『한국의 선시』, p.29에서 재인용.
120) 이종찬(1985), 앞 글에서, 반상합도에 대해, 선사들의 공안과 화두란 일상의 논리, 곧 상식을 초월하며 벗어나는 상식이 오히려 진리와 부합되는 점

드러내 준다. 선적 역설은 反常이 곧 道이기 때문이다. 이러한 반상합도의 원리는 선의 근본정신에서 파생되고 있다.

선의 근본정신은 진정한 본래의 성품을 회복하기 위한 것이다. 이 점은 앞 장 시세계의 '선법과 수행'에서 말해진 바로서, 누구나 본래부터 갖추고 있는 완전무결한 성품을 회복하는 것이 깨달음이라고 하여 오로지 자기 자신의 본분자리를 살필 것을 촉구한 것이다. '無迷悟', '無得失'이며 人人具足의 이러한 근본 성품은 無明(妄想)에 의하여 가려져 있음이 구름과 달, 모래와 眞金, 거울과 먼지의 관계로써 비유되고 있다. 無明, 즉 妄想을 없애면 본성을 회복한다고 하는 이치는 <代天地答曰>에서 "천만가지 차별된 일은 / 모두 망상에서 생긴 일이니 / 만약 이 분별을 여의면 / 어떤 물건인들 평등하지 않으리?(萬別千差事 皆從妄想生 若離此分別 何物不齊平)"라고 하여, 망상으로 인해 불별심이 생겨난 것이며 이 분별심을 떠나면 평등한 본체적 성품을 회복한다고 하였다. 또한 <奉和地藏一僧統>에서 "알음알이 끊어지고 견해 그치면 마음이 드러나고 / 바람 고요하고 물결 쉬면 바다는 맑고 고요하네(解絶見止心顯現 風靜波息海淸平)"라고 하여, 본래의 마음이 알음알이나 견해로 인해 가려져 있음을 바다와 풍파로써 비유한 바 있다. 알음알이나 견해 또한 무명의 소산인 것이다. 이 무명을 타파하여 본래의 성품을 회복하기 위한 과정이 수행으로서 <夢忍居士請牧牛詩>에서 "겁 중에 목우 끝나지 않는데 / 누가 감히 봄가을을 헤아리랴(劫中牧不着 誰敢計春秋)"라 하여 綿綿不絶의 수행을 강조하였다. <示宗敏上人>에서는 무명을 漆桶에 비유하여 "홀연히 칠통을 때려 부수면 / 쾌하고 쾌하며 또 쾌하리라(忽然打破漆桶來 快快快快快快快)"로써 무명을

에서 초월성이 인정된다고 하였다.

타파한 돈오의 순간을 파격적으로 표현한 것이다.

역설로써 나타낸 바 진리는 바로 그 본래의 성품이 회복된 본래의 세계를 가리키고 있는 것이다. 이 본래적 세계가 **常理**와 상반되는 것으로 보이는 것은 **常理**가 오히려 전도된 것임을 의미한다. 그러므로 선시의 역설은 이 전도된 상리, 즉 무명에 가려져서 본래의 성품을 잃고 있는 이 상리를 뒤짚어 놓은 데 의의가 있다. 이는 현상적 질서의 파괴를 통해서 본래성으로 되돌아 가기 위한 것으로서, 전도된 상리를 다시 한번 전도시켜 본래의 성품으로 회귀하고자 한 것이다. 이러한 역설은 시인들이 신선한 표현을 내기 위한 문학적 기법의 차원과는 그 성격을 달리한다.121) 선시의 역설은 진리의 세계 그 자체를 가리킨 것으로서, 그것은 모든 대립과 장애를 넘어선 무분별성·절대성·완전성의 세계인 것이다. 이러한 세계는 상식의 차원을 넘어서 있는 것이므로 **反常**인 것이며 이 **反常**은 **合道**에 의미를 두고 있는 것이다. 시인들이 시적 기교면에서 **反常**을 중시했다면 선시는 **合道**가 중시되며 여기에 그 목적이 있는 것이다. 이 점은 바로 선시와 일반시와의 본질적인 차이점이다.

이와 같은 선의 반상합도가 나타내고 있는 본래적 세계는, 만유의 본체인 깨달은 마음의 세계이다. 이러한 세계는 앞 절에서 다양하게 표현된 바 있다. '無의 역설'에서는 무한과 불가사의의 절대성을 **無**로써 나타내었으며, '**實相無相**(진실된 相은 相이 없는 것)', '**空寂靈知**(텅 비었으나 밝은 지혜가 차 있음)' 등으로써 **道**와 마음을 표현하였다. 부정의 역설에서는 부정을 통해서 표현할 수 없는 마음을 가리키고자 했으며, 佛祖에 대한 비판과 격하로써 '**衆生卽**

---

121) 黃永武(1976). 『中國詩學』 設計篇, pp.249-275. 反常合道與詩趣에서 시인들의 시적 기교로서 반상합도를 고찰하였다. "……他說的「反常合道」, 卽是一反日常的陳舊句式與陳舊想像, 寫出與常理髣髴相反的詩句".

佛'의 진리를 천명하였고, 기존 권위에 대한 부정으로써 그 초월성을 나타내었다. 극대와 극소의 역설에서는 우주를 一心으로 수렴시킨 '壺中天地', 시공이 모두 一念으로 수렴되는 '百十由旬一念收', 허공을 작은 물거품에 비유한 '空漚' 등으로써 시간과 공간의 상대성을 초월한 절대적 세계를 나타내었다. 色과 空의 역설에서는 '지금 여기'가 열반이며, 자연과의 一如, 차별 속의 평등성, 현실 속에서의 道의 추구로써 물질인 현상계와 진리인 본체계의 통합성을 나타내었다.

이러한 세계는 禪의 지향하는 바 이상으로서, 곧 해탈의 경계이다. 앞에서 말해온 法, 道, 眞如 등은 보편적 용어로 진리를 가리키는 말이며 불교적 진리는 마음의 문제로 귀결되고 있다. 이는 시세계의 선법과 수행에서 일관되게 펴고 있는 기본 사상으로서 '마음을 깨치면 불법이 다 이루어지는 것'[122]이라 하였듯이 불법의 핵심이다. 선의 종지인 '不立文字 敎外別傳 直指人心 見性成佛'은 成佛이 궁극의 목적이며, 마음이 성불의 근원임을 말해주고 있다. 그러므로 <천조상좌인우청송>에서 "다만 한곳 구하여 쉬어 회복함을 이룰 뿐(只求一處成休復)"이라 하여 번뇌망상이 쉬는 그 한곳이 수행의 궁극(깨달음)이라 하였으며, <열가상인 수사화엄경 작게찬지>에서 "만약 이 하나 곧바로 알아버리면 / 용궁의 대장경 별것 아니다(若會當頭這一着 龍宮海藏未爲多)"라고 하여 모든 경전을 통괄하는 근본 정신의 체득을 강조하였다. 여기서 '한 곳(一處)'·'하나(這一)'는 바로 본래의 마음을 가리킨 것이다. '하나(一)'는 절대성, 평등성을 의미하며 이 하나의 성품으로 회귀를 추구한 것은 그것이 근본이며 전체이기 때문이다. 이 하나의 성품은 <心同話>[123]에서

---
122) 『한불전』, 6-37. "若實悟心地 佛法皆現成".
123) 앞 글, 6-49. 진각국사어록補遺(權相老所輯).

허공의 비유를 통하여 무한한 것임을 드러냈고, 본래부터 이미 완성되어 있는 것임을 "비로소 모든 일은 본래 같음을 알았네"라고 한 것이다. 수행은 완성된 이것을 체험하도록 하는 것이다. 이러한 성품이 無始無終의 영원성과 불변성임을 『어록』에서 다음과 같이 설하고 있다.

> "천지보다 먼저 있는 어떤 물건이 형상도 없고 본래부터 고요하다. 능히 만상의 주인이 되고 사철을 따라 변하지 않는다. 다만 이 물건과 서로 합하면 신선 중의 신선이요, 하늘 중의 하늘이라 할 수 있다. 돌이 썩고 소나무가 마르는 것을 1년으로 계산하여, 삼천 세계를 포개고 또 삼천 세계를 포개면서 비록 진겁을 지나 끝이 없을지라도 이 사람의 이 목숨 항상 완연하여라. 그대들은 이 사람을 아는가?"[124]

위 법어에서 '물건(物)'은 본래의 마음을 가리킨 것으로서 무한한 시간과 공간을 통하여 항상 완연한 그 무엇이다. 무엇이라 이름할 수도 없고 정확히 드러낼 수 없는 그 본체성을 '이 사람(此人)'이라고 의인화하고 있으며 『어록』과 『시집』에서 여러가지 비유나 상징으로 보여 왔다. 이 본체성은 개념화된 일상적 언어로써는 표현하기 어려우며, 이는 체험을 중시하므로 '不立文字'를 표방하게 된 것이다.

이러한 마음의 본체적 성품으로의 회귀가 곧 깨달음이며, 깨달음

雲水參尋訪此宗   운수로 두루 돌아다니며 이 宗을 찾다가
十年磨刮太虛空   십년 동안 태허의 허공을 갈고 닦았네
區區力盡空依舊   구구히 힘을 다하고 나니 허공은 예와 같아
方知萬事本來同   비로소 모든 일이 본래 같음을 알았네.

124) 앞 글, 6-13. "祝令壽上堂 有物先天地 無形本寂寥 能爲萬像主 不逐四時凋 若與此物相契 則可謂仙中仙 亦號天中天 石爛松枯計一年 積三千了又三千 縱經塵劫浩無邊 此人此壽常宛然 諸人要識此人麼".

은 解脫을 이룬다. 해탈은 속박에서 풀려나 자유로운 경계에 이르는 것으로 불교 구경의 이상이다. 번뇌로부터, 미혹의 苦로부터 벗어나는 해탈은 자유를 의미하며 個我적인 데서 超個的인 데로 나아가는 것이다. 이는 인간의 마음을 개별적 자아에서 세계의 근원으로 무한히 확대시켰으며 만물을 포용하는 法界의 성품으로 승화시킴으로써 인간의 존엄성을 최대한으로 고양시킨 것이다. 그러므로 <出山相讚>에서 "눈꺼풀은 삼천세계를 다 덮어버리고 / 콧구멍에는 백억의 몸을 감추었다(眼皮盖盡三千界 鼻孔盛藏百億身)"라고 하여 각 개인이 우주의 주인임을 천명했고, '本來人'·'主人公' 등의 지칭으로서 그 본디부터 가진 마음을 드러낸 것이다. 이 마음의 세계는 모든 대립적 요소가 융합된 不二의 一元的 세계임을 극대와 극소·색과 공의 역설에서 드러낸 바 있다. 또한 <答田錄事>에서 "밤은 어둡고 낮은 밝은 이 세상에서 / 어느 것인들 그대와 나의 얼굴 아니랴?(夜暗日明空色界 誰非居士老僧眼)"라고 하여 主客의 분별을 넘어서 萬有가 同根임을 드러내었으며, 그 자유로운 경지를 소에 비유하여 <四牧>125)에서 "호탕하여 자유로이 마음껏 노네(蕩蕩優遊自在)"라 한 것이다.

해탈의 경계에 관하여는 『어록』의 <시각운상인>에서 " … 그것을 알면 보복이 죽고 지장이 탑에 들어감을 알 것이다. 또 그것을 알면 장공이 술을 마시는데 이공이 취하고, 잔이 땅에 떨어지자 평상이 일곱 조각 나는 줄을 알 것이다. 또 그것을 알면 운문의 손에 든 부채가 삼심삼천에 뛰어올라 제석의 콧구멍을 찌르고, 동해의 잉어를 한 방망이 때리면 동이로 쏟아 붓듯 비가 내림을 알 것이다 … "126) 등으로써 역설로 일관하고 있다. 이 역설은 불가사의한 해

---

125) 본고, p.95.
126) 앞 글, 6-29. "既會得者个 便會得保福遷化 地藏入塔 既會得者个 便會得張

탈의 경계를 主客·時空의 초월성을 통해 보인 것이다.

　이러한 해탈지향은 시세계가 추구하는 바로서 시정신이 되고 있다. 앞 장에서 고찰한 시세계는 크게 법·자연·인간으로 대별하여 볼 수 있는바, 선법과 수행에서 법을 말하였고 자연과 物을 매개로 하여 법을 나타내었으며, 현실에 법을 적용하여 나타낸 것이다. 시세계의 근원으로 작용하고 있는 이 법은 곧 마음이며, 이 마음의 지향하는 바는 깨달음, 곧 해탈인 것이다.

　해탈지향은 삶과 죽음, 고통과 쾌락, 남녀, 노소 등 상대성과 가변성, 갈등과 모순이 존재하는 현실적 삶을 초극하기 위한 것이다. 현상적 삶을 넘어서 영원하며 본체적인 삶으로의 전환을 위한 해탈의 추구는, 인간의 삶을 전환시켜 진정한 삶을 이루도록 하는 데 그 의미가 있다. 해탈은 구체적 삶 속에서 체험을 통해 깨달음을 이루고 실현시켜야 하는 것으로서 곧, 生死 속에서의 生死解脫인 것이다. 이러한 해탈지향의 시정신은 인간적 삶의 질적인 대역전으로서 인간의 삶을 무한대로 열어놓았다. 이 열려진 세계에서 현상계의 모든 사물은 제자리를 찾아 諸法實相, 眞空妙有로서 존재하고 있으며 이들은 선가의 문학 속으로 수용되고 있는 것이다.

　선사상은 인간의 정체성과 우주의 근원에 대한 탐구를 문학화함으로써 문학에 철학적 사유를 부가하여 심오하게 하였다. 선의 정신은 인간의 마음을 우주적인 차원으로 승화시킴으로써 인간의 존엄성을 무한히 확대시켰으며, 이에 수반하여 초월적 상상력을 낳았다. 초월적 상상력은 경계의 해체, 한계성의 파괴를 통해서 통합성과 전체성을 추구한다. 이러한 선의 정신은 상식과 통념의 파괴, 일상적 질서를 깨뜨리는 전도성과 파격성으로 나타나고 있으며, 언어

公喫酒李公醉 盞子落地 樕子成七片 旣會得者个 便會得雲門手中扇子 勃跳上三十三天 築着帝釋鼻孔 東海鯉魚打一棒 雨似盆傾".

적 표현의 한계성을 깨뜨리고 그 표현의 지평 또한 무한대로 열어놓은 것이다. 인간적 삶의 한계성에 대한 자각에서 이에 대한 해탈을 추구한 불교의 정신은 선시의 역설에서 가장 첨예하게 표현되고 있는 것이다.

  이상으로 혜심의 시세계에 나타난 역설의 시학을 정리하였다. 혜심의 문학이 그 기초를 두고 있는 근본정신으로서 '불립문자의 역설성과 혜심의 언어문자관'을 고찰하였으며, 이러한 정신 위에서 표출된 시들을 '진리의 역설성과 그 표현양상'에서 구체화시켜 논하였다. 진리 자체의 역설을 표현한 시와 여기에서 파생된 시들을 포괄적 원리로 묶어 정리하여 '無의 역설', '부정의 역설', '극대와 극소의 역설', '色과 空의 역설'로 분류 고찰하였다. 禪詩의 역설은, 모순의 초월과 통합성의 사상에서 시화되어진 것으로서 본체적이며 절대적인 진리의 세계를 추구한다. 선사상은 역설의 극단이다. 피안의 세계를 현세에 두고 있으며 聖凡 등 상대적 세계를 不二로 보는 一元論的 禪의 세계관과 존재론은, 모순을 통합하여 구경의 진리를 증득하려는 '모순의 초월'에 있기 때문이다. 이러한 선시의 역설은 反常合道의 원리와, 해탈지향의 시정신으로 그 총체적 의미를 규정할 수 있다. 혜심의 시세계에서 비로소 전체적이며 체계적으로 모습을 나타낸 선시는, 언어에 대한 부정과 긍정의 양면성 위에서 사상과 문학이 결합되어 역설의 시학을 창출한 것이다. 선시의 역설은 철학적 깊이를 지닌 심층적 역설로서 선가의 개성적 문학으로 문학성을 획득하고 있는 것이다.

V. 문학사적 의의

  혜심의 선시가 우리 문학사에서 갖는 의의는, 그 시대 문학으로서의 공시적 측면과 불교시의 흐름 속에서의 통시적인 측면에서 부여될 수 있다. 이 두가지 관점을 '무신집권기 문학으로서의 의의'와 '전대 불교시의 혁신과 후대의 계승'으로 나누어 고찰해 보기로 한다.

1. 무신집권기 문학으로서의 의의

  고려 무신난(1170) 발발 이후 1세기 동안 지속된 무신집권기는 고려 전기와는 명확한 변별성을 보여주고 있다. 고려 전기와 후기를 구분짓는 분수령인 무신난은 권력주체층이 문신귀족에서 무신으로 바뀜에 따라 정치·사회·문화 전반에 걸쳐서 변화를 초래하게 되었으며, 따라서 문학사적으로도 중대한 전환의 계기를 이루게 되었다.

고려 무신집권기는 문학이 발달한 시기였다. "최씨의 공헌은 선종의 외호와 문학보호"[1]라고 할 만큼 선종이 확립된 시기였으며 이에 부합하여 禪家의 문학도 꽃을 피운 시기였다. 이 시기는 전대인 고려 전기의 문학 풍조를 일신하고 새로운 문학론의 대두와 문학이 일어난 문학의 융성기였던 것이다. 고려 전기는 수도 개경의 문신귀족들에 의한 정치였다. 이러한 정치 주체층의 성격에 따라서 고려 전기의 문풍은 화려한 형식미를 추구한 유미적 문풍이 주류를 이루고 있었으며 시문의 조탁을 중요시한 문학이 성행하여 크게 발달한 시기였다. 이 시기의 극단적 수사와 기교를 바탕으로 형식미를 추구하는 부화무실한 사장은 유학자들에 의해 '彫蟲篆刻'이라고 비판되기도 하였다.[2] 이러한 문풍은 광종대부터 실시된 과거제도의 성격이 詩·賦를 핵심으로 하는 제술 위주로 인한 영향과, 문신귀족들의 유흥적 삶에 기인하는 것으로 간주되고 있다. 이러한 고려 전기의 문학은 場屋文學, 科場文學, 유흥풍 문학 등으로 명명되고 있다.[3] 그동안 문신에 비해 차별대우를 받아오던 무신들에 의한 쿠데타인 무신난은 이러한 기존의 문신들을 대량 제거하였으며 이로 인해 생긴 문신의 공백은 새로운 士人層을 필요로 하게 되었다. 이러한 시대적 필요에 의해 등장한 신진사인층이 곧 士大夫계급으로서 이들은 지방에 근거를 가진 중소지주층이나 실무에 능한 향리 출신이다. 무신정권이 안정기에 접어든 최충헌, 최우 父子代에는 무신난 이후 폐지되었던 과거제를 다시 실시하여 적극적으로 문신을 등용하여 문신우대정책을 편 것이다. 이 때 등용된 문신들은 구귀

---

1) 서수생(1972). 『고려조 한문학 연구』(서울:형설출판사), p.119.
2) 이종문(1991). 고려전기의 문학사상, p.57 참조. 『한국문학사상사』(서울:계명문화사).
3) 심호택(1991). 『고려중기 문학론 연구』(계명대 한국학연구소), pp.19-22 참조.

족 가문 출신과 신흥사대부로 대별할 수 있다.

　무신집권기의 문학은 새로운 문학담당층인 신흥사대부의 등장으로 인해 전대 문학에 대한 반성과 함께 새로운 사조를 형성하였는데, 이 시기 새로운 문학운동의 대표적 문인은 신흥사대부 李奎報이다. 이규보는 현실주의적 세계관을 바탕으로 하여 사실적 문학을 추구하였고 문학의 독창성과 개성을 중시하여 부화한 시문의 조탁을 배제하였다. 이러한 문학관에서 모방과 用事多用 등 당시 문단의 폐해를 비판하며 제기한 그의 문학론이 바로 新意인 것이다. 그의 문학적 성격인 사실적 작풍은 구체적 사물에 대한 관심과 탐구적 자세를 불러 일으켰으며 道本文末의 유학적 문학관을 견지하면서 문학의 효용성을 중시하였다. 이같은 점은 사대부의 출신성향이 지방에 근거를 가진 중소지주층이나 향리 출신으로서 전대의 문벌귀족에 비해 신분이 낮으며, 보다 민중적 삶의 현실에 접근해 있는 데에 기인한 것으로 볼 수 있다.

　이 시기에 開花한 혜심의 선시도 이러한 시대적 사조에 합류하는 성격을 지니고 있다. 보조국사 지눌의 불교 혁신은 무신집권기 불교계의 큰 성과로서 한국 불교사에 괄목할 만한 이정표를 세웠다. 혜심은 지눌의 뒤를 이어 불교계를 이끌면서 불교사상사적으로 크나큰 발자취를 남긴 인물이다.4) 이러한 혜심의 문학은 무신집권기에 확립된 禪宗의 문학으로서의 특성을 여실히 보여주고 있는 것이다. 혜심의 禪詩는 선의 활달한 기상과 형식에 구애되지 않는 자유

---

4) 무신정권이 선종을 적극적으로 후원하여 이 시기 선종이 발전, 확립되었음은 주지의 사실이다. 지눌이 창설한 신앙결사인 修禪社와 무신정권과의 관계에 대하여는 고려시대 불교사 연구에서 비중있게 다루어지고 있다. 특히 혜심의 대에 이르러 무신정권과의 긴밀한 관계를 고찰한 논문은 대표적으로 민현구(1973)의 <월남사지 진각국사비의 음기에 대한 일고찰 -고려 무신정권과 조계종->을 들 수 있다.

V. 문학사적 의의 279

분방함, 道의 일상성과 현재성, 佛祖에 대한 숭배보다 진정한 자기의 발견을 핵심으로 하는 주체적 사상, 어려운 교학적 과정과 형식과 차제를 배제한 단도직입적 실천수행 위주의 禪風 등에 근원을 두면서 표출되어 있다. 이러한 문학적 성격은 바로 이 시대 신흥사대부의 문학사조와 일맥상통하는 점이다. 혜심은, 이규보가 찬한 혜심의 비문에서 "만일 조금만 더 참았더라면 곧 급제하여 앞으로 더욱 나아가 이름난 사대부가 되었을 것이다."5)라고 하였듯이 진사과를 치르고 국자감에서 공부하다 출가한 사대부 출신의 선사이다. 이러한 출가전 신분은 그의 문학적 성격을 이루는 중요한 요소로서 그의 시세계에 반영되어 있는 것이다.

혜심의 시세계에서 고찰한바, 目前의 현상 속에서 진리를 발견하며 '지금 여기'에서 바로 보고 깨달을 것을 강조한 점, <미륵암>6)에서 보인 미래시간의 현재화, 그리고 관리들에게 준 시에 보인 道의 현실적용성 등은 현실적 진리에 입각한 현실주의적 선사상7)에서 우러나온 것이다. 또한 學人들에게 법을 보인 게송류나 僧俗을 상대로 한 교화적 시들을 통해서 문학을 道의 방편으로 사용하는 문학의 효용성을 실현하고 있음을 볼 수 있다.8) 진리를 드러내기 위한 역설적 표현과 게송류에서 보인 형식적 자유주의는 개성주의에 부합한다.

혜심의 시세계에서 그의 개성이 돋보이는 '物에 대한 관심과 의

---

5) 李奎報撰. <曹溪山第二世故斷俗寺住持修禪社主贈諡眞覺國師碑銘>. 허흥식편저(1984), 『한국금석전문』(서울:아세아문화사), p.1016, "若小忍須臾便登桂籍長驅前途不失爲名士大夫".
6) 본고, p.120.
7) 박재금(1987). 진각국사 혜심 연구-사상과 시를 중심으로, pp.47-50 참조, 이화여자대학교 석사학위논문.
8) 박재금(1995). 혜심의 무의자시집을 통해 본 시의 활용면 참조. 『부산한문학연구』9.

미의 확대'에서 살펴본 사물의 관찰과 靜觀의 태도, 物에 대한 예찬은 사대부들의 사물인식과 동궤를 이루고 있다. 이 점은 본고에서 다루지 않은 혜심의 가전인 <죽존자전>과 <빙도자전>을 통해서도 알 수 있다. 사대부들의 사물에 대한 관심은 경기체가나 가전 등에서 특징적으로 드러나 있는데 이규보는 100여수의 식물시와 50여수의 동물시를 창작함으로써 동식물에 관한 관심을 드러내고 있다. 그의 영물시는 사실성을 중시한 것으로서 사물에 대한 과학적 지식 및 분석적 태도가 나타나 있다. 혜심과 이규보 시에 있어서의 이러한 진지성과 탐구성은, 고려 전기 유흥적 시회에서 가장 빈번하게 등장하는 소재 중의 하나로서 꽃을 노래하더라도 꽃이라는 사물 자체가 지닌 속성에 대한 진지한 탐구의 결과를 시적 구도 속에 형상화하는 대신에 제한된 시간 속의 정교한 조탁을 문제로 삼았던9) 점과 대비된다.

  혜심의 선시 창작과 보급에 있어서 긴밀한 관련을 가지는 것은 『禪門拈頌』의 편찬이다. 혜심의 큰 업적으로 평가되는『선문염송』의 편찬은 자주적 국가주의와 맥을 같이 하고 있다. 지눌이 도입하고 혜심이 진작시킨 간화선사상의 교재적 성격을 지니는 이 책은 문학적으로 禪詩集으로서의 가치가 크다. 고종 13년(1226)에 혜심이 문인들과 함께 편찬한 이 책은 佛祖이래로 달마와 그 법계들인 역대 조사들의 古話와 拈·頌·代·徵을 모은 것으로 교외별전의 내용을 고려인의 입장에서 처음으로 정리한 것이라는 점에서 높이 평가되고 있다. 여기에는 총 1125칙의 이 禪話를 수록하고 있는데 제26권에는 신라의 고승인 泊岩和尙·大領禪師·雪在禪師 3인의 어록을 포함함으로써 자국인 고승의 면모를 담고 있다. 이 책은 중국

---

9) 이종문(1991). 고려전기의 문학사상.『한국문학사상사』(서울:계명문화사), p.51.

의 공안집인 『경덕전등록』・『벽암록』・『무문관』・『종용록』 등보다 월등히 방대한 규모와 체계적 서술로서 문헌적 가치를 지니고 있으며 조계산문에서 현재까지 대대로 중요한 교과서로 삼아오고 있다. 이 禪書의 편찬동기는 국가수호의 방편으로서의 의미를 지니고 있는바 이를 서문에서 밝히고 있다.

"본조의 조성님이 삼국을 통일한 뒤로는, 선도로써 국가의 운수를 늘이고 지론으로써 이웃나라 군사를 진압하였으니 종지를 깨우치고 도를 의논할 자료로써 이보다 급한 것이 없다. … 바라는 바는 堯風이 禪風과 함께 길이 불고 舜日이 佛日과 함께 밝아, 바다는 고요하고 강물은 맑으며 시절은 화평하고 해는 풍년 들어, 물건마다 각각 그 자리를 얻고 집집마다 오로지 無爲를 즐기는 것이니 구구한 마음이 이 일에 간절할 뿐이다."10)

위 서문에서 堯風과 禪風, 舜日과 佛日을 합일시켜 기원한 점은 『선문염송』의 편찬동기가 禪風振作과 國泰安民임을 나타낸 것이다. 불교적 신앙과 국가적 안녕이 융합된 이러한 의식은 외적으로부터 나라를 지키려 한 팔만대장경의 판각과 뜻을 같이 하는 것으로 외세의 침략 속에서 민족적 자존심을 선양한 이규보의 <동명왕편> 창작동기와도 동일한 흐름 속에 있다.

위에서 혜심과 이규보를 들어본 바와 같이 이 시기 선종승과 사대부는 상호 동질적 성향을 지니고 있는데 이 점은 이들의 출신 배경과 선종의 불교적 성격에 기인하는 바 크다. 문벌과의 유대관계를 맺었던 전대의 교종계에 비해서 선종계 승려들의 출신이 낮은

---

10) 『한불전』, 5-1. 禪門拈頌集序. "… 況本朝自祖聖會三已後 以禪道延國祚 智論鎭隣兵 而悟宗論道之資 莫斯爲急故 … 所冀 堯風與禪風永扇 舜日共佛日恒明 海晏河淸 時和歲稔 物物各得其所 家家純樂無爲 區區之心 切切於此耳".

신분이라는 점11)과 전대의 교종에 비해 이 시기 선종이 민중불교적 성격을 띠고 있었다는 점이 문벌귀족과 대비되는 사대부와 유사한 환경이며 따라서 상통성을 지니게 된 것으로 볼 수 있다. 그러나 사대부들은 현실을 지향하며 선승은 현실을 초월할 깨달음을 추구한다는 점에서 근본적 차이가 있다. 사대부는 현실적 인간의 삶을 중시하므로 시에서도 자연이나 사물에서 감정이입이나 투사, 현실의 우의, 풍자가 나타나며 선승은 자연과 사물 그 자체에 대한 절대적 진리를 말하고 있다. 사대부들은 인간을 말하고 있으며 선승은 진리를 말하고 있다. 이들은 또한 공간적으로는 세속과 산림으로 대비되고 있다. 양자는 현실에 발을 두고 있으면서 각기 시선을 달리 향하고 있는 것이다. 이러한 양자의 차이점은 이규보가 혜문선사에게 준 시 <贈文長老>12)에서 잘 드러나 있다. 양자는 각각 지향점을 달리하면서 현실주의와 개성주의의 상호 동질성을 지니고 있는 것이다.

이와 같은 문학적 성향을 지닌 혜심은 당대의 불교계를 이끈 선사로서, 그리고 문학 창작을 한 시승으로서 이 시대의 문학에서 한 위치를 차지하며 동참하고 있다. 시집에는 가는 곳마다 시를 남긴 흔적을 보여주고 있는데 특히 『보한집』 하권에는 혜심의 <諫臣去國圖>13)를 수록하고 있다. 이의 내용은, 무신난 이후인 계사년

---

11) 이러한 점은 허흥식의 <13세기 고려 불교계의 새로운 경향>, p.86과 <고려 중기 화엄종파의 계승>, p.183 등에서 국사, 왕사들의 출가전 신분을 고찰한 데에 근거한 것이다. 『고려 중·후기 불교사론』(민족사, 1986) 소재.
12) 『동국이상국집』 권11
暫趨十二街中路　　잠깐 열두거리 번화한 길 거닐다가
長憶三千里外山　　길이 삼천리 밖 산을 생각하네
莫學閑雲空返岫　　한가한 구름 마냥 부질없이 산으로 돌아가지 말고
好將膏雨澤人間　　기름진 비 내려서 인간에게 은택 베풀어 주오.

(1173) 定山縣 維鳩驛의 공관 신축 때에, 어느 화공이 벽에다 흰 옷을 입고 삿갓을 쓰고 말을 탄 사람이 산길을 따라 가고있는 그림을 그려 놓았는데 사람들이 그 뜻을 알지 못하였으나 임오년(1222) 송광사의 無衣子가 여기에 이르러 이 그림을 '간하던 신하가 나라를 떠나는 그림(諫臣去國圖)'이라 하고 시로써 제하였다고 한다. 그 후 두 過客이 여기에 이르러 혜심의 시에 차운해서 벽에 쓴 시 2수가 전하고 있다. 화공의 그림은 무신난이 일어났던 의왕대의 문란한 정치를 諫臣이 떠나가는 것에다 우의한 것이며, 무의자의 시는 이러한 화공의 의도를 파악하여 시에다 경계의 의미를 담았고, 이후 과객들의 차운시도 또한 그러하다. 이 일화는 혜심의 선사적 통찰력과 함께 현실에 대한 문학적 참여를 의미하고 있다.

혜심의 문사들과의 관계 또한 이 시대 문학에 있어서 참여적 의미가 될 것이다. 혜심의 비 뒷면에 새겨진 修禪社 入社者의 명단14)에는 文武를 합친 당시의 주요 인사들이 대거 기록되어 있으며 그의 어록과 시집에도 교유한 인사들이 다수 들어있다. 입사자 명단에는 국자좨주·정당문학·지공거·동지공거를 역임한 이장용·최홍윤·김효인·임경숙·홍균 등 당시의 주요 문한관들과 갈남성·유충기 등 이름난 문인들이 들어있다. 특히 최홍윤은 무신집권기의 과거에서 주축을 이루었던 좌주들 중의 한사람이며 혜심의 사마시 좌주로서 혜심은 『어록』의 書狀에서 그에게 儒佛一致論을 펴며 교화하고 있다.

시집에서 드러난 인물들은 보다 직접적 시문의 교유로서 볼 수 있는데 조정의 관리나 사신, 그리고 지방관, 지방의 인사들이다. 혜

---

13) 본고, p.193.
14) 민현구(1973). 월남사지 진각국사비의 음기에 대한 일고찰.『진단학보』36, p.15 참조.

심이 출가한 후 개경에 한번도 가지 않았으며15) 주로 남부지방을 중심으로 교화활동을 한 점에서 혜심의 문학은 지방문학, 산림문학의 성격을 강하게 지니고 있다고 볼 수 있다. 이는 바로 지방분권적인 선종의 성격인 것이다.

혜심의 시 <辛巳二月初五日 由月燈寺謁堂頭大老時 與昇平郡使君品坐夜話 話及竹軒留詠 蓋白雲子倡於前 而二公和於後 堂頭命予以賽韻 卒織蕪辭 姑賽嚴命>16)은 선사들이 문사와 더불어 창화하는 선가의 시작 상황을 보여주고 있다. 신사년(1221) 2월 5일에 월등사(순천 부근)의 주지를 참알할 때 승평군의 군수와 더불어 밤에 앉아 이야기하다 화제가 죽헌에 남겨진 시에 이르러 白雲子가 먼저 부르고 二公이 이에 화답했으며, 주지스님이 나에게 賽韻으로 명하므로 졸지에 두서없는 말을 엮었다는 배경 설명이다. 여기서 백운자는 무신난 때 가사를 입고 은거하여 공주에서 후학을 가르친 백운자 神駿(법명. 俗姓名은 吳廷碩)이 아닌가 추측된다.17) 이 시제로 보아 선가에서도 시작이 보편화되어 있으며 세속의 인사들과 교유의 방편으로서 시를 사용했음을 알 수 있다. 혜심의 경우 주로 이러한 지방에 거주한 인사들과 직접적인 관계를 유지했으며 개경의 인사들과는 어록과 시집에 나타난바, 서신이나 사신을 통해서 간접적인 관계를 가진 것으로 짐작된다. 이러한 현상은 마치 신라말 소외된 지식인으로서의 빈공제자들이 정치적으로는 지방의 호족들과, 사상적으로는 선승들과 결합하면서 새로운 길을 모색18)했던 점과

---

15) 이규보, 앞 글. 허흥식 편(1984), 『한국금석전문』, p.1018. "今門下侍中晋陽崔公聆師風韻傾渴不已屢欲邀致 京輦師竟不至焉".
16) 본고, p.224.
17) 『파한집』 卷下, "白雲子神駿掛冠神虎 歸隱公州山莊 郡守遣其子受業有年", "白雲子棄儒冠學浮屠氏教 包腰遍遊名山".
18) 이혜순(1984). 신라말 빈공제자의 시에 관하여, p.19. 『한국한문학연구』 7.

유사하다.

　불교가 사상적으로 지배하고 있었으며 유학이 불교에 예속된 상황에서 "불교는 修身之本이요 유교는 理國之源"[19]으로서 유불이 공존하였던 고려시대에는 이규보와 같이 유자로 자처하는 사람들의 경우에도 불교적 색채는 시세계의 한 부분을 이루고 있다. 이러한 점은 여말 성리학자인 익제와 목은의 경우에서 잘 드러나고 있다. 선사들은 교유를 통한 시적 자극을 문사들에게 부여하면서 이들에게 불교적 시의 창작을 활성화시키는 기능을 한 것이다.

　무신집권기의 문신의 구성은 고려 전기 문벌귀족 출신과 새로이 등장한 신흥사대부로써 이루어져 있으며, 문학적 성격으로는 전대 문학의 계승과 새로운 창조적 문학이 동시적으로 존재하고 있었다. 이러한 문학적 교체기의 상황 속에서 혜심은 새로운 시대적 흐름에 동참하면서 또 하나의 문학을 창출시켰던 것이다. 혜심 이후 禪家의 문학은 方外의 문학으로서 지속적으로 계승되어 갔다.

2. 전대 불교시의 혁신과 후대의 계승

　무신집권기에 나타난 혜심의 선시가 문학사에서 갖는 의의는, 한국 불교시 흐름 속에서의 그의 위상을 파악함으로써 통시적 차원에서의 의미를 찾을 수 있다. II장에서 혜심 이전 승려들의 불교시를 순차적으로 고찰한 것은 혜심의 시가 불교시의 흐름 속에서 갖는 위치와 의미를 규명하기 위함이다. 혜심 이전의 불교시 맥락과, 혜심의 출현, 그리고 그 이후에 전개되는 불교시의 양상을 통시적으

---

19) 『고려사』 열전, 최승로전. "行釋教者 修身之本 行儒教者 理國之源".

로 조망해 봄으로써 혜심의 불교시사적 의의를 고찰해 보기로 한다. 또한 불교시가 方外의 문학으로서 뿐만 아니라 한시의 영역 속에서 갖는 의미도 짚어 보고자 한다.

　삼국시대 중국으로부터 문물이 수용되면서 전래된 불교는 한문학의 발달을 촉진시키면서 불교문화를 정착시켜 나갔으며 삼국에서 공인된 국가적 종교로서 문화의 기저에 자리잡게 되었다. 이러한 불교문화의 토양 위에서 불교학의 발달과 함께 불교문학으로서 불교시가 창작되었던 것이다. 현전 자료상 6세기경 고구려 정법사가 수도자의 고고한 기상을 우의한 <영고석>이 우리나라 불교시의 시초가 되고 있으며 7세기경 신라의 원효와 의상을 비롯한 학승들의 게송류가 다수 창작되어 불교적 법을 표현한 불교시의 초기적 단계를 보여주고 있다. 8세기경 재당 신라승인 무상의 선리시, 혜초의 기행시, 지장의 송별시가 불교시의 흐름을 잇고 있는데 이들은 한문학의 본고장인 당나라에서 신라승으로서 업적을 이루었으며 그들의 시는 게송류에서 진일보한 것으로 신라승의 한시 수준을 보여주고 있다.

　한문학의 수준이 발달한 고려에 들어와서, 10세기 후반 균여의 <보현시원가>는 대중적 포교를 위해 『화엄경』의 요체를 우리 노래(향가)로 만든 게송이다. 대중 포교를 위한 노래라는 점에서는 신라 원효의 <무애가>를 계승하고 있으며, 경전의 요체를 게송화한 것이라는 점에서는 의상의 <법성게>의 전통을 잇고 있다. 11세기 후반의 대각국사 의천은 승려로서 최초로 시문집을 남겨 다양성과 문학성을 갖춘 불교시의 새로운 전기를 이루었다. 이후 의천의 제자인 계응과 혜소를 비롯해서 시문에 능한 시승들이 출현하여 문사들과 교유하면서 시단의 한 분야를 구성하였으며 무신집권기에 이르러서는 보다 풍성해진 내용의 불교시가 창작되어 시단에서 중요한 부분을 이루게 됨으로써 당시 문학에서의 불교시의 위상이 크게 진전하였음을 볼 수 있다.

　이러한 불교시의 전통을 이어 혜심의 禪詩가 출현하였다. 한국 선종의 중흥조인 보조국사 지눌의 선사상 확립과 불교혁신으로 불교가 새로운 전기를 맞이하면서 지눌을 이은 혜심이 선종의 불교시를 꽃피웠던 것이다. 혜심에 의한 선시의 본격적 창작은 삼국시대로부터 흘러온 불교시의 전통과 불승들의 축적된 문학적 역량의 배경하에서 이루어졌다. 그러나 혜심의 시는 전대의 것에 비해 확립된 사상을 기반으로 하여 선사상의 특성을 강하게 표출한 체계화된 시세계를 이루어 냄으로써 전대의 불교시를 혁신시킨 의의가 있다.

　혜심 이전의 선종계 승려로서 선가의 시풍을 나타낸 시는 재당 신라승인 무상의 <오경전>이 깨달음으로 들어가는 단계를 읊은 禪理詩의 선을 보였으며 고려 전기 탄연의 <삼각산문수사>가 사원의 정적감과, 자연경계와 동일화된 선사의 시풍을 보여준 바 있다. 혜심과 비슷한 시기의 승으로는 혜문과 무기를 들 수 있다. 당시의 이름난 시승으로서 이규보의 절친한 詩友였던 혜문선사는 <제보현사>에서 사원의 정취를 운치있게 묘사하였으며 『보한집』에 전하는 聯句들이 있어 그의 시세계를 엿볼 수 있다. 그의 시는 세련된 시적 성취를 추구한 문사풍의 성격을 강하게 지니고 있어서 깨달음을 집중적으로 추구하는 선시의 특성을 명료하게 보여주지 못하고 있다. 수행승 무기의 게송 <무주암>은 심오한 내면경계를 나타냄으로써 선시의 특징적 면모를 단편적으로 보여주었다.

　이와 같은 자료로써 볼 때, 혜심 이전부터 선종승들의 시는 있어 왔으나 아직 그들의 특징적이며 본격적인 시세계를 성립시키지는 못한 것으로 보인다. 혜심의 어록과 시집을 통해서 나타난 시세계는 선종이 추구하는 궁극적 명제와 그 지향성을 문학사상으로 한 선종의 특징적 문학의 성립을 보여주고 있는 것이다. 혜심의 시집인『무의자시집』은 현재 남아있는 자료상으로 볼 때, 의천의『대각국사문집』다음으로 나타난 승려 시집이며 선종승의 시집으로도 가장 오래된 것이다. 또한 혜심 자신의 것을 포함해서 많은 선사들의 게송이 법어 중에 들어있는『조계진각국사어록』은 선사의 어록으로는 가장 오래된 것[20]으로서 선가적 문학성을 풍부하게 지니고 있다. 의천과 혜심, 이 두 사람은 시대적으로 120여년의 차이가 있으나 불교내의 각기 다른 종파를 선양하면서 불교시를 창작하였으므로 불교시로서 혜심의 시세계와 총체적으로 비교 조망해 볼 수 있는 작가로는 의천을 들 수 있다. 해동천태종을 일으킨 의천의 시세계는 II장 B절에서 고찰한 바와 같이 그의 삶의 과정과 자취를 담은 자서전적인 것이다. 그의 시에는 현실에서 이루고자 한 공업에의 의지와 함께 이의 좌절로 인한 비애와 갈등 등이 주류를 이루고 있으며, 출가승의 초연함보다 인간적 정서를 주로 드러낸 점에서 선적 진리를 집중적으로 추구한 혜심의 선시와 변별성을 보여주었다. 의천의 천태종이 禪敎合一을 추구하면서 선종을 포용하고 있으나 시세계로 보아서는 선종의 성격과는 다른 면모를 지닌다. 혜심의 시는 선적 진리를 표현함에 있어서 함축과 상징, 초월과 역설의 선종적 시풍을 강하게 드러냄으로써 이전의 불교시와 사뭇 다른 성격의 시세계를 열었던 것이다.

혜심의 시는 그보다 시기적으로 약간 뒤에 나타나는 천태종 만덕산 백련사의 제2세인 天因(1205-1248)과 제4세인 天頙(1206-?)의 시와도 구별된다. 진사과에 합격한 사대부출신으로서 요세를 계승한

---

[20] 혜심에 앞서 보조국사 지눌의『上堂錄』과『法語歌頌』이 각각 1권씩 있었다고 하나 전하지 않으며『普照法語』가 있으나 이는 그의 저술들을 모은 것으로서 엄격한 의미의 법어집은 아니다.

천인은 『동문선』에 18수의 시와 6편의 문이 남아있어 시세계를 대략 파악할 수 있다. 그의 시는 장편고시가 많으며 사실적, 서사적, 서술적이다. 천책은 시문집 『湖山錄』을 남기고 있는데 여기에는 白蓮社 入社者들의 入社詩와 이에 차운한 천책의 시가 대부분이며 천책의 <법화수품찬> 2편 56수가 들어있다. 창작 시기는 1250년대 말에서 1260년대까지로 추증되는데 비교적 평이한 교유적 시로서 문사취향적이다. 시풍이 천인과 가까우며 혜심의 시세계와는 다른 풍을 나타내고 있다.

혜심의 시는 이후 나타나는 선종승들의 시에 있어서 하나의 표본이 되고 있으며 시대상황과 선사 개인의 개성에 따라 시세계의 주제나 소재 및 표현면에서 강조점과 주된 경향의 차이를 보이고 있다. 혜심 이후에 시를 남긴 고려의 선사로는 普覺 一然(1206-1289)과 수선사 제6세인 圓鑑 冲止(1226-1293), 그리고 70여년 후에 고려 말의 三師인 白雲 景閑(1299-1375), 太古 普愚(1301-1382), 懶翁 慧勤(1320-1377)이 있다.

일연은 가지산 출신으로서 지눌과 혜심의 수선사를 직접 계승한 것은 아니지만 閔漬가 찬한 그의 비문에 "遙嗣牧牛子"라 기록된 것으로 보아 지눌의 법을 이은 것으로 간주되며, 또한 혜심을 직접 대면하기도 했고 혜심의 『선문염송』을 주석한 『禪門拈頌事苑』(30권, 失傳)을 저술한 점에서 수선사의 간화선 선풍을 계승하고 있다. 『삼국유사』 塔像편의 '前後所藏舍利'조에는 혜심의 시 <題通度寺戒壇>의 구절인 "듣건대 황룡사 탑이 불타던 날 / 잇따라 타면서 무간지옥을 보였네(聞道皇龍災塔日 連燒一面示無間)"를 인용하며 수난의 역사를 시화하고 있다. 『삼국유사』에는 7언절구 49편의 찬시를 통해서 불교적 사실을 시화하고 있는데 이들 작품 중에는 소재가 된 사실에 대한 언급 없이 선의 상징성으로써 나타낸 시들이 있어 선시의 묘미를 갖추고 있다. 특히 봄과 꽃은 찬시의 주된 상징이 되고 있다.21) 시적으로 승화된 찬시를 들어보면 고구려에 불교가 처음 전래한 사실을 찬한 <順道肇麗>22)에서 고구려 불교 전래를 압록강의 봄풍경으로써 서경화시켰으며 진리 도래의 순간을 고요를 깨고 먼데서 한 배가 노저어 오는 소리로 형상화시켰다. 신라 이차돈의 순교에 대하여는 "홀연히 한칼에 죽어간 이후 / 절마다 치는 종소리 서울을 흔드네(俄然一劒身亡後 院院鍾聲動帝京)"라고 하여 울려 퍼지는 종소리로써 불법의 번성을 환유적으로 표현하였다. 천축으로 구법행을 떠난 신라승들을 기린 <歸竺諸師>23)에서는 험난한 천축길과 승들의 구법정신을 찬탄하였으며 돌아오지 못한 구법승들에 대한 애도를 감상적으로 표현하였다. 이러한 시에서는 역사적 사실에다 일연 자신의 감회를 담아 서정적으로 시화하고 있다. 『삼국유사』는 몽고난에 시달리다 원나라에 복속된 시기에 민족주의적 정신에서 역사를 서술한 것으로 뿌리 깊은 불국토사상이 깔려 있으며 오랜 전란에 지친 민들로 하여금 신앙적인 활로를 갖도록 하기 위한 현세구원적 의미24)를 지닌다. 찬시는 장르상의 한계를 극복하고 시적 성취를 이루었으며 **史贊**과 **佛讚**의 성격을 동시에 갖추고 있으면서 독립된 시작품으로서의 요건도 충분히 갖추고 있

---

21) 인권한(1983). 『고려시대 불교시의 연구』(서울:고대민족문화연구소), pp.126-131 참조.
22) 鴨綠春深渚草鮮　　압록강에 봄 깊어 풀빛도 곱고
　　白沙驅鷺等閑眠　　백사장의 갈매기 한가히 졸고 있네
　　忽驚柔櫓一聲遠　　홀연 먼데서 노저어 오는 소리
　　何處漁舟客到烟　　어느곳 고깃배로 안개 속에 온 손님.
23) 天竺天遙萬疊山　　천축이라 하늘 멀리 만첩산인데
　　可憐遊士力登攀　　가련타! 순례자들 힘써 오르네
　　幾回月送孤帆去　　달빛 속에 떠나간 배 그 몇이던가만
　　未見雲隨一杖還　　구름따라 돌아온 이 한 사람도 없네.
24) 채상식(1993). 『고려후기 불교사 연구』(서울:일조각), p.147.

다.25) 이는 일연이 혜심이 찬한 『선문염송』에 대한 주석을 할 만큼 선에 대한 이해가 깊으며 선시를 잘 수용한 측면을 보여준다고 할 수 있다.

충지는 장원급제자로서 10년의 관직생활을 거쳐 출가한 사대부 출신의 선사이다. 『원감록』에 239편의 시가 전하고 있는데 선적인 깨달음에 관한 것보다는 일상생활적인 도를 주로 말하고 있으며 현실의 상황을 시화한 적극성을 보여줌으로써 사대부적 정신을 보여주고 있다. <作野牛頌示同人>26)과 같이 본체적 진리를 소의 상징으로써 말한 것이나 진여로서의 자연을 드러낸 <至元九年壬申三月初入定惠作偈示同梵>27)와 같은 게송류, 그리고 산중의 생활을 읊은 자락시등과 같은 전형적 선시도 있지만 전반적 시세계의 성격은 선적 특징이 완화되어 있으며 문사풍이 농후하다. 『동문선』에도 수록된 20운의 5언배율 <東征頌>은 고려에게 일본정벌을 명한 원나라 황제에 대한 칭송과 일본정벌을 찬양한 내용으로서 원나라에 대한 고려의 정치적 입장을 대변하고 있다. 그리고 구체적 현실의 문제를 드러낸 <嶺南艱苦相>과 <閔農黑陽四月端日雨中作>에서는 민중의 고통스러운 삶의 현장을 사실적으로 담고 있다. 이러한 시들은 그의 생애가 몽고의 침입과 지배기로서 현실의 참상에 무관할 수 없는 입장을 보여주며 장원출신으로서의 개인적 성향과도 관계되는 현상이다. 그의 시세계를 苦의 문학으로 강조한 점28)은 이러한

---

25) 고운기(1993). 일연의 세계인식과 시문학 연구, p.128. 연세대학교 박사학위 논문.
26) 본고, p.100.
27) 鷄足峰前古道場   계족봉 앞의 옛 도량
　　今來山翠別生光   지금 오니 푸른 산빛 유달리 빛나네
　　廣長自有淸溪舌   맑은 시내 長廣舌이 절로 있거니
　　何必喃喃更擧揚   무엇하러 수다스레 새삼 들어보이랴?
28) 이진오(1984). 원감국사 충지의 시세계 참조. 정신문화연구원 석사학위논문.

시대적 배경에 기인하는 것이며 영달의 길을 등지고 출가했으나 출세간할 수 없었던 아이러니를 반영하고 있는 것이다. 사원이 거국적 상태에 동참하지 않을 수 없었으며 선사로서 종교적 초연성을 유지할 수 없었던 시대적 상황이 그의 시세계의 성격을 특징지우고 있는 것이다.『동문선』에 수록된 시 19수와 문 51편은 승려로서 가장 많은 양의 시문인데 이는 그의 시들이 문사들의 취향에 부합하는 점을 의미한다고 볼 수 있다.

충지의 시는 선사로서의 초연함을 유지한 출세간적 수도자인 혜심의 시에 비해 보다 현실에 접근한 선사의 모습을 보여주는데, 이는 두 사람이 다 과거를 치른 사대부 출신이라는 점에서는 같으나 불교사적 위치와 시대환경의 차이에 기인하는 바 크며 세속과 관련되는 개인적 조건 역시 이에 관련되고 있는 것으로 생각된다. 혜심은 조계선종을 확립하는 시기에 선의 사상을 확고히 뿌리박기 위한 노력에 경주하였으므로 선의 요소가 문학에 심도있게 반영되고 있다. 반면 충지는 수선사의 위치가 확고해진 이후이며 원지배기에서 일본정벌등 가혹한 상황의 시대배경과 장원급제자로서 상당 기간 관직에 몸담았던 세속과의 깊은 관련으로 더욱 현실적 면모를 지니게 된 것으로 보인다.

고려말 元지배기에는 元나라로부터 직접 臨濟禪을 수용한 三師에 의해 선시가 계승되고 있는데 앞에서의 혜심·일연·충지는 중국에 유학하지 않고 學無常師한 지눌의 후계자들이라는 점에서 이들 三師와 구별된다. 임제선은 중국의 五家七宗 중의 하나로서 臨濟 義玄(787-866)에 의하여 세워진 임제종의 선풍을 말하는데 他宗에 비하여 매우 활달하고 大機大用的인 입장이며 공안을 참구하고 제자들을 接化하는 방법으로서 棒, 喝을 사용하는 것이 특성이다.

이들 三師의 入元과 임제선 수용은 여말 극렬한 유교계의 도전에 대응하면서 타락한 여말의 불교계를 혁신시켜 바로잡음으로써 국가민족에 보익케 하려는 뜻29)이라는 점에서 불교사적 의의가 있다. 불교의 쇠퇴기로서 배불론이 등장하던 사상적 교체기에 이들은 강력한 임제선풍을 적극 표방한 것이다.

백운 경한은 원나라에서 石屋 淸珙(1270-1352)의 법을 받았는데 평생을 오로지 선사로만 지냈으며 『백운화상어록』에 수록된 게송은 시적 규범을 벗어난 파격이 많은 점에서 가장 방외인적 기질을 보여준다. 無心을 강조한 그의 선은 無心禪이라고 하며 백운을 無心의 표상으로 시화하였고 진여인 자연을 노래한 자연시를 다수 남겼다.

태고 보우도 원나라 石屋 淸珙으로부터 傳法의 신표로서 가사와 주장자를 받았으며 현 한국불교 조계종의 宗祖문제에 있어서 보조지눌설과 대립되는 위치에 있다. 그의 『태고화상어록』의 게송에서는 장편의 가송이 뛰어나며 선리를 강하게 표출한 상징적 시들을 남기고 있다. 특히 悟道의 경지를 드러낸 여러편의 悟道詩를 남겼으며 백운소재를 시에서 많이 사용하였다.

나옹 혜근은 원나라에서 10년을 공부하였으며 평산 처림으로부터 법의와 불자를 전해받았다. 『나옹화상가송』에는 대중교화적인 교훈적 시가 주류를 이루고 있는데 대부분 선리적 내용이 강하며 禪語를 직접적으로 드러내어 사용하고 있다. 그는 시에서 달의 상징성을 즐겨 소재화하였으며 장편시를 지었다. 문학사적으로 가사의 최초의 작자30), 선기시의 제일인자31)의 평가를 받고 있는 혜근

---

29) 서윤길(1984). 고려말 임제선의 수용, p.240. 『한국선사상연구』(서울:동국대학교 출판부).
30) 인권한(1983), 앞 글, p.88.
31) 이종찬(1985). 『한국의 선시-고려편』(서울:이우출판사), p.216.

은 특히 여말의 성리학자 사대부들인 李岩을 비롯한 사대부들과 성리학자인 익제 이제현과의 시문의 교유가 있으며, 목은 이색과 도은 이숭인은 혜근의 문인들과 관계를 가짐으로써32) 여말 사대부들 시의 선취적 경향과 관련되고 있다.

이들 三師의 선시는 선리를 표출한 전형적인 게송류가 주류이며 시어와 표현면에서 선기를 강하게 표출하고 있는 등 선가적 시풍으로 일관된 전형성을 보이고 있다. 보우와 혜근은 특히 이름자를 가지고 법을 실어보인 名號頌을 많이 남겼다. 이들은 관념적이며 상징적 시어와 선적 수사로써 시세계를 이루고 있는데 이들의 선시에 나타난 특징적 면은 禪機의 강화이다. 강한 선기를 표출하고 있는 이러한 특징적 시를 각각 두수씩 들어본다.

경한의 <又作十二頌呈似>에서 "석녀가 홀연 아이를 낳으니 / 목인이 가만히 고개를 끄덕이고 / 곤륜산이 쇠말을 타니 / 허공이 금채찍을 친다(石女忽生兒 木人暗點頭 崑崙騎鐵馬 舜若著金鞭)"는 석녀, 목인, 곤륜산, 허공의 무생물을 의인화하여 생사거래가 끊어진 절대적 세계를 역설적으로 드러내었다. 곤륜산, 허공의 공간적 극대화와 함께 초월적이며 크고 동적으로 묘사하였다. 이 송에서의 "두마리 진흙소가 싸우다가 / 소리치며 바다로 뛰어들더니 / 과거 현재 미래가 함께 들어가 / 아무리 헤쳐도 소식이 없네(兩箇泥牛鬪 哮吼走入海 過去現未來 料掉無消息)"는 절대무의 무분별적 무시간적 세계를 역설적으로 나타내었다.

보우의 悟道詩인 "조주 옛 늙은이 / 천성의 길 끊어 버렸네 / 취모검을 눈 앞에 대도 / 온몸에 구멍 하나 없네 / 여우와 토끼 자취 끊어지고 / 몸을 뒤치며 사자가 나타나 / 굳은 그 관문 때려 부수니

---

32) 김경은(1986). 나옹 혜근의 시연구, p.81-124 참조. 이화여자대학교 석사학위 논문.

/ 맑은 바람 태고에서 불어오네(趙州古佛老 坐斷千聖路 吹毛覷面提 通身無孔竅 狐兔絶潛蹤 飜身獅子露 打破牢關後 淸風吹太古)"는 조주의 無字화두로써 오도한 경계를 사자가 관문을 때려 부수는 것으로 형상화시켰으며 끊어지고(斷,絶), 부수는(打破) 과격한 표현을 하고 있다. <參禪銘>인 "본래의 면목이 누구인가? / 화살을 들자마자 돌에 박히듯 / 의심덩이 산산이 부숴버리면 / 한 물건이 하늘 덮어 푸르리라(本來面目誰 纔擧箭沒石 疑團百雜碎 一物盖天碧)"에서도 참선을 통해 깨닫는 경지를 화살이 돌에 박히고 疑團이 부서지는 동적이며 파괴적인 표현으로 드러내었다.

이러한 파괴적이고 과격한 표현은 혜근의 시에서 더욱 잘 드러나 있다. <自讚詩題>에서 "허공을 쳐부수어 뼈를 꺼내 들고 / 번쩍이는 번갯불에 굴을 짓나니 / 그 누가 내집 가풍 묻는다면은 / 이 밖에 다른 물건 없다 말하리(打破虛空出骨 閃電光中作窟 有人間我家風 此外更無別物)"와, <對上昇大王殯殿小參>에서의 "허공을 쳐부수어 안팎이 없고 / 한 티끌도 없이 당당히 드러났네 / 몸을 뒤쳐 곧바로 위음의 뒤를 뚫으니 / 보름달 찬 빛이 부서진 선상을 비추네(擊碎虛空無內外 一塵不立露堂堂 飜身直透威音後 滿月寒光照破床)"에는 쳐부수고(打破, 擊破), 뚫는(透) 동사와 뼈, 번갯불의 죽음과 날카로운 이미지의 어휘를 사용하였다.

보우와 혜근은 絶對境을 과격하고 파괴적으로 표현하였으며 이 파괴 뒤의 세계를 '시원한 바람(淸風)'이나 '차가운 달빛(滿月寒光)'으로 형상화시킴으로써 無의 경계에서 다시 有의 경계로 돌아옴을 나타내고 있다. 위에서 나타난 역설과 극단성은 추상적인 정신경계를 형상화시킨 것으로서 고정화되고 일상화된 의식을 깨뜨리는 신선한 충격을 주고 있다.

이들의 시는 주제와 소재면, 선적 상징성 등 혜심으로부터 흘러

온 한국 선시의 맥락 속에서 임제종풍의 영향을 받아 禪機의 강화라는 특징적 면을 지니고 있다. 이 점은 이들이 중국에서 직접 임제종을 받아 왔으나 임제선이 이미 지눌의 간화경절문에서 고양된 것이며 이를 혜심이 적극 진작시켰으므로 기존의 한국 선의 맥락으로 보는 것과 같다.

본고 제Ⅲ, Ⅳ장에서 위 선사들의 시를 인용하거나 대비한 것에서 이러한 지속적 흐름을 알 수 있으며 이러한 점에서 볼 때, 혜심이 이룬 선시의 세계는 이후의 선시가 모두 수렴되는 원형성을 지니고 있다고 할 수 있다. 선법과 수행, 자연경계의 표상과 즐김, 物에 대한 관심과 의미의 확대, 인생과 현실의 수용 및 대응으로 구분된 혜심의 시세계는 크게 보면 법과 자연과 인간으로 단순화시킬 수 있다. 이러한 시 내용의 범주는 모든 선시를 포용하는 것으로 이후의 선사들에게 있어서 개별차를 보이면서 전개되어 나간 것이다. 자연은 모든 선시를 통틀어 가장 공통된 시적 내용이 되고 있으며 충지에게서는 인생과 현실의 측면이, 三師에게서는 선법과 수행의 측면이 강조되고 있는 것이다. 혜심·일연·충지의 시는 문예적 취향성이 있으며 선의 특수성에 문학의 보편성이 가미되어 있는 반면, 경한·태고·혜근의 시는 문예적 취향이 사라지고 선의 특수성이 강조되어 나타나고 있다.

위에서 불교시사상으로 살펴본 혜심은 선시 영역에서의 선구자일 뿐만 아니라 한국 철학시 흐름의 先端을 열었다는 점과 심층적 역설을 탄생시킨 점에서도 문학사적 의의를 지닌다. 혜심의 선시 창도는 조선시대에 들어와 15세기 말부터 16세기에 창작된 화담·율곡·퇴계·회재 등 성리학자들의 哲理詩와 함께 한국 철학시의 두 유형을 이루는 시초가 된 동시에 또한 선사상에 근원을 둔 심오한 깊이를 지닌 심층적 역설의 시를 탄생시킴으로써 漢詩史에서의 의의를 지니게 되는 것이다. 역설은 불교적 보편적 진리이다. 이 불교적 진리로서의 역설은 선사상에서 강하게 부각되었으며 따라서 선시에서 그 문학성을 발휘하게 된 것이다.

Ⅵ. 결 론

　본고는 무의자 혜심의 시에 대한 작품론적 고찰을 시도한 것이다. 혜심의 시가 갖는 문학사적 중요성에 비추어 이러한 문학적 연구가 한국문학사에 있어서 의미있는 작업이 되기를 기대하면서 작품 자체에 대한 면밀한 분석과 해석을 중점적으로 고찰하였다. 본론은 다음과 같이 전개하였다.
　제Ⅱ장 '불교시의 발생과 혜심 이전의 불교시'에서는 혜심의 시세계를 논하기 앞서 그 동안 흘러온 불교시의 전통을 고찰하였다. 불교시 발생의 배경으로서 '불교의 전래와 한문학의 발달'을 살펴 보았으며 이어서 삼국과 통일신라, 고려 전기, 무신집권기 혜심 당대의 불교시를 순차적으로 정리함으로써 불교시가 성숙되어 가는 과정을 살펴보았다. 6세기 후반경 삼국시대 고구려 정법사의 <詠孤石>에서부터 나타나기 시작한 불교시는 7세기경 신라의 원효·의상 등 불승들의 게송류를 거쳐 8세기경 재당 신라승들의 서정적 불교시에 의해 불교시의 범주가 확대되었다. 그리고 고려에 들어서 균여의 향가게송과 그 한역시에서 불교시의 두 양식인 가요와 한시의 공존을 보여 주었으며, 대각국사 의천에 이르러 최초로 승려시 문집의 출현이 있게 되어 질과 양을 갖춘 불승의 시세계를 보여주었다. 의천 이후 시에 능한 불승들이 문단에서 자리잡기 시작하면서 성숙해지고 다양해진 불교시가 나타났으며, 무신집권기 혜심 당대에 이르러 더욱 활발해진 시승들의 활동을 볼 수 있었다. 이와 같이 불교 문화의 풍토에서 축적되어 온 불교시의 성숙과 불승들의 창작적 역량은, 선사상의 정립과 함께 심화된 불교시로서의 혜심의 선시가 출현할 수 있는 여건을 조성하였다.

제Ⅲ장에서는 앞 장에서의 불교시 전통 위에서 더욱 심오한 시세계를 개척한 '혜심의 시세계'를 고찰하였다. 혜심의 시는 『무의자시집』의 시들을 주로 하고 『진각국사어록』의 게송류를 수용하여 작품론을 전개하였다. 『무의자시집』은 혜심의 시집으로서 그의 시세계를 종합적으로 고찰할 수 있는 귀중한 자료이므로 전반적으로 분석하고 해석하였다. 시세계는 내용상으로 보아 '禪法과 수행', '자연경계의 표상과 즐김', '物에 대한 관심과 의미의 확대', '인생과 현실의 수용 및 대응'의 네 범주로 나누었는데, 이러한 시세계는 선불교의 法이 구심점을 이루고 있으며 다양한 내용과 소재를 통해서 진리를 집중적으로 추구한 그의 문학적 성격을 드러내고 있다. 그러나 또한 法을 드러내기 위한 방편으로서의 문학만이 아니라 자연과 物의 시 등에 나타난 서정성은 法과 情의 융합을 보여주고 있어, 종교적 法을 바탕으로 한 서정적 시세계를 이루고 있다. 이러한 그의 시세계는 禪과 詩를 일치시킨 일상성과, 法과 자연과 인간이라는 문학의 총체성을 가지며, 폭넓은 그의 시세계는 이후의 모든 선시가 수렴될 수 있는 원형성을 제시하면서 선사의 시로서 뿐만 아니라 보편적 문학으로서의 의미를 지닌다.

제Ⅳ장 '역설의 시학'은 혜심 시의 시학을 정립한 것으로서 앞 장에서 고찰한 바 혜심의 시세계를 통괄하는 원리와 표현면으로서의 역설을 고찰한 것이다. 그의 문학의 근본정신으로서 '불립문자'의 역설성을 언어에 대한 한계성과 방편성이라는 상반된 두 입장을 통해 살펴보았다. 그리고 시세계에 나타난 역설로서 '無', '부정', '극대와 극소', '色과 空'의 역설을 정리한바 선시의 역설은 모순의 초월과 통합성을 추구하는 선의 정신을 구현한 것으로서, 상식을 깨뜨리고 일상의 차원을 넘어서 궁극적 진리 즉 상대성을 통합한 절대적 세계를 추구하고 있다. 이러한 역설의 총괄적 의미로서 反常合道의 원리와, 해탈지향의 시정신을 논하였다.

제V장 '문학사적 의의'에서는 무신집권기 혜심의 시가 동시대의 문학으로서 갖는 동질성과 이질성, 그리고 후대 불교시에 있어서의 계승면을 살펴보았다. 혜심의 시는 II장에서 고찰한 바 불교시의 흐름에서 볼 때 이전과 다른 혁신적 시세계를 이룬 것이며, 이는 깨달음을 집중적으로 추구한 선종의 사상적 배경에서 표출된 개성적 문학이다. 이러한 혜심의 시는 이후 선종이 한국의 불교에서 주도적 사상으로 지속되어 가는 것과 맥을 같이하면서 선종계 승려들에 의해서 계승되었다. 선사상에 근원을 둔 선시의 흐름은 시대환경과 개인의 성향에 따라 강조점이 다르게 나타나면서 혜심 이후 일연·충지, 여말의 三師인 경한·태고·혜근으로 이어지고 있는 것이다. 혜심은 선시의 개창자로서, 그리고 심층적 역설의 시를 탄생시킨 점에서뿐 아니라 한국 철학시의 선단을 열었다는 점에서도 그 의의를 인정받을 수 있는 것이다.

본고에서는 이상과 같이 혜심의 시를 사상과 문학의 결합이라는 관점에서 고찰하였는바, 사상은 문학에 심오함을 부가하여 심층적이며 철학적 시를 이루게 함을 알 수 있었다. 선시는 선사의 정신경계에 도달하여야 이해할 수 있으며 선시는 분석적, 논리적 해석이 불가능하다고 하는 점은 분명한 사실이기도 하다. 그러나 또한 禪의 세계는 禪의 언어로 표현되고 있으며, 禪의 언어는 禪의 체계 속에서 해독될 수 있다. 그러므로 선시에 대해 객관적으로 이해하려는 노력은 그 깨달음과 동일선상에 놓을 수만은 없다. 선에 대한 이해를 심화시킬수록 선시는 논리화할 수 있으며 가능한 한도내에서 분석이 가능한 것으로서, 선시에 대한 문학적 연구는 그 지평이 열려 있는 것이다. 선시연구에서의 문제점은 연구 대상인 선시가 어렵다는 점도 있으나 어려운 점을 감수하며 연구하지 않는 것은, 문학연구에서 사상을 배제시키려 한 종래의 풍토에 원인이 있다. 사상을 종교나 철학의 영역으로 간주하며 문학은 문예적인 차원만을 본령으로 하는 편협한 사고는, 문학의 범주를 축소시키고 그 깊이를 차단시키는 폐단을 초래하고 있다. 앞으로의 과제는, 개별 선사들의 시세계에 대한 본격적인 작품론을 통해서 작가별로 그 개성을 규명하고 아울러 선시의 시대적 변모양상을 밝히는 일과, 불교시의 통사를 수립하는 일이라고 할 것이다.

참 고 문 헌

자료

景 閑. 『백운화상어록』. 한국불교전서, 6책. 동국대학교 출판부. 1984.
金富軾. 『삼국사기』. 경인문화사. 1969.
普 愚. 『태고화상어록』. 한국불교전서, 6책. 1984.
徐居正. 『동문선』. 민족문화추진회. 1982.
義 天. 『대각국사문집』. 한국불교전서, 4책. 1982.
李奎報. 『동국이상국집』. 성균관대학교. 1980.
李能和. 『조선불교통사』. 보련각. 1979.
一 然. 『삼국유사』. 민족문화추진회. 1973.
知 訥. 『진심직설』. 한국불교전서, 4책. 1984.
冲 止. 『해동조계제6세원감국사가송』. 한국불교전서, 6책. 1984.
赫連挺. 『대화엄수좌원통양중대사균여전』. 한국불교전서, 4책. 1982.
慧 勤. 『나옹록』. 장경각. 1993.
慧 諶. 『진각국사어록』. 한국불교전서, 6책. 동국대 출판부. 1984.
_____. 『무의자시집』. 한국불교전서, 6책. 동국대 출판부. 1984.
慧 超. 『往五天竺國傳』. 한국불교전서, 3책. 1980.
김달진(역주). 『진각국사어록』. 세계사. 1993.
_____(역주). 『太古集』. 세계사. 1991.
_____(편역). 『한국선시』. 열화당. 1985.

김월운(주해). 『원각경 주해』. 동국역경원. 1994.
동국대학교출판부. 『한국불교찬술문헌총록』. 1976.
동국역경원. 『원감국사집』. 1995.
──────. 『선문염송』. 1991.
──────. 『전등록』. 1994.
──────. 『대각국사문집』. 1994.
류재영(역주). 『파한집』. 일지사. 1992.
────(역주). 『보한집』. 원광대 출판부. 1989.
無門慧開(저). 이희익(역). 『無門關』. 기린원. 1979.
無比(역해). 『금강경오가해』. 불광출판부. 1992.
백련선서간행회. 선림고경총서 12. 『임제록·법안록』. 장경각. 1989.
──────────. 선림고경총서 18. 『조주록』. 장경각. 1991.
석지현(편역). 『禪詩』. 현암사. 1975.
圜悟克勤(저). 안동림(역주). 『벽암록』. 현암사. 1978.
──────. 이희익(역). 『벽암록』. 상아출판사. 1988.
이원섭. 『고려고승한시선』. 동대불전간행위원회. 1978.
이종찬. 『조선고승한시선』. 동대불전간행위원회. 1978.
知訥(저). 심재열(강설). 『보조법어』. 보성문화사. 1995.
최철·안대회(역주). 『역주 균여전』. 새문사. 1986.
秋月龍珉·秋月眞人(저). 慧諏(역). 『선어록 읽는 방법』. 운주사. 1995.
通光(역주). 『고봉화상선요. 어록』. 불광출판부. 1993.
──────. 『艸衣茶禪集』. 불광출판부. 1996.
한정섭·정지철(역주). 『四集譯解』. 법륜사. 1991.
허흥식(편저). 『한국금석전문』. 아세아문화사. 1984.
駒澤大學(편). 『禪學大辭典』. 일본 : 大修館書店. 1978.

단행본

강건기 외. 『깨달음. 돈오점수인가 돈오돈수인가』. 민족사. 1992.
고형곤.　　『禪의 세계』. 삼영사. 1975.
국사편찬위원회. 『한국사』, 18. 고려무신정권. 1993.
김동욱.　　『고려후기 사대부문학의 연구』. 상명여대 출판부. 1991.
김동욱(편). 『삼국유사와 문예적 가치 해명』. 새문사. 1982.
김동화.　　『선종사상사』. 동국대 석림회. 1982.
김두진.　　『균여화엄사상연구』. 일조각. 1983.
김상홍 외. 『한국문학사상사』. 계명문화사. 1991.
김승찬.　　『향가문학론』. 새문사. 1986.
김영태.　　『한국불교 고전명저의 세계』. 민족사. 1994.
김완진.　　『향가해독법연구』. 서울대학교 한국문화연구소. 1993.
김운학.　　『불교문학의 이론』. 일지사. 1981.
김준오.　　『시론』. 삼지원. 1993.
서수생.　　『고려조 한문학 연구』. 형설출판사. 1972.
신안식.　　『고려 무인정권과 불교계』. 민족사. 1995.
심호택.　　『고려 중기 문학론 연구』. 계명대 한국학연구소. 1991.
안계현.　　『한국불교사연구』. 동화출판공사. 1982.
오세영.　　『문학연구방법론』. 시와시학사. 1993.
＿＿＿ 외. 『시론』. 현대문학. 1992.
원 융.　　『간화선 － 선종 頓法사상의 바른 이해 －』. 장경각. 1993.
이영자.　　『한국 천태사상의 전개』. 민족사. 1988.
이원섭.　　『선시－깨달음의 노래』. 민족사. 1994.
이원섭·최순열(편). 『현대문학과 선시』. 불지사. 1992.
이종찬.　　『한국의 선시 － 고려편』. 이우출판사. 1985.
＿＿＿.　　『한국불가시문학사론』. 불광출판부. 1993.

인권환.   『고려시대 불교시의 연구』. 고대 민족문화연구소. 1983.
장순용.   『禪이란 무엇인가 － 十牛圖의 사상』. 세계사. 1991.
정현종(편). 『시의 이해』. 민음사. 1983.
조동일.   『한국문학사상사시론』. 지식산업사. 1978.
_____.   『문학사와 철학사의 관련 양상』. 한샘. 1992.
_____.   『한국문학통사』, 2. 지식산업사. 1994.
조명기.   『고려 대각국사와 천태사상』. 동국문화사. 1964.
채상식.   『고려후기불교사연구』. 일조각. 1991.
한국불교문학연구소(편).『한국불교문학연구』, 상·하. 동국대학교 출판부.
           1988.
한기두.   『한국불교사상연구』. 일지사. 1982.
_____.   『한국선사상연구』. 일지사. 1991.
허흥식.   『眞靜國師와 湖山錄』. 민족사. 1995.

杜松栢.   『禪學與唐宋詩學』. 台北 : 黎明文化事業公司. 1976.
_____.   『禪詩牧牛圖頌彙編』. 台北 : 黎明文化事業公司. 1983.
平田精耕(저). 林慶旺(역). 『禪語經典』. 上·下. 台北 : 大展出版社有限公司.
           1990.
黃永武.   『中國詩學』. 台北 : 巨流圖書公司. 1976.

葛兆光(저). 정상홍·임병권(역).『선종과 중국문화』. 동문선. 1991.
柳田聖山(저). 서경수·이원하(역).『선사상』. 한국불교연구원. 1991.
_____. 안영길·추만호(역).『禪의 사상과 역사』. 민족사. 1989.
入矢義高(저). 신규탁(역).『禪과 문학』. 장경각. 1993.
朱光潛(저). 정상홍(역).『시론』. 동문선. 1991.
陣允吉(저). 一指(역).『중국문학과 禪』. 민족사. 1992.

논문

강건기. 보조사상에 있어서의 닦음의 의미.『깨달음. 돈오점수인가 돈오돈수인가- 돈점논쟁의 역사와 한계』. 민족사. 1992.

_____. 신비 Paradox를 통하여 본 지눌의 空寂靈知心.『한국불교학』7. 1982.

고운기. 일연의 세계인식과 시문학연구. 연세대학교 박사학위논문. 1993.

권기종. 간화선과 무자공안고. 동국대학교『논문집』20. 1981.

_____. 혜심의 선사상연구 -지눌의 선사상과 비교하면서-.『불교학보』19. 1982.

_____. 고려후기의 선사상연구. 동국대 박사학위논문. 미간행. 1986.

권기호. 禪詩연구. 부산대학교 박사학위논문. 1991.

권보경. 초의 의순의 한시연구. 이화여대 박사학위논문. 1993.

김경은. 나옹 혜근의 시연구. 이화여자대학교 석사학위논문. 미간행. 1986.

김두진. 균여 화엄사상의 역사적 의의.『고려초기불교사론』. 민족사. 1986.

김시업. 이규보의 현실인식과 농민시. 성균관대학교.『대동문화연구』12. 1972.

김열규·신동욱(편). 이규보연구. 새문사. 1986.

김진영. 이규보 문학연구. 집문당. 1984.

김철준. 한문학. 국사편찬위원회.『한국사』3. 탐구당. 1990.

김태영. 삼국유사에 보이는 일연의 역사인식에 대하여.『경희사학』5. 1974.

김현자. 한국 선시의 감각과 공간구조.『구조와 분석 1. 詩』. 도서출판 窓. 1993.

김형우. 고려시대 국가적 불교행사에 대한 연구. 동국대학교 박사학위논문. 1992.

민현구. 월남사지 진각국사비의 음기에 대한 일고찰 -고려문신정권과 조계종ㅡ.『진단학보』36. 1973.
박이문. 시적 언어. 정현종편.『시의 이해』. 민음사. 1983.
박재금. 진각국사 혜심 연구 ㅡ 사상과 시를 중심으로. 이화여자대학교 석사학위논문. 미간행. 1987.
_____. 혜심의 무의자시집을 통해 본 시의 활용면.『부산한문학』9. 1995.
박태원. 불교의 언어이해와 불립문자. 고려대학교 석사학위논문. 미간행. 1984.
배규범. 무의자 혜심 문학 연구. 경희대학교 석사학위논문. 미간행. 1994.
보조사상연구원. 진각국사 혜심의 생애와 사상.『보조사상』7. 1993.
서규태. 조선전기 禪家문학의 연구 ㅡ 설잠 보우 휴정을 중심으로 ㅡ. 고려대학교 박사학위논문. 미간행. 1991.
서윤길. 고려말 임제선의 수용.『한국선사상연구』. 동국대학교 출판부. 1984.
소영애. 무의자의 시세계 연구. 수원대학교 석사학위논문. 1991.
신안식. 고려 무인집권기 지방사회의 동향에 관한 연구. 건국대학교 박사학위논문. 1996.
신용호. 한자의 東來연구. 고려대학교『어문논집』23. 1982. 9.
신현숙. 법계도기를 통해 본 의상의 공관.『불교학보』26. 동국대학교 불교문화연구원. 1989.
심재룡. 돈점론으로 본 보조선의 위치.『깨달음. 돈오점수인가 돈오돈수인가』. 민족사. 1992.
심호택. 한국한시사의 출발기에 대한 문제. 고려대『어문논집』6. 1982.
양광석. 한국한문학의 형성과정 연구. 고려대학교 박사학위논문. 미간행. 1985.
이동준. 고려 혜심의 간화선 연구. 동국대학교 대학원 박사학위논문. 미간행. 1992.
이재창. 고려후기 전통선의 동태.『한국선사상연구』. 불교문화연구원.

1984.
이종문. 고려전기 한문학 연구. 고려대학교 박사학위논문. 1991.
_____. 고려전기의 문학사상.『한국문학사상사』. 계명문화사. 1991.
이종찬. 고려문학의 형성과정 - 의천의 절충적 사상을 중심으로.『한국의 선시』. 이우출판사. 1985.
_____. 天頭의 道眼無隔의 선리시.『한국의 선시』. 이우출판사. 1985.
_____. 신라불경제소와 게송의 문학성.『신라문학의 신연구』. 서경문화사. 1991.
이진오. 원감국사 충지의 시세계. 정신문화연구원 석사학위논문. 1984.
이혜순. 신라말 빈공제자의 시에 관하여.『한국한문학연구』7. 1984.
_____. 고려 文宗시의 문학과 그 문학사적 의의.『천봉 이능우박사 칠순기념논총』. 도서출판 한일. 1990.
_____. 고려전기 귀족문화와 한시.『한국한문학연구』15. 1992.
장동익. 혜심의 대선사고신에 대한 검토 -고려 승정체계의 이해를 중심으로.『한국사연구』34. 1981.
정경규. 선종과 언어문자. 동국대학교 석사학위논문. 미간행. 1990.
정하영. 균여의 문학효용론. 전북대학교 국어국문학회.『국어문학』25. 1985.
지준모. 신라 한시의 발전과정.『신라문학의 신연구』. 서경문화사. 1986.
진성규. 고려후기 진각국사 혜심 연구. 중앙대학교 박사학위논문. 미간행. 1986.
채인환. 고려전기 선사상의 전개.『한국선사상연구』. 불교문화연구원. 1984.
최귀묵. 혜심 禪理詩의 세 양상. 운정 이상익박사 화갑기념 논문집 간행위원회 편.『고전문학 어떻게 가르칠 것인가』. 집문당. 1994.
최신호. 형성기 한문학의 양식에 대하여.『성신어문논집』4. 1977.
_____. 한문학의 도입과 정착.『한국사상대계』. 정신문화연구원. 1991.

최창술. 禪定과 卽物的 인식.『한국불교학』10. 1985.
최한술. 대각국사 의천의 시세계. 계명대학교 석사학위논문. 미간행. 1985.
허흥식. 고려중기 선종의 부흥과 간화선의 전개.『고려중·후기불교사론』. 민족사. 1986.
황패강. 균여론.『한국문학작가론』. 형설출판사. 1977.

ABSTRACT

A Study of Korean Sŏn Poetry(禪詩)
― poetry of Hye-Shim(慧諶) ―

Park, Jae-Geum

    This thesis is a study of poems written by Hye-Shim(慧諶)(1178-1234), a Sŏn preist(禪師) in the reign of Musin(武臣) in the Goryeo dynasty. Hye-Shim who had succeeded to Chi-Nul(知訥)(1158-1210), one who revived Sŏn Buddhism in Korea developed and had a great influence on Sŏn Buddhism, giving priority to Ganhwa-Sŏn(看話禪) and circulating it. In the literary history Hye-Shim hold an important position in relation to his influence on Sŏn poetry(禪詩), which usually expresses an awakening, thoughts and feelings of Sŏn Buddhism. Before being a Sŏn priest, Hye-Shim was once a newly-risen scholar- administrator enjoying literary works, and passing Samasi(司馬試), a kind of government service exam. In Hye-Shim's works we can find both thoughts as a Sŏn priest and the literariness. In the current of Sŏn poetry in Korea from the Goryeo and the Yi dynasty to the modern age, his works came to be an archetype of Sŏn poetry. So the comprehensive study of his poems included in *Muuhija sijip*(無衣子詩集) and *Jingakguksa uhlok*(眞覺國師語錄) will lead us to understand the important phase of Korean poems.

The second chapter of this thesis studied the origin and currents of Sŏn poetry in Korea, which was a pre-history to understand poems of Hye-Shim. There works of Sŏn poetry in the age of Samguk(三國), the United Silla, the earlier Goryeo dynasty and the reign of Musin were chronologically explained. This tradition of Sŏn poetry was found to give the basis to Hye-Shim's Sŏn poetry.

The third chapter gave four categories to Hye-Shim's works. These four categories are following; the law of Sŏn Buddhism and self-discipline, the representation and enjoyment of nature, an interest on things and enlargement of that interest, and the acceptance and response of reality. Firstly, the law of Sŏn Buddhism and self-discipline are said to be the ground of Sŏn poetry. Sŏn poetry expressed the substance of the empty and serene mind, emphasizing the equility of this substance again and again, and recommending self-discipline as a way of an awakening. These poems expressing Sŏn Buddhism were mainly written to teach. But they also have literariness in the way of Buddhistic catechism, the interpretation of names by the law of Sŏn Buddhism, use of metaphor, symbol and paradox.

Secondly, poems of nature could be said in two categories; poems pursuing meanings of nature, and poems expressing feelings and enjoyment of nature. The former poems showed the state of serenity and wish to get to the high, intending to transcend this world of conflicts and illusions. So nature is seen to cause emotions in the poet and we can find poems enjoying nature. In his poems, nature is not the place to give a momentary consolation and escape but the place to lead us to the pureness and the truth. Nature is not an object but an ideal to be pursued. So these poems expressed the aesthetics of the pureness without any distance of nature and conflicts between self and reality. And their way of expression was neither sentimental nor elegantic but met with the truth of Sŏn Buddhism.

Thirdly poems on things reflecting his interest of many things showed us the observation and contemplation of things and the praise and abstraction of things. Full observations and contemplations are an attitude on things which was trained in Buddhistic minds. Buddhistic minds have the state of emptiness without illusions and thus they see things as they are. So the beauty, the truth, and further the abstraction could be seen in things.

Lastly, poems of reality told us actual things in life. In these poems, there were expressed death, brevity and vanity of life, conflicts in real life, and the problem of feeling. Here we can find the transcendental attitude on the basis of understanding of the essential life which was indirectly expressed through disinterestedness and allegory. Concerning the attitude of his times, we see the attitude of Mahayanae Buddhism on reality which tended to participate in reality and reform it through teachings. Concerning worldly powers, he adhered to the position of a transcendental Sŏn preist, keeping both harmony and distance with them.

Largely Hye-Shim's poems were consisted of three elements, law of Sŏn Buddhism, nature and men. These elements gave his poems the depth in quality and the richness in quantity. His poems were to be seen an example of the oneness of literature and philosophy, always including law of Sŏn Buddhism, representing various matters. In his poems we meet Sŏn Buddhism as a daily experience and experience poetic writing as a familiar thing.

On the basis of above studies, the fourth chapter tried to establish the poetics of his poems. Totally seen, the characteristics of his poetic world are found to be the paradox, which is the most essential element in Sŏn poetry. In the discussion of his poetics, I mentioned the paradoxical character of the theory of 'Not set up scriptures(不立文字)' and his view on language. The theory of 'Not set up scriptures' shows the fundamental position of Sŏn Buddhism on language, expressing both the mistrust on the limit of language and the enevitable acceptance of it as a way of communication. This paradox is connected with Hye shim's poetic world which had started in the world of religious truth. His works are on the basis of this contradiction. And then I pointed out the paradox of the truth of Sŏn Buddhism and its expression. Sŏn Buddhism tends to be a deep paradox to integrate contradictions. In them, there are paradox of nothing, paradox of negation, and paradox between the largest and the smallest, paradox between materials(色) and emptiness(空). The paradox of nothing shows that nothing means the full, the infinite, and further the absolute beyond existing and non-existing. The paradox of negation shows that the diction of negation is either another expression of affirmation or the integration of negation and affirmation. So the paradox of negation causes an ambiguity. The paradox between the largest and the smallest is the unification of the large and the small and infinitly enlarge Hye-Shim's poetic world. The paradox between materials and emptiness is the poetic principle to unify the physical world and the world of Idea and displays the oneness of nature and "tathāta"(眞如), distinction and equality, reality and truth. These paradoxes made Hye-Shim's poems have literary individuality.

The last chapter of this thesis discussed the significance of Hye-Shim's poems in the literary history. His works were found to be common in his contemporary literature in the tendency of Sŏn Buddhism with emphasis on discovery of true self, the simple way of saying teachings without any difficult content and form, the emphasis on the present, an interest on things, and the realistic tendancy of thought.

Conclusively, his works, seen from the tradition of Sŏn poetry, developed characteristic world different from those poems of the earlier age and opened flows of not only Sŏn poetry but also philosophical poems in Korea, creating profound paradoxes.

索 引

(ㄱ)

迦葉　141, 157, 165, 258
覺訓　67
<諫臣去國圖>　193, 282
看話　207
『看話決疑論』　85
看話禪　7, 90, 81, 84, 104, 206, 280
巨靈神　141
<乞退詩>　60
偈頌　20, 22, 24, 40, 286
見性成佛　205
鏡虛禪師　101
戒膺　52, 53, 54, 286
苦　167, 173, 186
古鏡　111, 139
空　201, 218, 223, 255, 267, 271
公案　84, 93, 97, 247, 292
空寂靈知　76, 110, 113, 135, 227
<過厭觸舍人廟>　41, 51
廓庵　99
貫休　66

教外別傳　205
<狗子無佛性話揀病論>　8
屈原의 <漁父辭>　107, 141
龜山 曇秀　56
均如　31, 286
『均如傳』　31
覲親　177
『金剛經』四句偈　107
肯定　204, 231
<寄玄居士>　43
金富軾　51, 55

(ㄴ)

懶翁 慧勤　100, 111, 134, 154, 161, 180, 235, 293
朗智　21
『老子』　55
『論語』　75
『楞嚴經』　249

(ㄷ)

達磨　130, 229, 237, 238

談禪法會 198
『大覺國師文集』 39, 51, 71, 288
大鑑國師 坦然 57, 287
大慧 普覺 81
德山 宣鑑 87, 237
道 194, 222, 259, 262, 267, 271
陶潛 169
頓悟漸修 96, 100, 104
<東明王篇> 281
『東文選』 40, 51, 292
洞山 良价 28
同身共命 179

(ㅁ)

萬德山 白蓮社 68
末後句 217
盲龜遇木 92, 182
『孟子』 107, 141
名號頌 86, 294
明皛의 <海印三昧圖> 23
『目連經』 180
<牧牛圖> 99
牧牛詩 93, 95, 96, 104
無 220, 222, 227, 230, 267, 295
無己 65, 287
無明 85, 94, 133, 159, 200
『無門關』 239
無門 慧開 239
無常 146, 170, 171, 187, 201, 286, 287

無相의 <五更轉> 26
無心 98, 138, 225
<無导歌> 23, 38
『無衣子詩集』 11, 12, 71, 72, 288
無字話頭 85
無住庵 65
無巴鼻 197
聞聲悟道 102
彌勒 121, 122

(ㅂ)

朴寅亮 40
反常合道 268
般若智 143
百非 245
白雲 景閑 134, 293, 294
白雲子 284
『白雲和尚語錄』 143
凡聖不二 79
法 73, 202, 271
<法性偈> 23, 38
『碧巖錄』 142, 247
菩提心 188
普明 99
菩薩 188
保任 95
普照國師 知訥 7, 81, 85, 96, 100, 104, 181, 229, 278, 287
『補閑集』 40, 51, 59, 63, 65, 68, 69, 143, 282

<普賢十願歌> 31
<普賢行願品> 32
本來人 74
『父母恩重經』 180
否定 135, 204, 208, 231, 234, 235, 271
不可思義解脫法門 251
不離文字 219
不立文字 204, 205, 218, 272
佛性 159
不外文字 212
不二 113, 275
非心非佛 232, 233
非有의 有 201
賓貢諸子 30, 284

(ㅅ)

死句 216
蛇福 20
事事無礙 43, 250
<三角山文殊寺> 58
『三國遺事』 20, 122, 192, 290
三般若 209, 212
三祖 僧璨 211
三重大師 空空 67
色 255, 267, 271
<暑雨新晴> 48
石屋 淸珙 293
禪機 83, 294, 296
禪理 27, 78, 83, 178, 180

『禪門拈頌』 8, 10, 280
<禪門拈頌序> 213
先悟後修 100
善財 42, 253
雪山童子 42
薛瑤의 <返俗謠> 25
性徹 240, 241, 244
逍遙 太能 249
<送童子下山> 28
<送智勝> 53
水牯牛 93
僧統 時義 67
僧統 寥一 60
『詩經』의 '甘棠' 263
<施布詞> 20, 23
神秀 80, 111
新興士大夫 278, 279
實相 145, 146, 157
<十牛圖> 99

(ㅇ)

<野行> 68
楊傑 40
<與隋將于仲文詩> 18
『涅槃經』 182
『列子』 146
拈華微笑 113
<詠孤石> 18
悟處 78, 80
『往五天竺國傳』 26

用不離體　180
<雨中行次馬上口占>　46, 50
『圓覺經』　206
圓鑑 冲止　100, 243, 248, 252, 291
圓光　16
圓悟 克勤　210
『圓宗文類』　40
元曉　21, 22, 44, 286
『維摩經』　251
儒佛一致論　283
<留題智異山花嚴寺>　49
遊學僧　16, 17
乙支文德　18
義湘　16, 163, 286
義天　39, 288
李奎報　278, 279, 280
李伯　169
理事無碍　250
以心傳心　165, 206
李仁老　53
李子淵　55
李資玄　43, 55, 117
李參政　235
李參政의 <出山相頌>　81
李通玄의 『華嚴論』　252
人生無常　168
一句　217
一心　248, 271
一如　98, 129, 179, 259, 271

『臨濟錄』　251
臨濟禪　292
臨濟 義玄　237, 239
臨終偈　186

(ㅈ)

<葬母偈>　20
『莊子』　55, 169
『傳燈錄』　87, 224
轉迷開悟　242
漸開　20, 23
情　167, 177, 202
定法師　18, 286
正思　61
鄭襲明　152
諸法實相　147, 274
<題普賢寺>　63
『曹溪眞覺國師語錄』　7, 71, 288
趙州의 無字話頭　84
趙州 從諗　28, 243
足庵 宗聆　62
從聲得入　102
『周易』 '乾卦', <文言傳>　184
主人公　75
主人公 話頭　232
中道　156, 158, 218
衆生本佛　241
衆生卽佛　271
卽心卽佛　232, 233
地藏　17, 28, 286

直指人心 90, 205
『眞覺國師語錄』 12
眞空妙有 274
鎭兵 188, 189, 191
鎭兵法會 190
眞如 114, 117, 120, 121, 227, 256, 267, 271
眞如實相 119
眞如自性 78

(ㅊ)

遮詮 245
讚 83
<滄浪歌> 141
『菜根譚』 111
天英 68
天因 68, 288
天頙 288
天台宗 39
哲理詩 296
<請轉法輪歌> 33
<請轉法輪頌> 36
淸虛 休靜 238, 246, 255
體不離用 179
超佛越祖 240
超宗越格 240
啐啄同時 174
崔瑀 172, 198, 199, 277
崔忠獻 277
崔致遠 40, 152

崔行歸 36
崔洪胤 283
冲豙 68

(ㅌ)

太古 普愚 100, 161, 235, 243, 252, 293, 294

(ㅍ)

『破閑集』 51, 59, 69
布袋和尙 121

(ㅎ)

<下火> 170
<學院書事> 49
寒山詩 172
韓龍雲 101
<海印寺退居> 45
解脫 120, 122, 136, 188, 251, 257, 267, 271
行脚 123, 124
香嚴擊竹聲 224
香嚴 智閑 228
虛心 223
慧可 130, 131
慧能 80, 111, 218
惠文禪師 63, 287
慧素 55, 56, 286
慧超 17, 25, 286

壺中天地 247, 271
『華嚴經』 32, 38, 42, 208, 253
華嚴三昧 162
活句 216
黃龍寺 191, 192
孝 177, 178, 180, 181

한국 선시 연구

인쇄일 초판 1쇄 1998년 11월 25일
　　　　 2쇄 2015년 04월 20일
발행일 초판 1쇄 1998년 12월 05일
　　　　 2쇄 2015년 04월 23일

지은이 박 재 금
발행인 정 찬 용
발행처 국학자료원
등록일 1987.12.21, 제17-270호

서울시 강동구 성내동 447-11 현영빌딩 2층
Tel : 442-4623~4 Fax : 442-4625
www.kookhak.co.kr
E-mail : kookhak2001@hanmail.net
ISBN 978-89-8206-315-2 *09810
가 격 16,000원

*저자와의 협의 하에 인지는 생략합니다.